U0691419

新媒体视角下新闻传播研究

卢巧玲　周广学　王小平　编著

九州出版社
JIUZHOUPRESS

图书在版编目（ＣＩＰ）数据

新媒体视角下新闻传播研究 / 卢巧玲，周广学，王小平编著． -- 北京：九州出版社，2024.5
ISBN 978-7-5225-2972-1

Ⅰ．①新… Ⅱ．①卢… ②周… ③王… Ⅲ．①新闻学－传播学－研究 Ⅳ．① G210

中国国家版本馆 CIP 数据核字（2024）第 105359 号

新媒体视角下新闻传播研究

作　者	卢巧玲　周广学　王小平　编著
责任编辑	安　安
出版发行	九州出版社
地　址	北京市西城区阜外大街甲 35 号（100037）
发行电话	（010）68992190/3/5/6
网　址	www.jiuzhoupress.com
印　刷	北京佳益兴彩印有限公司
开　本	787 毫米 ×1092 毫米　16 开
印　张	19.5
字　数	322 千字
版　次	2024 年 5 月第 1 版
印　次	2024 年 5 月第 1 次印刷
书　号	ISBN 978-7-5225-2972-1
定　价	86.00 元

编著委员会

卢巧玲　河北广播电视台

周广学　东营市融媒体中心（东营日报社）

王小平　江西广播电视台

万　隽　江西教育传媒集团有限公司

前　言

随着信息技术的迅猛发展，新媒体时代已经全面改变了人们获取和传播新闻的方式。互联网、社交媒体、移动设备等新兴技术的广泛应用，使得新闻传播的格局发生了深刻的变革。在这个数字化、网络化的时代背景下，新媒体视角成为新闻传播研究的重要视点之一。

本书汇集了关于新媒体视角下新闻传播研究的最新成果和理论探讨，旨在深入剖析新媒体对传统新闻传播的冲击、传统理论的限制以及新媒体时代的需求。同时，探讨了新媒体时代用户参与和社交化传播、门户网站研究、数据新闻的品质评估与价值分析、移动新闻客户端的传播效果、新闻传播伦理与新媒体视角、社交媒体平台上的新闻生态研究、融媒体时代的新闻传播研究、网络直播平台的新闻传播研究以及新闻传播创新与未来发展趋势等多个领域。

第一章从新媒体时代的到来对传统新闻传播的冲击开始，分析了传统新闻传播理论的限制以及新媒体时代对其提出的新需求。这一章节为后续内容的讨论和探究提供了重要的背景和基础。

第二章关注于用户参与和社交化传播，探讨了用户参与的概念与特点，以及社交化传播的机制与影响因素。重点分析了新媒体时代用户参与和社交化传播对新闻传播的影响，以及其带来的机遇和挑战。

第三章则聚焦于门户网站的研究，回顾了门户网站的发展历程，深入剖析了其商业模式与盈利方式，同时分析了门户网站在新闻传播实践中的地位和影响力。

第四章关注移动新闻客户端的传播效果，分析了移动新闻客户端的发展与特点，同时也涉及了隐私问题、用户权益保护、商业模式与可持续发展以及跨界合作与创新应用等方面的研究内容。

第五章关注于社交媒体平台上的新闻生态研究，从社交媒体平台的特点与功能、新闻内容的生产与传播，以及社交媒体平台对新闻生态的塑造与影响等方面，深入研究了社交媒体在新闻传播中的作用和影响。

第六章聚焦于网络直播平台的新闻传播研究，讨论了网络直播平台的发展与演变，探究了网络直播平台的新闻属性与传播特点，同时也涉及了网络直播新闻传播的话语权与监管问题。

第七章探究了融媒体时代的新闻传播研究，从融媒体概念及其在新闻传播中的作用、融媒体发展对新闻生产和传播的影响，以及融媒体时代的用户参与和互动研究等方面，深入解读了融媒体时代对新闻传播的影响和变革。

第八章探讨了新闻传播伦理与新媒体视角，从新闻传播伦理的概念与原则、媒介素养培养策略与方法、建立健全新媒体时代的新闻传播伦理体系以及媒介素养对个人与社会发展的影响评价与研究等角度，全面阐述了媒介伦理与素养在新媒体时代的重要性。

最后一章则展望了新闻传播创新与未来发展趋势，从新闻传播创新的需求与动力、新媒体技术对新闻传播创新的影响，以及新闻传播的未来发展趋势与展望等方面，提供了对未来新闻传播发展的思考和预测。

《新媒体视角下新闻传播研究》由河北广播电视台的卢巧玲、东营市融媒体中心（东营日报社）的周广学、江西广播电视台的王小平及江西教育传媒集团有限公司的万隽共同撰写完成。具体分工如下：卢巧玲负责第一、第三章的内容撰写，共计10万字；周广学负责第四、第五、第六章的内容撰写，共计8万；王小平负责第二章、第七章第一节、第八章的内容撰写，共计6万字；万隽负责第七章第二节、第七章第三节、第九章的内容撰写，共计4万字。

希望本书能够对广大读者和研究者有所帮助，推动新媒体时代的新闻传播研究取得更加丰硕的成果，为新闻传播领域的发展和进步贡献力量。

目　录

第一章　新媒体视角下新闻传播研究的背景与意义

第一节　新媒体对传统新闻传播的冲击

一、新媒体的定义和特点

（一）新媒体的概念和发展背景

新媒体是指以数字技术为基础，通过互联网和其他数字化平台传播信息的一种媒介形式。它不同于传统媒体，如报纸、电视和广播，新媒体主要依靠计算机和网络技术来产生、存储、分发和展示内容。

新媒体的发展背景可以追溯到 20 世纪末至 21 世纪初的信息技术革命。随着互联网的普及和数字技术的飞速发展，人们的获取信息的方式发生了根本性的变化。传统媒体的局限性逐渐暴露出来，而新媒体的出现填补了这一空白。此外，社交媒体的兴起也推动了新媒体的快速发展，使人们能够更加方便地与他人进行互动和共享。

（二）新媒体时代信息传播主要特点和特征

相对于传统媒体而言，新媒体时代的信息传播具有以下主要特点和特征：

1. 多样性和个性化

新媒体提供了丰富多样的内容形式，包括文字、图片、音频、视频等，满足了用户多样化的信息需求。同时，新媒体还支持用户自定义和个性化的内容浏览体验。

2. 实时性和即时性

新媒体实现了信息的实时传播和即时获取。通过互联网和移动通信技术，用户可以随时随地获取最新的新闻、资讯和娱乐内容。

3. 互动性和参与性

新媒体鼓励用户的参与和互动。用户可以通过评论、点赞、分享等方式表达自己的观点和情感，与其他用户进行交流和互动。

4. 多渠道传播

新媒体不受时间和空间的限制，可以通过多种渠道和平台进行传播，包括网站、手机应用、社交媒体等。这种多渠道传播增加了信息的覆盖范围和传播效果。

5. 数据驱动和个性化推荐

新媒体通过分析用户的行为和兴趣，利用大数据和人工智能技术进行个性化推荐，为用户提供更加精准和有针对性的内容服务。

6. 跨界融合和创新发展

新媒体促进了不同领域之间的融合和创新。它与传统媒体、文化产业、科技产业等形成了良性互动，推动了社会经济的转型和升级。

（三）新媒体平台的种类和功能

新媒体平台是指提供新媒体服务和功能的网络平台。根据功能和特点的不同，可以将新媒体平台划分为以下几种类型，见表1-1所列：

表1-1 新媒体平台类型

新媒体平台	平台举例
社交媒体平台	微信、微博、QQ空间等，主要用于用户之间的社交交流和信息分享，具有强大的用户群体和社交网络效应
视频分享平台	优酷、腾讯视频、抖音等，主要用于用户分享、观看和评论各种类型的视频内容，包括电影、电视剧、短视频等
新闻资讯平台	今日头条、网易新闻、凤凰网等，主要用于发布和传播各类新闻、资讯和时事报道，通过个性化推荐满足用户不同的信息需求
在线直播平台	斗鱼、虎牙、哔哩哔哩等，主要用于用户实时发布和观看各类直播内容，包括游戏直播、体育赛事、娱乐综艺等
内容创作平台	知乎、小红书、梨视频等，主要用于用户创作和分享原创内容，包括文字、图片、音频、视频等
电子商务平台	淘宝、京东、拼多多等，主要用于在线购物和交易，提供商品展示、交易保障等功能

这些新媒体平台在不同的领域和行业中发挥着重要的作用，并且不断创新和演进，以适应用户需求的变化和技术的发展。

二、新媒体对传统新闻业态的影响和冲击

（一）新媒体对传统新闻媒体的竞争冲击

新媒体的兴起对传统新闻媒体造成了巨大的竞争冲击，主要表现在以下几个方面：

1. 用户获取方式的改变

传统新闻媒体主要通过报纸、广播和电视等渠道将信息传递给用户，而新媒体则通过互联网和移动终端为用户提供实时、便捷的新闻信息。用户可以随时随地通过手机、平板电脑等设备获取新闻，不再受限于地域和时间，这使得传统媒体的读者和观众数量大幅下降。

2. 信息多元化和大众自媒体的崛起

新媒体时代，信息内容变得更加多元化和个性化。除了传统新闻媒体，大众自媒体也崛起并发挥了重要作用。个人和组织可以通过社交媒体、博客、视频网站等平台发布自己的内容，获得关注和影响力。这种去中心化的形式使得传统媒体的垄断地位受到了冲击。

3. 速度和实时性的竞争

新媒体传播速度更快，实时性更强。在传统媒体需要经过编辑和排版等环节后才能发布新闻之前，新媒体已经通过社交媒体或者自媒体平台实时发布了消息。这使得传统媒体的报道经常会被新媒体抢先。

4. 用户参与和互动性的增强

新媒体提供了更多用户参与和互动的机会。用户可以通过评论、点赞、分享等方式与新闻内容进行互动，并且可以即时表达自己的观点和看法，这极大增强了用户的参与感和归属感。而传统媒体的互动性相对较弱，很难与用户建立直接联系。

5. 广告和商业模式的转移

广告投放向新媒体倾斜。随着用户流量的转移，广告主开始将广告预算从传

统媒体转移到新媒体平台上，这使得传统媒体的收入逐渐下降。此外，在新媒体时代，用户习惯免费获取信息，传统媒体很难在内容付费和会员制等新商业模式中找到可行性。

面对新媒体的竞争冲击，传统新闻媒体需要不断转变和创新，积极应对挑战，提升自身在数字化时代的竞争力。

（二）新媒体技术对新闻内容生产和传播模式的改变

新媒体技术的发展对新闻内容生产和传播模式带来了深刻的改变：

1. 多媒体融合

新媒体技术使得文字、图片、音频和视频等多种形式的信息可以集成在一起，提供更加多样化和丰富的内容。传统的纸媒和电视媒体只能提供有限的信息形式，而新媒体则能够通过视听、动图、互动等形式呈现信息，提高了用户的视觉和感官体验。

2. 实时性和即时报道

互联网和移动设备的普及使得新媒体可以实时发布新闻。通过网络平台或者社交媒体，记者和用户可以随时随地获取、发布和分享新闻信息。这使得用户可以第一时间了解到最新的新闻动态，同时也促进了新闻报道的迅速和深入。

3. 用户参与和互动

新媒体技术为用户提供了更多的参与和互动机会。通过社交媒体、评论区、直播互动等功能，用户可以与新闻内容进行互动，表达自己的观点和意见。同时，新媒体还提供了用户生成内容（UGC）的平台，使得用户能够参与到新闻创作和报道中。

4. 数据驱动的新闻生产

新媒体技术使得新闻生产更加依赖于数据分析和处理。通过大数据技术和人工智能算法，新媒体可以分析用户的兴趣和偏好，了解用户需求，从而更准确地制定新闻内容策略，并为用户提供个性化的推荐服务。

5. 新媒体平台的发展

新媒体平台的不断发展也改变了新闻传播的方式。社交媒体平台如微信、微博、Facebook 等成为新闻内容传播的重要渠道，它们将新闻推送给用户，同时也提供各种互动功能。此外，视频网站如 YouTube 和抖音则成为视频新闻传播的主要平台。

三、新媒体对受众行为和信息获取方式的改变

（一）新媒体时代下受众的多样化需求和参与方式

在新媒体时代，受众的需求和参与方式发生了巨大的变化，主要表现在以下五个方面：

1. 多样化的信息需求

新媒体提供了更加多样化的信息内容，满足了受众对不同领域和主题的需求。无论是新闻、娱乐、科技、健康等领域，受众都可以通过新媒体平台获取所需的信息。受众对于多元化和个性化的内容有着越来越高的需求。

2. 个性化的推荐服务

新媒体平台通过大数据和人工智能技术，可以根据受众的兴趣和偏好，为其提供个性化的推荐服务。根据受众的历史浏览记录、点赞、分享等行为分析，新媒体平台可以准确地推荐符合受众兴趣的内容，提高信息获取的效率和准确性。

3. 自主选择和定制化需求

新媒体时代，受众可以自主选择他们感兴趣的内容，并将其定制为自己的阅读或观看列表。受众不再局限于传统媒体的内容安排，可以根据自己的需求和兴趣选择各种来源的信息并进行组合，从而实现个性化的内容订阅。

4. 互动和参与

新媒体提供了更多的互动和参与机会，受众可以通过评论、点赞、分享等方式表达自己的观点和意见。同时，新媒体还为受众提供了发布内容的平台，使其能够参与到内容创作和传播中。这种互动和参与能够增强受众的参与感和归属感。

5. 社交化和网络社区

新媒体时代，社交媒体平台成为受众互动和交流的重要场所。通过社交媒体，受众可以与其他用户分享信息、讨论话题、建立朋友圈等。社交媒体为受众提供

了一个开放、广泛的网络社区，使其能够更好地与他人交流和连接。

（二）新媒体对受众信息获取习惯的影响和改变

新媒体的发展对受众的信息获取习惯产生了深远的影响和改变，主要表现在以下五个方面：

1. 实时性和即时性的要求

新媒体以其快速、实时的特点，满足了受众对信息即时性的需求。受众不再需要等待传统媒体的刊登或者节目播出，可以随时通过新媒体平台获取最新的新闻、资讯和事件动态。这种实时性的要求使得受众对于信息的获取更加迅速和方便。

2. 多渠道、多平台的选择

新媒体提供了多种渠道和平台供受众获取信息。无论是网站、应用程序还是社交媒体，受众都可以根据自己的喜好和习惯选择适合自己的平台进行信息获取。与传统媒体相比，新媒体的渠道和平台更加丰富和多样化。

3. 自主选择和定制化需求

新媒体时代，受众可以自主选择感兴趣的内容，并将其定制为自己的阅读或观看列表。通过关注、订阅、点赞等方式，受众可以根据自己的需求和兴趣选择各种来源的信息并进行组合，从而实现个性化的内容订阅。这种定制化的需求使得受众能够更加精准地获取到符合自己兴趣的信息。

4. 互动和参与

新媒体的互动和参与机制使得受众能够积极参与到信息获取过程中。通过评论、点赞、分享等方式，受众可以表达自己对于内容的看法和意见，并与其他受众进行交流和互动。这种互动和参与能够增强受众的参与感和归属感，促进更深层次的信息获取。

（三）新媒体平台对受众互动和参与的促进和扩展

新媒体平台通过其特有的互动和参与功能，扩展了受众的互动和参与行为，主要表现在以下几个方面：

1. 社交化互动

新媒体平台以其社交化的特点，成为受众互动和交流的重要场所。通过社交媒体，受众可以与其他用户分享信息、讨论话题、建立朋友圈等。社交媒体为受众提供了一个开放、广泛的网络社区，使其能够更好地与他人交流和连接。受众可以通过点赞、评论、分享等方式，与其他用户进行互动和参与，扩展了受众的社交圈子和交流渠道。

2. 用户生成内容

新媒体平台为受众提供了发布内容的机会，使其能够参与到内容创作和传播中。受众可以通过文字、图片、视频等形式，创作并分享自己的作品。这种用户生成内容的方式，不仅增加了受众的参与感和满足感，也丰富了新媒体平台上的内容资源。

3. 互动直播和活动

新媒体平台提供了互动直播和活动的功能，使受众能够参与到线上活动和直播中。通过在线投票、抽奖、答题等形式，受众可以与主持人或其他参与者进行互动，增加了受众的参与度和娱乐性。这种互动直播和活动不仅增加了受众的参与感，也拓宽了受众获取信息的方式。

4. 反馈和建议

新媒体平台为受众提供了反馈和建议的渠道，使其能够主动向媒体提供意见和建议。受众可以通过评论、私信、在线调查等方式，向媒体反馈对于内容的评价和改进建议。这种反馈和建议的机制，使得受众能够参与到新媒体平台的运营和改进中，增强了受众的参与感和满意度。

四、传统新闻传播面临的挑战和变革

（一）传统新闻媒体的定义和特点

传统媒体包括报纸、杂志、电视、广播等媒体，它主要依靠专业的记者和编辑团队，以印刷、广播、电视等渠道，通过纸质媒体、电波等载体向大众传递新闻、资讯、娱乐内容等。传统新闻媒体的特点如下，如图1-1所示：

1. 专业性

传统新闻媒体拥有专业的新闻采编团队和编辑部门，能够提供高质量、可信度较高的新闻报道和评论。

图 1-1　传统新闻媒体的特点

2. 一对多传播

传统新闻媒体通过报纸、电视、广播等媒介形式，以一对多的方式将信息传达给大众，形成了统一的传播渠道。

3. 有限的互动性

传统新闻媒体的传播形式相对封闭，读者或观众对于内容的参与和反馈相对较少。

4. 定时性和定位性

传统新闻媒体有明确的发行时间和发行范围，能够定时定位地传递信息。

5. 可信度较高

传统新闻媒体经过长期积累和严格的编辑把关，具有较高的可信度和公信力，被广泛认可。

（二）传统新闻传播面临的挑战和困境

相对于传统新闻传播而言，新媒体以强大的信息狂潮，丰富的互动形式，快捷便利的网络传播方式等优势，对人类生活产生了巨大的影响。与此同时，新媒体的兴起，也对传统新闻媒体造成了巨大的冲击。传统新闻传播面临着一些挑战和困境，如图 1-2 所示：

1. 媒体多元化

随着互联网的发展，新媒体的兴起给传统媒体带来了竞争压力。人们可以通过手机、平板电脑等终端设备获取新闻和信息，传统媒体的读者和观众数量逐渐减少。

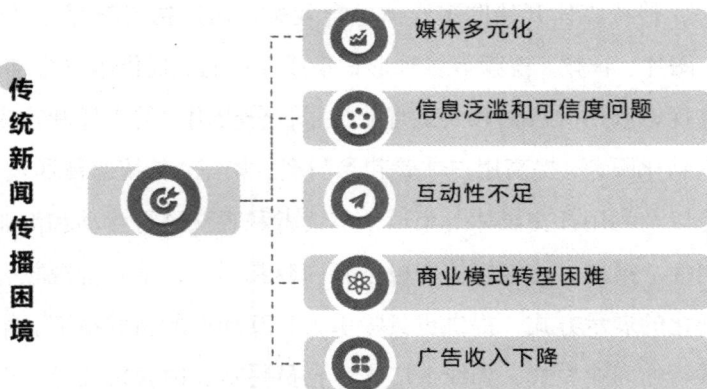

图1-2　传统新闻传播的困境

2. 信息泛滥和可信度问题

互联网时代信息爆炸，大量的信息涌入人们的视野，传统媒体的报道容易被淹没。同时，虚假信息和谣言也成为一个严重的问题，影响了传统媒体的公信力。

3. 互动性不足

传统媒体的互动性相对较弱，读者和观众无法直接参与和评论新闻报道，缺乏沟通和互动的机会。

4. 商业模式转型困难

传统媒体依赖广告和销售收入维持运营，但随着互联网媒体的竞争加剧，传统媒体的广告和销售额逐渐下降，导致经营困难。

5. 广告收入下降

随着数字化媒体的兴起，广告主更乐意将广告投放在互联网平台上，导致传统新闻媒体的广告收入下降，经济上面临一些挑战。

传统新闻媒体需要积极转型，加大数字化布局，提供高质量的新闻报道，激发受众的互动和参与积极性，探索新的商业模式和收入来源，并持续提升大众对传统新闻的信任度与忠诚度。

（三）传统新闻传播的转型和变革

为了应对新媒体和现代社会的挑战，传统新闻传播正在经历转型和变革，具体如下：

第一，传统媒体开始向多媒体融合发展，通过拓展新媒体平台和技术手段，将文字、图片、音频、视频等多种形式集成在一起，提供丰富多样的内容。第二，传统媒体探索利用大数据和人工智能技术，分析用户的兴趣和行为，实现个性化推荐和定制化服务，提高用户体验和参与度。第三，传统媒体通过开设读者信箱、在线评论以及利用社交媒体等渠道，与读者和观众进行互动和沟通，增加消息传递的双向性。第四，传统媒体积极创新内容和形式，结合音视频、图文并茂、表格等多样化的展示方式，提供更具吸引力和互动性的新闻报道。第五，传统媒体积极探索新的商业模式，如线上广告、会员付费、内容付费等，以寻求可持续发展的路径。此外，传统媒体依然发挥自身优势，坚守新闻职业道德，加强内部监督和自律，提高新闻报道的独立性和客观性，增强公众对其的信任。

第二节　传统新闻传播理论的限制与新媒体时代的需求

一、传统新闻传播理论的概述

（一）传统新闻传播理论的定义和发展历程

传统新闻传播理论是指在数字时代之前，以及媒介技术还未发展起来的时期，对新闻传播过程中的各种现象和规律进行研究和解释的一系列理论。它们通过研究新闻媒体的运作机制、信息流动方式、受众反应等方面的问题，试图揭示新闻传播的本质和规律。传统新闻传播理论的发展可以追溯到 20 世纪早期，随着媒介技术的进步和社会变革的推动，这些理论逐渐形成并得到了广泛的应用。传统新闻传播理论的发展经历了以下四个阶段：

1. 传播效果研究阶段（1920—1940 年）

这个阶段的研究主要集中在传播效果的测量和评价上，关注的是媒体对受众的影响程度。代表性的理论包括拉斯韦尔的"两步流说"和佐法曼的"多级流动模型"等。

2. 媒介效应研究阶段（1950—1960 年）

这个阶段的研究主要关注媒体对受众态度和行为的影响，以及媒体对社会变革的作用。代表性的理论包括拉斯韦尔的"有限效应模型"和"洗脑理论"等。

3. 传播过程研究阶段（1970—1980 年）

这个阶段的研究开始关注信息的传播过程，重点研究媒介选择、信息采纳和传播动力等问题。代表性的理论包括"门控理论""认知不协调理论"和"跨渠道传播理论"等。

4. 受众理解研究阶段（1990—2000 年）

这个阶段的研究关注受众的接受与理解过程，研究方法逐渐转向定性研究和符号学分析。代表性的理论包括"多重观众解读理论""文化研究和符号学"等。

总的来说，传统新闻传播理论在 20 世纪的各个阶段都围绕着不同的研究重点和问题展开研究，不断推动了理论的发展和进步。

（二）传统新闻传播理论的基本假设和框架

1. 传统新闻传播理论的基本假设，见表 1-2 所列：

表 1-2　传统新闻传播理论的基本假设

基本假设	基本假设解析
信息传播基本假设	媒体是信息传播的主要渠道,通过媒体传播的信息可以影响受众的知识、态度和行为
传播效果假设	传播媒体对受众具有一定的影响力,可以改变受众的态度和行为
媒介选择假设	受众会有意识地选择适合自己需求和兴趣的媒体进行信息获取
传播过程假设	信息传播是一个复杂的过程,包括信息源、信息媒介、信息受众等多个环节,需要研究这些环节之间的相互关系
受众解读假设	受众会根据自身的背景、价值观和经验等因素对传播的信息进行解读和理解,不同的受众可能产生不同的意义和效果

2. 传统新闻传播理论的框架要素

报道框架就是媒介为事件叙述提供的一种叙事方式，媒介通过对事件的筛选、加工、组合、强调进行报道，形成不同的报道框架。在传统新闻传播中，从新闻的选择到新闻文本和意义的建构，整个过程的研究都可以称为新闻传播框架。传统的新闻传播理论框架包括这些要素：

传播源：指信息的发起者和传播者，如新闻机构、记者和编导等。传统新闻传播理论关注传播源对信息选择、加工和传播的作用。

传播媒介：指信息传播的工具和平台，如报纸、电视、广播等传统媒体。传统新闻传播理论关注传播媒介对信息传递的方式和效果的影响。

信息内容：指传播中所涉及的具体信息，包括新闻事件、社会问题等。传统新闻传播理论关注信息内容对受众的关注度、兴趣和反应的影响。

传播渠道：指信息从传播源到受众的传递路径，包括传统媒体、口碑传播和社交媒体等。传统新闻传播理论关注传播渠道对信息传递的速度、范围和效果的影响。

受众：指接受和消费信息的个体或群体，包括不同的受众群体、受众需求和受众反应。传统新闻传播理论关注受众对信息的接受、理解和反馈的影响。

传统新闻传播理论的基本假设和框架为研究者提供了分析和解释新闻传播现象的理论工具和方法。在数字时代的崛起以及传媒技术的进步下，传统新闻传播理论也逐渐发展并与新兴媒体理论相互交融，形成了新的研究方向和议题。

二、传统新闻传播理论在新媒体时代的局限性分析

（一）新媒体时代下传统新闻传播理论的适应性问题

随着新媒体的迅猛发展，传统新闻传播理论面临着适应性的挑战。新媒体时代改变了信息传播的方式和受众行为，使得传统新闻传播理论需要进行相应的调整和更新。以下是新媒体时代下传统新闻传播理论的适应性问题：

1. 传播源的多样化

在新媒体时代，任何个人都可以成为信息的传播源，通过社交媒体、个人博客等平台发布信息。传统新闻传播理论主要关注传统媒体的角色和影响力，对于个人传播者的研究相对较少，因此需要完善传播源的研究框架。

2. 传播媒介的多元化

新媒体的出现使信息传播的媒介更加丰富多样，如社交媒体、移动互联网等。传统新闻传播理论主要关注传统媒体的传播效果和影响力，对于新媒体媒介的特点和传播效果的研究还需进一步深入。

3. 受众需求的变化

新媒体时代，受众可以根据自身需求主动选择感兴趣的信息，而不再局限于

传统媒体所提供的信息。传统新闻传播理论假设受众是被动接受和被动消费信息的，但在新媒体时代，受众更具有主动性和自主选择的能力，因此需要重新思考受众的角色和行为。

4. 传播渠道的变革

新媒体的出现改变了信息传播的路径和方式，信息可以通过社交媒体、个人分享等多种途径传播。传统新闻传播理论主要关注传统媒体的传播路径和效果，对于新媒体传播路径和效果的研究还不够深入。

5. 信息传播效果的评估

新媒体时代，信息传播效果更加难以准确评估。传统新闻传播理论主要关注传统媒体的传播效果，如影响力、知名度等，但在新媒体时代，信息传播效果的评估需要考虑更多因素，如用户参与度、互动性等。

（二）新媒体时代下信息传播速度和传播路径的变化

新媒体的出现极大地改变了信息传播的速度和传播路径。以下是新媒体时代信息传播速度和传播路径的主要变化：

1. 即时性传播

在新媒体时代，通过网络和手机等终端设备，信息可以实现即时传播。新闻事件发生后，相关信息可以迅速通过社交媒体、新闻客户端等渠道传递给受众，使得受众能够第一时间了解到最新的信息。

2. 社交化传播

新媒体时代，信息的传播路径变得更加社交化。通过社交媒体平台，个人可以将自己感兴趣的内容分享给亲友和关注自己的人群，从而实现信息的传播。这种社交化传播使得信息可以通过人际关系网络扩散，并形成信息传播的连锁反应。

3. 自媒体传播

新媒体时代，个人也可以成为信息的传播者，通过自媒体平台（如微博、微信公众号等）发布原创内容。自媒体传播使得个人具备了传播信息的能力，可以将自己的观点和知识分享给其他人，进而影响他人的思想和行为。

4. 多样化传媒渠道

新媒体时代，信息传播的渠道变得更加多样化。除了传统媒体如电视、广播和报纸等，还有网络、移动互联网、社交媒体等媒介。这些多样化的传媒渠道不仅提供了更多获取信息的途径，也让受众能够更加方便地选择感兴趣的信息来源。

5. 个性化传播

新媒体时代，信息传播越来越个性化。通过智能算法和推荐系统，新媒体平台能够根据用户的兴趣和行为推送相关的信息，使得每个受众都可以根据个人需求定制属于自己的信息流。

（三）新媒体时代受众参与互动的重要性和挑战

新媒体时代的传播路径变化使得传统媒体不再是唯一的信息来源。传统媒体在新媒体时代面临着来自网络、社交媒体等新媒体平台的竞争，因此需要通过与新媒体的融合与创新来拓宽传播渠道，维持自身的竞争力。例如，传统媒体可以通过建立自己的官方网站、开设社交媒体账号等方式，将自身的报道与新媒体平台相联系，实现信息的多元化传播。

新媒体时代的社交化传播为传统媒体提供了更大的参与空间。传统媒体可以借助社交媒体平台的力量，与用户进行互动和沟通，以了解受众的需求和反馈。传统媒体可以开展在线访谈、话题讨论等活动，与用户进行互动，增加用户黏性和忠诚度。通过与用户的互动，传统媒体可以更好地了解用户的喜好和需求，从而提供更符合受众期待的内容，拓宽传播影响力。

在新媒体时代，个人也能成为信息的传播者，构建自己的个人品牌。这对传统媒体来说既是挑战也是机遇。传统媒体可以与个人博主、自媒体等合作，借助他们的影响力和粉丝基础，实现传播资源的共享和互补。通过与个人传播者的合作，传统媒体能够拓展受众群体，提高传播效果，同时也能够为个人传播者提供更广阔的传播平台，增加其影响力和知名度。

新媒体时代传播效果的评估需要更多维度的考量。除了关注传统媒体的影响力和知名度等指标外，还需要考虑新媒体时代的受众参与度、互动性等因素。传统媒体可以借助数据分析和用户调研等手段，深入了解受众对于内容的评价和反馈，以及他们对于传播平台和渠道的满意度。通过对数据和反馈的分析，传统媒体可以进行相应的调整和优化，提高传播效果和受众体验。

三、新媒体时代新闻传播理论的需求和变革

（一）新媒体时代下新闻传播环境的特点和变化趋势

新媒体时代的到来，给新闻传播环境带来了许多特点和变化趋势。下面将详细介绍这些方面。

1. 信息爆炸与碎片化

新媒体技术的快速发展使得信息爆炸式增长，人们可以在网络上随时随地获取大量的信息。然而，这也导致了信息的碎片化，人们往往只关注或接触到他们感兴趣或与他们有关的信息，忽视了其他重要的内容。

2. 用户参与和互动

在新媒体时代，传播不再是单向地传递，而是呈现出多向、多元化的特点。用户可以通过社交媒体、微博等渠道，参与到新闻传播中，发表评论、转发信息、发布观点等。这种用户参与和互动的方式改变了传统媒体的传播方式，使得传播更加立体和复杂。

3. 传播路径的多元化

新媒体时代，传播路径变得更加多样化。除了传统的报纸、电视、广播等传统媒体渠道外，还有网络、社交媒体、移动终端等新兴渠道。这些新的传播路径为信息的传播提供了更多的选择和机会，使得信息能够更快、更广泛地传播。

4. 虚拟社交网络

随着社交媒体的兴起，人们之间的社交关系不再局限于现实世界，而是通过虚拟社交网络实现。社交媒体为新闻传播提供了更广阔的社交空间，人们可以在社交媒体平台上分享新闻、评论和互动，扩大信息的传播范围和影响力。

5. 个性化和定制化需求

新媒体时代，人们对于新闻内容的需求越来越个性化和定制化。他们希望能够获取到自己感兴趣的内容，而不是被动接受媒体的推送。因此，传统的一刀切的新闻传播模式已经无法满足人们的需求，传媒机构需要根据受众的个性化需求，

提供定制化的新闻服务。

6. 大数据和算法推荐

随着大数据技术的发展，传媒机构能够通过数据分析的手段，深入了解受众的兴趣、喜好和行为特点。通过算法推荐，传媒机构可以根据受众的个人信息和历史行为，精准地推送符合其兴趣的内容。这种个性化推荐不仅提高了信息的传播效果，也为传媒机构带来了商业上的机会。

（二）新媒体时代下新闻传播对象和传播方式的多样化需求

新媒体时代，新闻传播对象和传播方式呈现出多样化的需求。下面将详细介绍这些方面。

1. 年轻人的需求

年轻人是新媒体时代新闻传播的重要对象。他们对于新闻的需求更加多样化和碎片化，喜欢通过社交媒体等渠道获取新闻信息，并且对于新闻内容的真实性和可信度有较高的要求。传媒机构需要针对年轻人的需求特点，提供更加具有娱乐性、互动性和参与性的新闻内容。

2. 移动终端用户的需求

随着移动终端的普及和发展，越来越多的用户通过手机和平板电脑等设备获取新闻信息。因此，传媒机构需要根据移动终端用户的特点，提供更加便捷、易用和适应性强的新闻服务。例如，通过开发新闻 App，提供推送服务和定制化内容，满足移动终端用户随时随地获取新闻的需求。

3. 社交媒体用户的需求

社交媒体成为新媒体时代下新闻传播的重要渠道之一，人们通过社交媒体分享、评论和互动。因此，传媒机构需要充分利用社交媒体平台，与用户进行互动和沟通，了解他们对于新闻的需求和反馈，提供符合用户喜好和参与度的新闻内容。

4. 用户个性化需求的需求

在新媒体时代，人们对于新闻内容的需求越来越个性化。传媒机构可以通过大数据分析和算法推荐等手段，根据用户的个人信息和行为特点，提供个性化、定制化的新闻服务，满足用户的个性化需求。

5. 跨文化传播的需求

新媒体时代，全球化交流更加频繁，人们对于跨文化传播的需求也越来越高。新媒体为跨文化传播提供了更多的机会和渠道，人们可以通过互联网和社交媒体了解不同国家和文化的新闻信息。传媒机构应该加强对跨文化传播的专业研究，提供具有多元文化视角的新闻报道，促进不同文化之间的交流和理解。

（三）新媒体时代对新闻传播理论框架和研究方法的改进与创新

新媒体时代的到来，对新闻传播理论框架和研究方法提出了新的挑战和要求。下面将详细介绍这些方面。

1. 传播效果的评估

在传统媒体时代，传播效果主要通过收视率、发行量等指标来评估。然而，在新媒体时代，传播效果的评估变得更加复杂。传媒机构需要结合大数据分析和用户反馈，综合考量受众的关注度、参与度和转化度等指标，评估新闻传播的效果。

2. 用户参与和互动的研究

新媒体时代下，用户参与和互动成为新闻传播的重要特点。传媒机构需要研究用户参与和互动的模式和影响因素，例如用户的社交网络关系、个人特征和信息获取习惯等。此外，还需要探索用户参与和互动对于新闻传播效果和受众态度的影响。

3. 社交媒体传播的研究

社交媒体在新媒体时代扮演着重要角色。传媒机构需要研究社交媒体平台的使用模式、用户行为和信息传播规律等。例如，通过网络舆情分析和社交网络分析等方法，了解社交媒体上的信息传播路径、影响力和热点话题，进一步优化新闻传播策略。

4. 个性化推荐的研究

个性化推荐在新媒体时代具有重要意义。传媒机构应该研究个性化推荐算法和模型，以满足用户的个性化需求。此外，还需要关注个性化推荐对于信息多样性、意见多样性和信息过滤的影响，确保个性化推荐不会造成信息封闭和信息茧房的问题。

5. 跨文化传播的研究

新媒体时代，跨文化传播变得更加频繁和复杂。传媒机构需要探索跨文化传播的理论框架和研究方法，包括文化差异对新闻传播的影响、跨文化信息传递的障碍与挑战，以及促进跨文化交流和理解的有效策略。

（四）新媒体时代多渠道多媒体的新闻报道变革

多渠道多媒体的新闻报道策略是传统媒体机构在新媒体时代，面对信息技术发展和用户需求变化的背景下，通过利用多种媒体平台和渠道，以及多样化的报道形式，来实现更全面、深入和立体的新闻传播。这一策略的目标是提供更丰富、多元和有针对性的新闻内容，满足不同受众的需求，加强媒体与读者之间的互动与沟通。

1. 多渠道的选择

传统媒体机构将注意力从单一的媒体平台转向了多个渠道，以便将新闻内容传达给更广泛的受众。这些渠道包括但不限于：

纸质媒体。传统的报纸和杂志仍然是许多人获取新闻信息的重要来源，因此传统媒体机构继续保持纸质媒体的发行和传播。

电视和广播。电视和广播依然扮演着重要的角色，在新闻报道中起到了直观、生动和及时的作用。

网络媒体。随着互联网的普及，各类新闻网站和移动应用成为人们获取新闻的主要途径。传统媒体机构通过建立自己的网站和应用，以及与其他新媒体合作，将新闻内容推送到网络平台上。

2. 多种形式的报道

传统媒体机构打破常规，开始采取多样化的报道形式，以更好地适应不同受众的需求和喜好，见表 1-3 所列：

表 1-3　多种报道形式

报道形式	报道形式详解
文字报道	文字报道是新闻报道的基础形式，传统媒体机构会继续通过书面文字来传达事实、观点和分析
图片和图表报道	图片和图表可以帮助读者更直观地理解新闻事件和数据，传统媒体机构会加强在新闻报道中的使用

续表

报道形式	报道形式详解
视频报道	视频报道在传递新闻信息时具有生动、直观和感性的优势,传统媒体机构会提高视频报道的数量和质量
音频报道	音频报道一方面可以通过播客等方式提供深度访谈和分析,另一方面可以通过广播节目传递即时新闻资讯

3. 针对不同受众的定制化策略

传统媒体机构认识到不同受众的需求和兴趣有所差异,根据受众特点开展针对性的定制化策略:

年龄和兴趣定位:传统媒体机构通过分析用户数据和行为,确定不同年龄和兴趣群体的偏好,并针对性地制定新闻报道策略。

地域定位:传统媒体机构会根据不同地区的需求和关注点,推出相关的地方性新闻报道,满足当地用户的需求。

语言和文化定位:在面向多元文化社会的情况下,传统媒体机构会提供多语种的报道,以及针对特定文化背景的新闻服务。

4. 用户参与和互动

多渠道多媒体的新闻报道策略是一种以多种媒体形式和多个传播渠道来传递新闻信息的策略。这种策略的目标是通过不同的媒体平台和渠道,满足受众的多样化需求,并增强媒体与读者之间的互动和参与。这种策略的重要性在于,如图1-3所示:

丰富内容呈现方式　　拓展传播渠道

多渠道多媒体的新闻报道策略优势

提升互动参与　　个性化服务定制

图1-3　多渠道多媒体的新闻报道策略优势

第一,丰富内容呈现方式。通过采用多种媒体形式,如文字、图片、视频、音频等,可以更加生动、直观地呈现新闻信息,提高用户的阅读体验和理解度。

第二,拓展传播渠道。通过在不同的平台上发布新闻内容,如纸质媒体、电视、广播、网络媒体等,可以覆盖更广泛的受众群体,扩大新闻的传播范围和影响力。

第三,个性化服务定制。通过了解用户的兴趣爱好、阅读习惯等特点,可以向用户提供更加个性化的新闻服务,提升用户的阅读体验和满意度。

第四,提升互动参与。通过在新闻报道中引入互动元素,如评论、分享、投票等,可以增强用户与媒体之间的互动和参与度,形成良性的信息传播生态。

为了实施多渠道多媒体的新闻报道策略,传统媒体机构需要进行以下工作:

多媒体内容制作。培养多元化的人才团队,包括文字编辑、摄影师、视频制作人员、音频制作人员等,掌握不同媒体形式下的新闻内容制作技巧。

媒体平台建设。加强自有媒体平台(如网站、App)的建设和优化,同时与其他新媒体合作,扩大新闻报道的传播渠道。

数据分析应用。通过对用户行为数据的分析,了解用户的喜好和偏好,从而提供更准确的个性化推荐,并为新闻报道和产品改进提供数据支持。

互动参与机制。建立评论、分享、投票等互动功能,鼓励用户参与讨论和表达意见,形成良好的用户参与氛围。

四、发展适应新媒体时代的新闻传播理论的必要性和意义

(一)新媒体时代新闻传播理论发展的重要性和紧迫性

新媒体时代的到来,给新闻传播理论的发展提出了新的挑战和机遇。传统媒体主要以报纸、电视和广播为主要媒介,信息传递方式相对单一且受限。然而,随着互联网技术的快速发展,社交媒体、移动设备和大数据分析等新兴技术的出现,新媒体媒介在信息传播中扮演越来越重要的角色。因此,发展适应新媒体时代的新闻传播理论具有重要性和紧迫性。

新媒体时代的新闻传播理论发展对于正确把握信息传播的特点和规律至关重要。新媒体时代信息传播的速度更快、范围更广,同时也更容易被篡改、传播虚假信息。传统的新闻传播理论已经不能完全适应这种新的情况,因此需要基于新媒体的特点来研究信息传播的规律和趋势,以提高信息传播的准确性和效果。

　　新闻传播理论的发展对于提高新闻工作者的专业素养和能力至关重要。在新媒体时代，新闻工作者不仅需要具备传统的采访和报道技巧，还需要掌握数字媒体技术、社交媒体营销、大数据分析等相关知识。新闻传播理论的发展可以帮助新闻工作者更好地理解和应用这些新技术，提高他们的专业素养和职业竞争力。

　　新媒体时代新闻传播理论的发展对于引导公众正确理解和使用新媒体信息起到重要作用。随着新媒体的普及和使用，公众对于信息的获取和判断变得更加多样化和复杂化。新闻传播理论可以帮助公众正确理解和评估新媒体信息，培养他们的媒体素养和批判思维能力，从而提高他们的信息获取和利用效果。

（二）适应新媒体时代的新闻传播理论对学术研究的启示和指导

　　新媒体时代的到来给新闻传播学术研究带来了许多新的问题和挑战。为了适应新媒体时代的发展趋势，学术研究需要从以下几个方面进行启示和调整。

1. 关注新媒体环境下信息传播的特点和规律

　　新媒体时代，信息传播的速度更快、范围更广，同时受到虚假信息和隐私泄露等问题的困扰。学术研究应该关注这些问题的原因和解决方法，研究新媒体环境下信息传播的规律和趋势。

2. 探索新媒体时代的受众参与和互动

　　新媒体时代，受众不再是被动接收信息的对象，而是信息传播过程中的积极参与者和互动主体。学术研究应该研究受众参与和互动的模式、影响因素和效果，为新闻传播提供理论依据和实践指导。

3. 关注新媒体时代的社交媒体传播

　　社交媒体在新媒体时代扮演着重要角色，成为信息传播和社会互动的重要平台。学术研究应该深入研究社交媒体平台的使用模式、用户行为和信息传播规律，为有效利用社交媒体进行新闻传播提供理论和实践支持。

4. 重视跨文化传播的问题

　　新媒体时代，跨文化传播变得更加频繁和复杂，不同文化之间的交流和理解面临诸多障碍。学术研究应该探索跨文化传播的理论框架和研究方法，促进不同文化之间的交流和理解。

（三）新媒体时代新闻传播理论创新与实践的价值和影响

在新媒体时代，传统的新闻传播理论已经不能很好地适应信息传播的变革和发展。因此，创新与实践新媒体时代的新闻传播理论具有重要的价值和影响。下面将从以下四方面进行详细讨论，如图 1-4 所示：

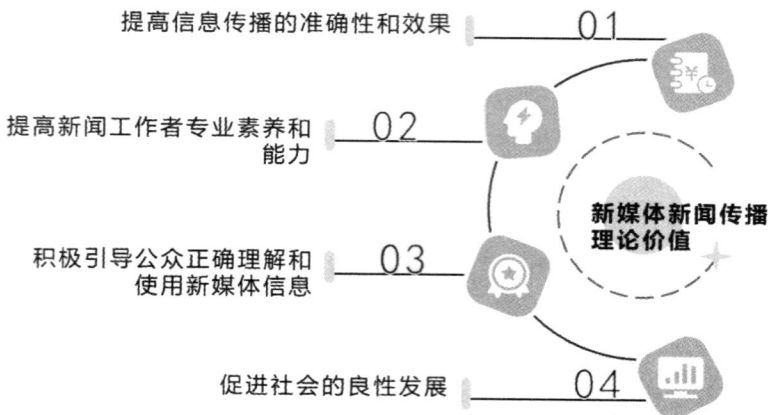

提高信息传播的准确性和效果 01

提高新闻工作者专业素养和能力 02

积极引导公众正确理解和使用新媒体信息 03

促进社会的良性发展 04

新媒体新闻传播理论价值

图 1-4　新媒体新闻传播理论价值

第一，新媒体时代新闻传播理论的创新与实践可以提高信息传播的准确性和效果。随着互联网技术的快速发展，信息爆炸式增长，同时也伴随着虚假信息、谣言和舆论操控等问题的出现。新媒体时代下的新闻传播理论创新与实践可以帮助媒体准确把握信息传播的特点和规律，提供更科学、有效的指导原则和方法，从而提高信息传播的准确性和可信度。

第二，新媒体时代新闻传播理论的创新与实践对于提高新闻工作者的专业素养和能力具有积极的影响。在新媒体时代，新闻工作者不仅需要具备传统的采访和报道技巧，还需要掌握数字媒体技术、社交媒体营销、数据分析等相关知识和技能。新媒体时代下的新闻传播理论创新与实践可以帮助新闻工作者更好地理解和应用这些新技术，提高他们的专业素养和职业竞争力。

第三，新媒体时代新闻传播理论的创新与实践对于引导公众正确理解和使用新媒体信息起到重要作用。新媒体的快速普及和使用使得公众对于信息的获取和判断变得更加多样化和复杂化。新闻传播理论的创新与实践可以帮助公众正确理解和评估新媒体信息，提高他们的媒体素养和批判思维能力，从而提高公众对于新媒体信息的利用效果。

第四，新媒体时代新闻传播理论的创新与实践还可以促进社会的良性发展。新媒体的出现为公众参与、民主监督和社会互动提供了更多的可能性。新闻传播理论的创新与实践可以通过研究和探索新媒体环境下的社会价值观、公共舆论形成机制等问题，为社会的良性发展提供理论支持和实践指导。

第三节　新媒体视角下新闻传播研究的重要性与价值

一、新媒体视角下新闻传播研究的定义和范畴

（一）新媒体视角下新闻传播研究的概念和目标

新媒体视角下，新闻传播研究是指对于新媒体环境下的新闻传播现象和问题进行系统、深入、全面地研究。它关注新媒体技术、平台和用户对于新闻生产、传播和接收的影响，以及新媒体环境下的新闻机构、新闻内容和新闻受众等方面的变化和发展。新闻传播研究旨在理解和解释新闻传播的规律和特点，为新闻传播实践提供理论支持和指导。

新媒体视角下的新闻传播研究涵盖多个主题，例如跨平台传播、社交媒体互动、用户生成内容、新闻商业模式与可持续发展等，新媒体视角下新闻传播研究这些主题的目标为：

1. 揭示新媒体技术对于新闻生产与传播的影响

新媒体技术的快速发展使得新闻生产与传播的方式发生了根本性的变化。新闻传播研究通过深入分析新媒体技术对于新闻生产与传播过程中角色、流程和内容的改变，揭示新媒体技术对于新闻生产与传播的影响机制，为新闻生产与传播实践提供理论支持。

2. 理解新媒体环境下的新闻机构变革

新媒体环境下，传统的新闻机构面临着诸多挑战和变革。新闻传播研究通过对新媒体时代下的新闻机构的组织结构、运营模式、经营管理等方面进行考察和分析，旨在理解新媒体环境下的新闻机构变革，为新闻机构的转型升级提供理论指导。

3.探索新媒体环境下的新闻内容创新

新媒体技术的发展为新闻内容的创新提供了新的空间和方式。新闻传播研究致力于探讨新媒体时代下的新闻内容创新，包括多样化的新闻表达形式、个性化的新闻定制、互动性的新闻呈现等。研究目标是理解新媒体环境下的新闻内容创新规律，推动新闻内容的优质化和多样化发展。

4.分析新媒体环境下的新闻受众特点与需求

新媒体环境下，新闻受众的特点和需求发生了明显的变化。新闻传播研究旨在分析新媒体环境下的新闻受众特点，包括媒介使用习惯、信息获取方式、参与和互动需求等方面。研究目标是理解新媒体环境下的新闻受众特点和需求，为新闻传播实践提供针对性的指导。

（二）新媒体视角下新闻传播研究的主要内容和范畴

新媒体视角下，新闻传播研究涉及的主要内容和范畴十分广泛且多样化。下面将从新闻生产、新闻传播、新闻内容和新闻受众几个方面进行详细介绍。

1.新闻生产

新媒体时代下的新闻生产是研究的重要内容之一。包括新媒体时代下的新闻采集和报道方式、新闻编辑和制作流程、新闻选择和定位等方面。研究目标是理解新媒体技术对于新闻生产过程的影响，并探索新的新闻生产模式和方法。

2.新闻传播

新闻传播是新闻传播研究的核心内容之一。涉及新媒体时代下的新闻传播渠道、传播效果和传播规律等方面。研究目标是深入理解新媒体环境下的新闻传播特点，并探讨新媒体技术对于新闻传播效果的影响机制。

3.新闻内容

新闻内容是新闻传播研究的重要内容之一。研究主要关注新媒体时代下的新闻内容表达形式、新闻价值观念与新闻价值观念的变化、新闻内容的个性化定制等方面。研究目标是理解新媒体环境下的新闻内容创新规律，推动新闻内容的优质化和多样化发展。

4.新闻受众

新闻受众是新闻传播研究的关键要素之一。包括新媒体环境下的受众特点、受众信息获取方式、参与和互动需求等方面。研究目标是深入分析新媒体环境下的新闻受众特点和需求，为新闻传播实践提供针对性的指导。

此外，新闻传播研究还涉及新媒体技术对新闻产业链、新闻行业生态以及社会公众意识形态等方面的影响，以及跨媒体融合、网络舆论、用户生成内容等新兴问题的研究。

（三）新媒体视角下新闻传播研究与其他相关领域的关系

新媒体视角下的新闻传播研究与其他相关领域存在紧密的关系，互相交叉影响和借鉴。以下是几个与新媒体视角下的新闻传播研究相关的领域：

1. 传媒学

传媒学是研究传播与媒介现象的学科，在新媒体视角下的新闻传播研究中扮演着重要的角色。传媒学涉及新闻传播的技术、内容、机构和受众等方面，可以为新媒体视角下的新闻传播研究提供理论基础和方法论的支持。

2. 计算机科学与信息技术

新媒体环境下的新闻传播离不开计算机科学与信息技术的支持。例如，新媒体技术的发展对于新闻生产、传播和受众互动等方面产生了深远影响，而计算机科学与信息技术提供了技术支持和创新手段。

3. 社会学

新媒体视角下的新闻传播研究与社会学有着密切的联系。社会学关注社会的结构、变迁和互动等问题，而新媒体环境下的新闻传播是社会交流和互动的重要组成部分。社会学可以为新媒体视角下的新闻传播研究提供社会背景和社会文化因素的解读。

4. 心理学

新媒体环境下的新闻传播涉及受众的心理反应、认知过程和行为选择等方面。心理学研究人类的心理活动和行为，可以帮助理解新媒体环境下的新闻传播对受众的影响和作用。

5. 经济学

新闻传播是一个经济活动，与经济学有着紧密的联系。新媒体时代下的新闻传播涉及新闻市场、广告、营销等经济问题，经济学研究可以为新媒体视角下的新闻传播提供经济理论和市场分析的支持。

二、新媒体视角下新闻传播研究的研究对象和方法

（一）新媒体视角下新闻内容的分析与研究

在新媒体时代，人们获取新闻信息的方式发生了巨大变化，传统媒体逐渐被互联网、社交媒体等新兴媒体所取代。新媒体的特点包括信息爆炸、传播速度快、个性化定制等，这对新闻内容产生了深远影响。新媒体视角下的新闻内容分析与研究旨在理解新闻内容的特点、趋势和影响因素。

1. 新闻内容特点分析

新媒体时代的新闻内容呈现出多样化、碎片化、用户生成、多媒体等特点。传统媒体的报道形式和内容结构已不再适应当前的需求，因此需要对新闻内容进行深入分析，了解其特点和规律。

2. 新闻内容趋势研究

随着技术的不断进步和媒体形态的翻新，新媒体环境下的新闻内容呈现出一系列趋势。例如，新闻内容个性化定制、移动优先、互动参与等趋势正在成为主流。研究者可以通过对当前新闻内容趋势的分析，预测未来发展方向，为新闻产业和传媒机构提供参考依据。

3. 新闻内容影响因素研究

新媒体环境下的新闻内容受到多种因素的影响，包括社会需求、平台算法、用户偏好等。研究者可以通过深入分析这些影响因素，揭示新闻内容形成和传播的规律，为新闻内容创新和传播提供指导。

（二）新媒体视角下受众行为和互动方式的研究方法

新媒体时代下，受众的行为和互动方式发生了革命性的变化，传统的一对多模式已经不再适应。新媒体视角下的受众行为和互动研究旨在深入理解受众在新媒体环境下的特点、需求和行为。

1. 文献研究法

通过对相关文献的梳理和分析，了解受众行为和互动的理论基础和前沿研究成果。例如，可以研究受众在社交媒体上的互动方式、信息获取和分享行为等。

2. 观察研究法

通过对受众在新媒体平台上的行为和互动进行观察，获取真实可靠的数据。例如，可以观察受众对新闻事件的关注程度、评论行为、分享转发行为等。

3. 调查研究法

通过设计问卷或面对面访谈等方式，获取受众的意见、态度和行为习惯等信息。例如，可以调查受众对新闻内容的偏好、新闻传播渠道的使用情况、新闻互动方式的满意度等。

4. 数据分析法

通过对大量的数据进行收集和分析，揭示受众行为和互动的规律和趋势。例如，可以通过大数据分析受众在社交媒体上的行为轨迹、兴趣点分布等。

（三）新媒体视角下新闻传播平台和算法的研究途径

随着新媒体的快速发展，新闻传播平台和算法成为影响新闻传播的重要因素。新媒体视角下的新闻传播平台和算法研究旨在探索新闻传播平台的特点、功能和影响因素，以及算法对新闻内容推荐和传播的影响。

1. 平台特点研究

通过对新闻传播平台的功能、用户界面、交互方式等进行分析，了解不同平台上新闻传播的特点和规律。例如，可以研究社交媒体平台和新闻客户端的特点，探索其对新闻传播的影响。

2. 平台算法分析

新闻传播平台和算法对新闻内容的推荐和曝光起着重要作用。研究者可以通过分析平台算法的工作原理、推荐机制和排序规则等，深入理解平台对新闻内容选择和传播的影响。

3. 用户反馈研究

用户在新闻传播平台上的行为和反馈信息可以为研究者提供宝贵的数据。例如，可以通过用户点击、评论、分享等行为获取用户对新闻内容和平台算法的意见和态度。

三、新媒体视角下新闻传播研究的重要性

（一）新媒体视角下新闻传播研究对理论发展的推动作用

在当今信息时代，新媒体的迅速发展为新闻传播研究带来了前所未有的机遇和挑战。新媒体视角下的新闻传播研究对于理论发展起着重要的推动作用。以下将从多个方面分析其推动作用。

新媒体为新闻传播研究提供了更广阔的研究范畴。传统媒体主要包括报纸、广播、电视等，而新媒体则包含了互联网、移动通信技术、社交媒体等多种形式。这些新媒体平台提供了大量的数据和信息，使得研究者能够更加准确地观察和分析新闻传播现象，推动了传统媒体理论向新媒体时代的发展。

新媒体视角下的新闻传播研究强调用户参与和反馈的重要性。传统媒体时代，新闻传播是单向的。而新媒体时代，用户成为信息的创造者和传播者，他们的参与和反馈对新闻传播具有重要影响。研究者通过分析用户生成内容和社交媒体数据，可以更好地了解受众的需求和反应，为新闻传播理论的发展提供实证依据。

新媒体视角下的新闻传播研究还关注新闻内容的多样性和个性化。在传统媒体时代，新闻内容主要由编辑和记者决定，而在新媒体时代，用户可以根据自己的兴趣和需求选择感兴趣的新闻内容。研究者通过分析新闻内容的个性化需求和推荐算法等，为新闻传播理论和实践提供相关的指导和建议。

新媒体视角下的新闻传播研究也关注新闻传播的社会影响和文化变迁。随着新媒体的普及和发展，信息传播的速度和范围大大增加，社会舆论的形成和传播也发生了巨大变化。研究者通过分析网络舆情、社交媒体话题等，可以更好地了解社会公众的关注焦点和态度变化，为社会政策制定和社会发展提供参考。

（二）新媒体视角下新闻传播研究对实践创新的价值和意义

随着社会的发展和科技的进步，新媒体在信息传播中扮演着越来越重要的角色。传统的新闻传播方式已经逐渐被新媒体所取代，这就要求新闻传播研究必须从新媒体的角度出发，关注新媒体对于实践创新的价值和意义。具体来说，其价值和意义表现如下：

1. 为实践创新提供深入的理论指导

新媒体的出现给新闻传播领域带来了许多新的挑战和机遇，需要通过不断的研究来探索新媒体时代下的新闻传播规律和特点。只有深入研究，厘清新媒体传播的特点、规律和影响因素，才能更好地指导实践创新的方向和路径。

2. 推动实践创新的转型升级

新媒体的兴起改变了人们获取信息的方式和习惯，也改变了新闻传播的形态和方式。传统的新闻媒体必须适应新媒体时代的发展趋势，通过研究新媒体的特点和规律，探索适应新媒体环境下的实践创新模式和方法，促进传统媒体向融合发展的方向转型升级。

3. 提升实践创新的效果和影响力

新媒体时代的传播速度和范围都较以前有了巨大的提升，传播效果和影响力也更加显著。通过研究新媒体传播的机制和规律，可以发现适应新媒体环境下的传播策略和手段，提高实践创新的传播效果和社会影响力。

4. 促进实践创新与产业融合的发展

新媒体时代下的新闻传播已经不再局限于传统媒体领域，而是与其他产业如科技、互联网、文化等紧密结合。通过研究新媒体视角下的新闻传播，可以发现新媒体与各个产业的融合点和协同效应，促进实践创新与产业融合的深度发展。

四、新闻传播研究应用于公共政策与社会发展

新媒体在当今社会中扮演着重要角色，对于新闻传播的研究在公共政策与社会发展中具有重要的应用价值。

新媒体的出现和普及为信息传递提供了更广泛的渠道和更多的方式。相对于传统媒体，新媒体以其互动性、实时性和多样性等特点，使得信息传播更加迅速、全面和多样化。这为公共政策制定者提供了更多的参考依据和决策支持，在政策制定过程中可以更好地了解民意、收集数据，并及时获取公众的反馈意见，从而更精准地制定和调整政策。

新媒体视角下的新闻传播研究可以为公共政策制定者提供更全面、准确的信息基础。通过对新媒体平台上的信息进行监测和分析，可以及时了解社会舆论

的动态变化、民众的关注焦点和态度倾向。这些信息可以帮助政策制定者更好地把握社会热点，及时调整政策方向和采取应对措施。同时，新媒体平台上的大数据分析也可以提供政策制定者所需的数据支持，为政策评估和决策提供科学依据。

新媒体平台以其互动性和开放性，为公众提供了更多参与政策讨论和表达意见的机会，促进公众参与和民主决策。政府和决策者可以通过新媒体平台与公众进行直接互动，了解公众需要和期望，提高政策的透明度和公正性，并增加政策的可接受性和可执行性。同时，新媒体平台也可以成为政策传播和沟通的重要渠道，通过多种形式和手段，将政策信息传递给公众，提高政策的知晓率和理解度。

在社会发展方面，新闻传播研究的应用也起到了积极的推动作用。新媒体平台的广泛应用和普及，打破了传统媒体的时空限制，加速了信息的传递和交流。这对于促进社会各个领域的发展具有重要意义。例如，在教育领域，新媒体平台可以为远程教育、在线学习提供便利；在医疗领域，新媒体平台可以提供健康知识和医疗资源的共享。同时，新媒体平台还为企业家创新提供了更广阔的市场和合作机会，推动经济发展。

五、新媒体在文化传承和传播中的作用

新媒体在文化传承和传播中扮演着重要的角色，它以数字化、网络化的方式改变了传统的文化传承和传播方式，对文化的保护、传承和发展产生了深远的影响。

新媒体为文化传承提供了全新的平台。传统的文化传承通常依赖于口头传播或有限的书面资料，这导致了信息的局限性和传播的困难。而新媒体以其数字化特性，通过互联网、社交媒体和移动应用等平台，将文化内容转化为可视化、可听觉的形式，使得文化传承的范围更广泛、更具有包容性。人们可以通过新媒体平台获取到来自不同地区、不同文化背景的知识和艺术作品，有助于促进文化多元性的保护和传承。

新媒体为文化传播带来了更大的便利性和灵活性。传统的文化传播通常依赖

于实体场所和有限的传媒渠道，如剧场、博物馆、图书出版等，限制了文化传播的范围和受众的数量。而新媒体通过数字化的方式，使得文化内容可以以音频、视频、图片等形式进行传播，并且可以随时随地访问，大大提高了文化传播的覆盖面和传达效果。人们可以通过网络平台观看在线演出、参与文化活动，也可以在社交媒体上分享自己对文化的理解和创作，这种互动性和参与性促进了文化的传播和共享。

新媒体也为文化传承和传播带来了更多的创新机遇。传统文化通常以固定的形式和内容呈现，而新媒体可以通过数字技术和互动手段创造出更丰富多样的表达形式。例如，虚拟现实技术可以为观众带来身临其境的文化体验，人工智能技术可以为文化创作者提供创新的创作工具，数字艺术可以将传统文化与科技元素相结合，推动文化表达方式的创新和更新。这些创新通过新媒体的传播力量，可以将文化与青年人群、国际受众等更广泛的社会群体联系起来，激发他们对文化的兴趣和关注。

新媒体在文化传承和传播中也面临一些挑战和问题。首先是信息过载和碎片化的问题，由于新媒体平台上信息源的多样性，人们很容易受到信息过载的困扰，也容易陷入信息的碎片化和表层化。其次是文化内容的真实性和质量问题，互联网的开放性和去中心化特点使得虚假信息和低质量内容泛滥成灾，可能对文化传承和传播造成负面影响。此外，数字鸿沟也是一个问题，一些地区的人们可能无法享受到新媒体带来的文化传承和传播机会，这需要进一步加强互联网基础设施建设和普及。

六、新闻传播研究对学术界和实践的贡献

（一）新媒体视角下新闻传播研究对学术领域的理论突破

随着新媒体的快速发展和普及，新闻传播研究也面临着全新的挑战和机遇。在新媒体视角下，对于学术领域的新闻传播研究来说，可以带来许多理论突破，包括但不限于以下几个方面：

1. 媒介融合与跨平台传播

新媒体的出现将不同媒介形式进行了深度融合，不再是传统意义上的单一媒

介传播。通过新媒体视角的研究，可以更好地理解媒介融合对新闻传播模式的影响，揭示不同媒介之间的互动与协同作用。同时，跨平台传播也成为一种普遍现象，研究新媒体视角下的传播途径和效果，有助于拓展传统传播理论框架。

2. 用户生成内容与社交媒体

新媒体时代，用户生成内容和社交媒体已经成为重要组成部分。通过新媒体视角的研究，可以更深入地探索用户生成内容的特点、传播机制以及其对传统媒体的影响。同时，社交媒体的兴起也让传播过程变得更加复杂和多样化，研究如何理解社交媒体的传播规律，对于新闻传播理论的发展具有重要意义。

3. 受众参与互动性

新媒体时代，受众不再是被动接收信息的对象，而是更加积极地参与到新闻传播中。新媒体视角下的研究，可以更好地理解受众的参与模式、参与动机以及互动性对传播效果的影响。这种研究有助于提供更精准的受众分析方法和传播策略，推动传统媒体向用户需求导向的转变。

4. 数据驱动的研究方法

在新媒体时代，大数据和人工智能等技术的应用为研究提供了新的手段和方法。通过对大数据进行深入挖掘和分析，并结合机器学习算法，可以更加准确地揭示新闻传播中的规律和趋势。这种基于数据的研究方法可以为学术领域的新闻传播研究提供更科学、系统的分析框架。

（二）新媒体视角下新闻传播研究对新闻产业与业务决策的指导

随着新媒体的快速发展，对于新闻产业和业务决策者来说，如何适应新媒体时代的变革，有效运用新的传播方式和平台，已经成为摆在他们面前的重要问题。新闻传播研究在新媒体视角下对于新闻产业和业务决策的指导具有重要意义，其作用主要体现在以下几个方面：

1. 媒体转型与创新

新媒体时代，传统媒体面临着巨大的挑战和机遇。新媒体视角下的研究可以为新闻产业指明转型和创新的方向，并提供相应的策略和方法。通过研究新媒体对传统媒体的影响，了解新的传播平台和技术对新闻产业的改变，帮助新闻产业抓住发展机遇，实现从传统媒体向全媒体的转型。

2. 内容生产与传播策略

新媒体时代，内容生产和传播的方式发生了巨大变化。新媒体视角下的研究可以帮助新闻产业更好地理解受众需求，把握新媒体平台的特点和规律，制定相应的内容生产和传播策略。通过分析受众使用不同媒介和平台的偏好和行为，优化内容形式和传播方式，提高传播效果和受众参与度。

3. 数据分析与用户洞察

新媒体时代，大数据和人工智能等技术的应用为新闻产业提供了丰富的数据资源，新媒体视角下的研究可以帮助新闻产业充分利用这些数据进行深入分析和用户洞察。通过数据分析，可以更全面地了解用户的兴趣、偏好和行为，为新闻产业提供精准的用户画像和市场研究报告。同时，结合人工智能技术，可以进行智能推荐与个性化推送，提供用户定制化的新闻内容和服务，增强用户黏性和满意度。

4. 传播效果评估与调整

新媒体视角下的研究可以为新闻产业提供有效的传播效果评估方法和指标体系。通过监测和分析新媒体平台上的传播数据，可以及时了解传播效果，并进行必要的调整和优化。同时，借助社交媒体的互动性和传播能力，可以实时追踪用户反馈和舆情动态，为新闻产业提供及时的业务决策参考。

第四节　新媒体视角下新闻传播社会价值的渗透

一、新媒体在社会价值观塑造和传播方面的作用

（一）新媒体对社会意识形态和价值观的影响

新媒体对社会意识形态和价值观的影响是多方面的，它在传播信息、塑造舆论以及影响社会认知和行为方面发挥着重要作用。下面将从不同角度探讨新媒体对社会意识形态和价值观的影响。

1. 促使意识形态趋向于多元和包容

新媒体的多样性和开放性使得人们能够获取到各种不同的信息和观点。不同于传统媒体的单一性，新媒体平台上存在着众多的信息源和观点，人们可以从中自由选择。这种多样性可能导致意识形态的多元化和碎片化，人们接触到更广泛的观点和思想，从而使得社会意识形态趋向于多元与包容。

2. 促进了言论自由，扩大了公共领域

新媒体的兴起使得个人更加容易表达自己的观点和意见。通过社交媒体、博客、论坛等平台，人们可以随时随地发布自己的见解和观点，与他人进行交流和辩论。个人观点的表达和传播不再受制于传统媒体的门槛和审查，这进一步促进了社会的言论自由和公共领域的扩大。

3. 促使了价值观、社会观的广泛且快速地传递

新媒体在传播价值观念和社会观念方面也起到了重要作用。通过网络视频、微博、短视频等平台，人们可以迅速传播和共享自己的价值观念和社会观念。这种传播形式能够更好地满足年轻人和不同群体的需求，使得他们对自身的认知、社会问题的关注以及对待他人的态度产生变化。

4. 加强了个体对媒体内容的选择权和参与度

传统媒体通常是单向传播信息的，而新媒体平台提供了更多互动和参与的机会，人们可以对信息进行评论、点赞、转发等操作，从而更加积极地参与到媒体内容的创造和传播中去。这种互动性使得公众不再是被动接收信息的对象，而是

成为信息的共同创造者和传播者，进一步影响了社会的态度和行为。

需要注意的是，新媒体对社会意识形态和价值观的影响既有积极的一面，也存在着一些负面影响。例如，信息泛滥和虚假信息的传播容易导致社会认知的混乱和价值观念的扭曲。

（二）新媒体对公众的社会认知、态度和行为的影响

新媒体对公众的社会认知、态度和行为产生了深远的影响。下面将从三个方面展开讨论。

1. 社会认知层面的影响

新媒体改变了人们获取信息和知识的方式，对社会认知产生了重要影响。新媒体提供了丰富多样的信息来源，使得人们可以轻松获取全球范围内的各类信息，拓宽了视野。与传统媒体的单向传播相比，新媒体更加开放、自由，用户可以根据自身需求选择感兴趣的内容。这种信息的自主选择也可能导致信息过滤和认知偏差问题的出现。新媒体平台通过信息共享和互动，鼓励用户参与知识的创造和共享。用户可以通过评论、分享、转发等交互方式表达自己的观点和经验，并与他人进行交流和互动，从而促进了知识的共建。这种互动模式使得公众的社会认知不再是被动接受，而是变得更加主动、多元化。然而，新媒体也带来了信息过载和碎片化的问题。大量的信息和观点涌入人们的生活，使得人们需要更高的信息识别能力和批判思维能力。同时，信息的碎片化也可能导致人们对事物的片面认知和缺乏全局性的了解。

2. 社会态度层面的影响

新媒体对社会态度的影响主要体现在两个方面：一是对社会问题的关注和呼吁；二是对舆论引导的影响。首先，新媒体作为一个公共平台，广泛传播社会问题和事件，使得公众更加关注社会问题。通过新媒体，人们可以更及时地了解到社会不公正、环境污染、人权问题等，从而引发社会关注和讨论。此外，新媒体为弱势群体提供了表达和发声的平台，促进了社会正义的实现。同时，新媒体也在舆论引导方面发挥着重要作用。通过新媒体平台，不同观点和利益集团都可以进行舆论宣传和引导，从而影响公众的态度和看法。这种多元化的观点呈现可能使得公众的态度更加多样化和复杂化，但也有可能导致意识形态上的分化

和对立。

3. 社会行为层面的影响

新媒体对公众的社会行为的影响主要体现在社交行为和参与行为方面。新媒体改变了人们的社交方式。通过社交媒体平台，人们可以方便地与远在他处的亲友保持联系，并扩大自己的社交圈子。这种虚拟社交的普及也使得人们在现实生活中更加注重自我表达和个人形象的塑造。

新媒体平台提供了更多社会参与和行动的机会。社交媒体上的群组、活动等功能使得人们可以随时参与各种社会活动和公益事业。同时，新媒体也促进了公民参与的拓展和多样化，使得社会治理和民主决策更加广泛和民主化。

新媒体也带来了一些负面影响。例如，人们可能过度沉浸于虚拟社交中，忽视现实社交的重要性；同时，新媒体也存在着信息泄露、网络欺诈等风险，需要加强相关法律和管理手段的建设。

二、新闻传播研究对公众参与和社会影响的促进

新媒体时代，公众参与和社会影响成为新闻传播领域关注的重点。新媒体视角下的研究对于促进公众参与和扩大社会影响具有重要意义，主要表现在以下几个方面：

1. 参与式传播与公众参与

新媒体的出现为公众参与提供了更广泛和便捷的渠道。通过社交媒体、博客、微博等平台，公众可以直接参与新闻报道和话题讨论，表达自己的观点和意见。新媒体视角下的研究可以深入探讨公众参与的模式、动机和效果，为新闻传播提供更加开放和民主的参与机制。

2. 网络舆论与社会影响

新媒体时代，网络舆论已经成为社会影响力的重要组成部分。新媒体视角下的研究可以帮助我们更好地理解网络舆论的形成与传播规律，揭示社交媒体对公众态度和行为的影响。通过分析和引导网络舆论，可以更好地把握公众需求与关切，推动社会进步和改革。

3. 公众参与和社会治理

新媒体视角下的研究可以为公众参与新闻传播在社会治理中的作用提供理论支持和实践指导。通过新媒体平台上的民主参与和协商机制，可以促进公众参与社会决策和问题解决，实现治理的多元化和共治化。同时，新媒体的互动性和传播能力也为公众参与社会治理提供了便利和支持。

4. 公共议程与社会变革

新媒体视角下的研究可以帮助公众和社会更好地关注公共议程，并推动社会变革和发展。通过对新媒体平台上的话题聚焦和舆情动态的分析，可以深入了解公众关注的热点问题和社会需求，引导公共话语和政策议程的形成，促进社会进步和创新。

三、新闻传播对公共议程和民主参与的推动

（一）新媒体对公共议程设置和议题关注的影响

新媒体对公共议程设置和议题关注的影响是十分重要的。传统上，公共议程设置是由政府、媒体和其他相关利益方主导的，而新媒体的兴起改变了这种格局，使得普通公众也能够参与到议程设置和议题关注中来。以下将从议程设置和议题关注两个方面具体探讨新媒体对其影响。

1. 新媒体对公共议程设置的影响

扩大议程设置的参与者。新媒体为普通公众提供了表达意见和观点的平台，使得大众的声音更容易被传播出去。通过社交网络、博客和在线论坛等渠道，普通公众可以积极参与公共议题的讨论，并推动自己关心的议题成为公共关注的焦点。

增加议程设置的多样性。传统媒体在选择报道内容时往往具有偏好和局限性，而新媒体的出现打破了这种局面。新媒体平台上的各种声音和观点使得议程设置更加多元化，不再受到传统媒体的限制，更具包容性和民主性。

提高议程的时效性。由于新媒体传播的即时性和快速性，公众能够更迅速地获得信息，并将其反馈给相关决策者。这使得议程能够更加及时地回应社会变化和公众需求，提高了议程设置的灵活性。

2. 新媒体对社会议题关注的影响

扩大社会议题范围。新媒体平台上的内容广泛丰富，覆盖面更广，可以涉及更多的社会议题。相比传统媒体的有限版面和时间，新媒体提供了更多的空间和时间，使得公众可以更全面地了解和关注社会各类议题。

增加社会议题的深度和广度。新媒体为公众提供了更多获取信息和知识的途径，使得公众对议题的了解更加全面和深入。通过多样化的信息来源和观点，公众可以拥有更广泛的视野和更深入的思考，提高社会议题讨论的质量和深度。

强化公众参与节奏。新媒体的互动性和参与性使得公众可以积极参与社会议题的讨论和决策过程。公众通过提出问题、评论、分享观点等方式，与相关利益方进行对话和互动，增强了公众对社会议题的关注和参与度。

（二）新媒体在促进公共参与和民主决策中的作用

新媒体在促进公众的公共参与和民主决策中起着重要的作用。传统上，公共参与和决策主要由政府和专家组成的决策者负责，而新媒体的兴起改变了这种格局，为更多的公众提供了参与和影响决策的机会。以下将从公共参与和决策两个方面具体探讨新媒体在其中的作用。

1. 新媒体在促进公众公共参与中的作用

提高公众参与度。新媒体平台为公众提供了广泛、便捷和互动性强的参与方式，如在线调查、意见征集、讨论平台等。公众可以通过这些渠道表达自己的意见和观点，参与到决策的过程中来。

平等化参与机会。传统决策过程中，公众的参与机会有限，容易受到信息不对称和资源不均衡的制约。而新媒体的出现打破了这种格局，任何人都可以通过网络平台发表意见和观点，使得公众的参与机会更为平等，增强了社会公正性。

加强透明度和监督。新媒体平台上的信息传播更为透明和开放，公众可以更容易地了解到决策过程和相关信息。这使得决策者在决策过程中更加注重透明度，也增加了公众对民主决策的监督力度。

2. 新媒体在促进民主决策中的作用

多样化信息获取。新媒体为决策者提供了多样化的信息来源和观点，使他们能够更全面地了解社会民意和各种利益诉求。通过分析新媒体上的数据和舆情，决策者可以更准确地把握社会需求和民意动向，从而制定更为科学和符合实际的决策。

增强决策的创新性：新媒体平台上的广泛讨论和交流使得不同领域的专家和公众都能够参与到决策过程中来，为决策提供了更多元化和创新性的观点。各方的交流和碰撞可以激发出新的想法和解决方案，推动民主决策的创新和进步。

强化决策的民主性：新媒体的出现使得决策过程更加民主和包容。决策者可以通过新媒体平台征求公众的意见和建议，将公众参与度提高到更深层次。这样做不仅可以增加决策的合法性和可接受性，还可以减少决策过程中的误解和抵触情绪。

（三）新媒体对政府治理和民主发展的推动作用

新媒体对政府治理和社会发展起着重要的推动作用。传统的政府治理主要依靠行政手段和官方传媒，而新媒体的兴起改变了信息传播的格局，为政府提供了更多的工具和渠道来推动治理创新和社会发展。以下将从政府治理和社会发展两个方面具体探讨新媒体在其中的作用。

1. 新媒体对政府治理的推动作用

加强政府与公众的互动。新媒体为政府提供了与公众进行实时互动的平台，例如政府微博、政务 App 等。政府可以通过回应公众的问题、解答疑惑、征求意见等方式建立与公众的沟通渠道，提高政府的透明度和责任感，增强公众对政府的信任度。

提升政务信息的公开透明度。新媒体平台使政务信息的公开透明度得到提升。政府可以通过自媒体账号、官方网站等渠道向公众发布政策文件、政府工作报告、行政审批流程等信息，公众可以更加方便地了解政府的工作进展和政策动向，增强公众对政府决策的理解和支持。

丰富政府治理手段。新媒体为政府创新治理提供了更多可能性。政府可以通过新媒体平台开展在线调查、征集意见、举办专题讨论等活动，倾听公众声音，从而更好地制定和改进政策措施。同时，政府还可以利用大数据分析和人工智能等技术手段，挖掘和利用新媒体平台上的信息，提升治理效能和精细化管理水平。

2. 新媒体对社会发展的推动作用

促进经济创新和发展。新媒体为企业和创业者提供了广阔的市场和宣传渠道。通过新媒体平台，企业可以进行品牌宣传、产品推广、客户交流等活动，实现商业机会的发现和市场的拓展。同时，政府可以通过新媒体平台发布有关创新政策、科技资讯等信息，推动创新创业环境的建设和发展。

促进文化传承和交流。新媒体平台为文化传承和交流提供了新的方式和机会。人们可以通过社交媒体、视频平台等渠道分享自己的观点、经验和创作，促进了多元文化的交流和碰撞。政府可以利用新媒体平台推广民族文化、加强国际文化交流，提升国家软实力和文化影响力。

促进社会公益事业的发展。新媒体为公益事业的展开提供了便捷和高效的平台。通过新媒体平台，公益组织可以发起募捐活动、宣传社会公益项目等，吸引更多人的关注和参与。政府可以通过新媒体平台发布相关政策、宣传公益事业，推动社会公益事业的发展和创新。

四、新闻传播对社会问题的揭示和解决

（一）新媒体对社会问题的曝光和批评作用

新媒体在社会问题的曝光和批评方面，发挥着重要的作用。传统的媒体通常受限于版面、时间和资源等因素，无法涵盖所有的社会问题和事件。而新媒体平台的快速传播和广泛性，使得更多的社会问题能够被曝光和讨论。以下将从曝光问题、追踪报道和社会监督三个方面具体探讨新媒体在社会问题曝光和批评中的作用。

1. 曝光问题

新媒体平台成为公众发布新闻和信息的主要渠道之一，普通人通过社交媒体、微博、自媒体等形式，可以随时随地向大家曝光社会问题和事件。这种去中心化的曝光机制使得许多被传统媒体忽视或被压制的问题得以公之于众，引起了公众的关注和讨论。

2. 追踪报道

新媒体平台的传播速度快、信息更新及时，使得社会问题得以持续追踪报道。

公众通过关注相关话题和人物，可以获取到最新的事件进展、背后的动因以及相关方面的信息和观点。这种追踪报道不仅有助于深入了解问题的本质和复杂性，还能够持续引起公众的关注和批评。

3. 社会监督

新媒体平台的开放互动性和广泛参与性，使得公众可以通过评论、分享、点赞等方式参与到社会问题的讨论中来。大量的社会批评和舆论压力可以迫使相关方面面对问题、做出回应或者改变做法。新媒体的社会监督作用还可以促使政府和企事业单位及时解决问题，并推动社会问题的解决。

（二）新媒体在社会问题调查和报道中的作用

新媒体在社会问题调查和报道中发挥着重要的作用。传统的媒体通常需要经过一定的审查和筛选，而新媒体平台的开放性和去中心化特点，使得更多的人可以参与调查和报道，从而增加了信息的多样性和全面性。以下将从信息获取、深度调查和立体呈现三个方面具体探讨新媒体在社会问题调查和报道中的作用。

1. 信息获取

新媒体平台为社会问题调查提供了更便捷、广泛和多样化的信息来源。公众可以通过社交媒体、网络平台和自媒体等途径，发布、分享和获取各种社会问题的信息和观点。这使得调查者能够更快速、全面地了解和收集到社会问题相关的信息和数据。

2. 深度调查

新媒体平台为深度调查提供了更好的环境和机会。通过社交媒体和网络平台，公众可以自由表达对社会问题的关注和调查需求，形成大量的线索和证据。而且，新媒体还可以将社会问题调查的过程公开化，让更多的人参与进来，增加信息的真实性、公正性和权威性。

3. 立体呈现

新媒体平台可以通过多媒体形式对社会问题进行立体呈现。除了文字报道外，社交媒体上的图片、音频、视频等形式可以更直观地展示社会问题的现场情况和相关人物的讲述。这种立体呈现不仅可以更好地吸引公众的注意力，还有助于引起公众的共鸣和思考。

（三）新媒体对社会问题解决和改善的助推

新媒体在社会问题解决和改善方面，发挥着重要的助推。通过曝光问题、引发舆论压力和推动行动等方式，新媒体助力社会问题得到重视和解决。以下将从公众意识提升、政府回应和倡导行动三个方面具体探讨新媒体对社会问题解决和改善的助推。

1. 公众意识提升

新媒体平台的广泛传播和社会监督作用，使得更多的人了解和关注社会问题。通过曝光和批评的方式，公众的意识得到提升，认识到问题的存在和严重性。这种公众意识的提升不仅可以推动问题的解决，还有助于预防类似问题的再次发生。

2. 政府回应

新媒体的舆论力量可以助推政府及时回应社会问题，加强行政透明度和责任追究。政府部门会在新媒体上就相关问题进行回应，并公开解释和采取相应的措施。政府回应的及时性和有效性将有助于社会问题的解决和改善。

3. 倡导行动

新媒体平台可以通过引导公众参与行动，促进社会问题的解决和改善。社交媒体上的讨论和组织活动可以增加公众的凝聚力和影响力，推动相关机构和组织采取实际行动解决问题。例如，通过在线请愿、捐款筹集和志愿者招募等方式，新媒体可以帮助社会问题得到更多人的关注和支持，并促进解决方案的实施。

五、新闻传播的社会责任和伦理考量

（一）新媒体在信息真实性和可信度方面的挑战与应对

随着新媒体的快速发展和普及，信息的真实性和可信度成为一个严峻的挑战。以下是新媒体在信息真实性和可信度方面面临的挑战，并提出相应的应对措施：

1. 虚假信息传播

网络上充斥着大量的虚假信息，包括谣言、误导性信息等。这些虚假信息可能会给公众带来误导和负面影响。应对措施包括建立更加严格的信息审核机制，对发布虚假信息的行为进行法律打击，并倡导公众媒体和社交媒体平台加强自律，加强对发布内容的审核和验证。

2. 不准确信息的传播

新媒体的迅猛发展使得信息传播更加迅速和广泛，但也增加了信息不准确的风险。此外，部分新闻机构和个人为了吸引眼球和点击率，可能会夸大事实或者掺杂个人观点。应对措施包括加强新闻媒体的专业性和责任感，完善信息来源的核实和验证机制，提高公众对信息真实性的辨别能力。

3. 信息过载

新媒体时代，人们每天接收到的信息量巨大，导致信息过载的问题日益突出。很多信息并不经过深入地筛选和分析就被广泛传播，可能会给公众带来困扰和混淆。应对措施包括提高个人的信息素养和批判性思维能力，培养对信息进行筛选和评估的能力，同时加强新闻媒体的编辑和选择功能，为公众提供更加准确、有价值的信息。

4. 匿名性和网络攻击

新媒体平台上的匿名性使得一些用户可以隐身在网络背后发布虚假信息，进行网络攻击和诽谤。这给信息真实性和可信度带来了一定的挑战。应对措施包括建立更加完善的网络安全机制，加强监管和打击网络攻击行为，鼓励用户实名认证，并加强平台的信息追踪和审核系统。

（二）新媒体对隐私保护和个人权益的影响与保障

新媒体的快速发展和广泛应用给个人隐私保护和个人权益带来了新的挑战。以下是新媒体对隐私保护和个人权益的影响，并提出相应的保障措施：

1. 个人信息泄露

在新媒体时代，人们的个人信息往往需要在使用新媒体平台时进行必要的公开。然而，不法分子可能会利用这些信息进行钓鱼诈骗、身份盗窃等违法行为。应对措施包括：加强个人信息的保护法律法规，建立更加完善的个人信息保护机制和安全技术，加强用户教育，增强其对个人信息保护的意识和能力。

2. 虚假账号和网络欺凌

新媒体上的虚假账号和网络欺凌问题日益突出，给个人的声誉和尊严造成了伤害。应对措施包括：加强新媒体平台的实名认证机制，完善网络欺凌的法律法规，加大对网络欺凌行为的监管和打击力度，同时倡导社会文明应用新媒体，共同维护网络环境的健康和秩序。

3. 版权侵权和信息分享

新媒体的特点是信息共享和传播的便利性，但也存在版权侵权和信息分享的问题。应对措施包括：加强版权保护法律法规的制定和执行，鼓励创作者和内容提供者享有合理的经济利益，同时加强用户教育，增强其对版权保护的意识和尊重。

4. 网络舆论和个人声誉

在新媒体时代，网络舆论的力量是巨大的，可以迅速扩散和影响社会。应对措施包括：加强网络舆论监管，打击网络谣言和恶意攻击行为，同时倡导社会文明使用新媒体，建立公正、理性、友善的网络环境。

（三）新媒体产业和从业者的职业道德和社会责任要求

新媒体产业的发展和从业者的行为对社会产生了巨大的影响，因此从业者应具备高度的职业道德和社会责任。以下是新媒体产业和从业者在职业道德和社会责任方面所面临的要求，如图1-5所示：

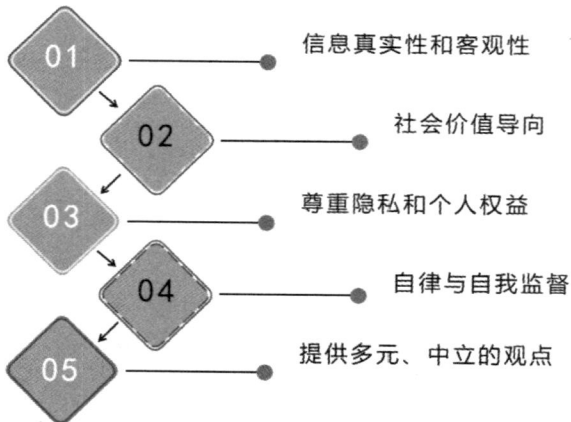

01 信息真实性和客观性
02 社会价值导向
03 尊重隐私和个人权益
04 自律与自我监督
05 提供多元、中立的观点

图1-5 新媒体从业者职业道德和社会责任要求

1. 信息真实性和客观性

从业者应坚持真实、客观的原则，确保所发布的信息准确、全面，避免夸大事实或掺杂个人观点。他们需要遵循新闻伦理道德准则，提供可信、可靠的信息，为公众提供真相，而不是误导。

2. 社会价值导向

从业者应明确自己的社会责任，积极传递积极向上的价值观，引导社会舆论秩序。他们应该注重社会效益，关注公众利益，积极参与社会公益活动，推动社会进步和发展。

3. 尊重隐私和个人权益

从业者应尊重个人隐私和个人权益，遵守相关的法律法规，不得擅自获取、使用或泄露个人信息。他们应确保所提供的服务和平台具备合理的隐私保护措施，并提供用户选择的权利，保障用户的个人权益。

4. 自律与自我监督

从业者应建立健全的自律机制，加强自身道德修养和职业素质，提高专业能力。他们应严格遵守行业准则和规范，不参与虚假、诽谤、侵权等违法行为。同时，他们也应主动接受公众和社会的监督，及时纠正错误，勇于承担责任。

5. 提供多元、中立的观点

从业者应努力提供多元、中立的观点，避免偏激、片面的报道和评论。他们需要尊重不同意见和观点，鼓励公众参与讨论，促进信息的多元化和广泛传播。

第二章 新媒体时代的用户参与与社交化传播

第一节 用户参与的概念与特点

一、用户参与的定义和范围

（一）用户参与的概念和内涵

在新媒体时代，用户参与是指公众或个体在数字化媒体环境中，通过各种方式和渠道，积极参与到信息传播、决策制定、社会互动等过程中，发表意见、表达观点、参与讨论，对事物进行评论、评价和反馈的行为。用户参与的核心在于公众的主动性和参与性，是一种实现民主参与、传播自由和社会互动的重要方式。用户参与的内涵包括多个方面，见表 2-1 所列：

表 2-1 用户参与的内涵

用户参与内涵	用户参与内涵的具体分析
用户互动性	用户不仅仅是被动的信息接收者，而是积极参与到内容的创造、分享、评论和互动中
用户创造性	用户不仅仅是内容的消费者，而是内容的创造者
用户影响力	用户的参与和互动可以对其他用户和社会产生影响。通过评论、转发、分享和点赞等互动形式，用户可以扩大自己的影响范围，对话题、品牌和社会舆论产生影响
权利和自由体现	用户参与是一种权利和自由的体现。每个人都有权利表达自己的观点和意见，参与公共事务的讨论和决策
平等和开放机制	任何人都可以参与，每个人的意见都应该受到平等对待和尊重
负责和建设态度	用户参与并不只是简单地表达意见，更重要的是为问题的解决和社会的进步做出积极的贡献

（二）用户参与的范围和层次

用户参与的范围很广泛，涉及政治、经济、社会、文化等各个领域。在诸多的领域中，根据用户参与度，又分为不同的参与层次，具体来说，用户参与可以包括以下四个层次，见表2-2所列：

表2-2　用户参与的四个层次

参与层面	具体内容
信息获取和传播层面	用户通过阅读新闻、浏览网页、观看视频等方式获取各种信息，并通过社交媒体、博客、微博等渠道传播自己的观点和意见
意见表达和决策参与层面	用户通过投票、调查问卷、公开讨论等方式参与决策过程，表达自己对政策、法律、规章制度等事务的意见和建议
公共事务参与层面	用户通过参加公民议会、社区活动、志愿者服务等形式，参与社会组织和公共事务的管理和决策
文化创作和艺术参与层面	用户可以通过写作、绘画、音乐创作等方式参与文化艺术的创作和表达，推动社会的文化多样性和创意创新

用户参与的层次有高低之分，不同的层次反映了公众参与程度的差异。一般来说，用户参与的层次可以从个体参与到群体参与再到公众参与，逐渐扩大。个体层面的用户参与主要指个人在个人决策、消费选择等方面的参与；群体层面的用户参与主要指在社区、组织等小范围内的集体决策和社会互动；公众层面的用户参与则是指在大范围和广泛的社会议题上，公众通过各种渠道和形式参与讨论、决策和行动。

（三）用户参与在新媒体时代的重要性和意义

新媒体时代的到来，给用户参与带来了前所未有的机遇和挑战。用户参与在新媒体时代具有以下重要性和意义：

1. 民主参与的实现

新媒体为用户提供了广泛的交流和表达平台，在这个平台上，公众可以不受时间和空间的限制，自由表达自己的观点和意见，参与公共事务的讨论和决策，实现真正的民主参与。

2. 传播自由的拓展

新媒体的兴起打破了传统媒体的信息传播壁垒，用户可以通过自己的社交媒体账号、博客、微博等平台发布信息，表达观点，实现信息的自由传播和共享。

这为公众传播多元声音、反映自己的需求和诉求提供了更加广泛的机会。

3. 社会互动和共建的推动

新媒体平台为用户提供了广泛的社交空间，使得用户之间可以进行即时的互动和交流。用户可以通过评论、点赞、分享等方式与他人互动，建立起紧密的社交网络，共同参与到社会发展和建设中。

4. 舆论监督和公共参与的增强

新媒体时代，公众可以通过网络媒体的报道、社交媒体的曝光等形式，对政府、企业和其他组织的行为进行监督和评价。同时，公众也可以通过在线投票、意见反馈等方式参与决策过程，监督权力的行使，并有效推动社会的进步和改革。

5. 创新和文化多样性的促进

新媒体平台为用户创造了广阔的文化创作和表达空间，促进了文化多样性和创意创新的发展。用户可以通过文字、图片、音频、视频等方式创作和传播自己的艺术作品，推动社会文化的繁荣和创新。

二、用户参与的主要特点和形式

（一）用户参与的主要特点

1. 主动性

用户参与的一个重要特点是主动性，即用户自发地参与和参与过程中的积极性。在新媒体时代，用户可以根据自己的兴趣和需求选择参与的话题和内容，表达自己的观点和意见。用户的主动参与促进了信息的多样性和传播的广泛性，使得公众有了更多的参与权利和机会。

2. 个性化需求

新媒体时代的用户参与还强调个性化需求的满足。每个人都有独特的兴趣爱好、价值观和需求，用户希望能够根据自己的个性化需求进行参与。新媒体平台通过智能推荐、个性化定制等方式来满足用户的个性化需求，让用户参与到符合自己兴趣和需求的活动中去。

3. 社交化特点

新媒体时代的用户参与呈现出明显的社交化特点。用户通过社交媒体平台建立社交网络，与其他用户互动和交流，形成一个庞大的社交群体。用户可以通过关注、粉丝、好友等方式与其他用户形成联系，并在这个社交网络中传播自己的观点和意见。

4. 互动性

用户参与的另一个突出特点是互动性，即用户之间可以进行即时的互动和交流。在新媒体平台上，用户可以通过评论、私信、回复等方式与其他用户进行直接的互动。这种互动性增强了用户之间的沟通和交流效果，促进了信息的广泛传播和共享。

在用户互动性这一特点中，有两大特点比较凸显，第一是群体互动。新媒体平台中的用户参与常常呈现出群体互动的特点。用户可以通过发起话题、组织活动等方式吸引其他用户参与，形成一个具有共同目标和兴趣的群体。这种群体互动增加了用户之间的互动频率和深度，推动了信息的迅速传播和影响力的扩大。第二是跨界互动。新媒体时代的用户参与不再局限于特定领域或行业，而是具有跨界互动的特点。用户可以通过参与各种议题、活动和项目，与不同领域和行业的人士进行互动和交流。这种跨界互动促进了知识的交流和创新的产生，推动了社会的跨界合作和发展。

（二）用户参与的多元化形式和途径

1. 在线社交平台

在线社交平台如微博、微信、QQ 空间等为用户提供了便捷的参与渠道。用户可以通过点赞、评论、转发等方式表达自己的观点，并与其他用户进行互动和交流。

2. 在线论坛和社区

在线论坛和社区是用户进行专业讨论和交流的重要场所。用户可以在各种专门的论坛上发表意见、提问问题、分享经验，与其他具有相同兴趣的人进行交流。

3. 数字媒体平台

数字媒体平台为用户提供了展示自己创作和才艺的机会。用户可以通过撰写文章、上传视频、发布音乐等形式参与到数字媒体的创作和分享中。

4. 在线民意调查和投票

在线民意调查和投票是用户参与决策和表达意见的常用方式。政府、企业和社会组织可以利用在线平台进行民意调查和投票，征求公众的意见和建议。

5. 云办公和协作平台

云办公和协作平台如在线文档编辑、项目管理工具等为用户提供了合作和共享的环境。用户可以通过这些平台参与到群体协作和合作中，共同完成工作和项目。

三、用户参与对传统传播方式的改变

新媒体时代，用户参与这一特质使传统新闻传播方式面临新的挑战和机遇。传统媒体不再是独家的信息源，而用户参与推动了信息的多元化和个性化，用户更加积极参与和塑造媒体环境。具体来说，用户参与对传统传播方式的改变表现为以下三方面：

（一）用户参与对信息获取与消费模式的改变

1. 个性化和定制化

用户参与的增加使得信息获取和消费变得更加个性化和定制化。通过用户的主动选择和个性化需求，新媒体平台能够针对不同用户提供符合其兴趣和需求的信息，从而让用户获取到更加精准和符合自己口味的内容。

2. 多样化和广泛化

用户参与的增加使得信息获取和消费变得更加多样化和广泛化。传统媒体的信息传播受限于时间、空间和资源等因素，而新媒体平台的出现打破了这些限制，使得用户可以获取到丰富多样的信息，并从中选择适合自己的内容进行消费。

3. 实时性和即时性

用户参与的增加使得信息获取和消费变得更加实时性和即时性。通过社交媒体和即时通信工具，用户可以随时随地与其他用户进行互动和交流，获取到最新的信息和动态，并迅速分享和传播给其他用户。

（二）用户参与对内容创作和传播机制的影响

1. 去中心化和多元化

用户参与的增加使得内容创作和传播变得更加去中心化和多元化。传统媒体拥有一定的主导地位，而用户参与的增加使得每个人都有了向外传播自己观点和创作内容的机会，从而打破了传统媒体的壁垒，增加了内容的来源和多样性。

2. 用户生成内容

用户参与的增加使得用户生成内容成为重要的传播形式。用户可以通过博客、视频、社交媒体等方式创作和发布自己的内容，与其他用户分享和交流。这种用户生成的内容更加真实和贴近生活，对传播机制产生了积极的影响。

3. 引导和影响

用户参与的增加使得用户具有更大的参与度和影响力。用户通过点赞、评论、转发等方式对内容进行评价和传播，形成用户之间的互动和影响。这种用户参与的影响力可以改变内容的传播路径和效果，使得优质内容更加容易被发现和传播。

（三）用户参与对传统媒体运营与商业模式的挑战

1. 广告模式的挑战

用户参与的增加对传统媒体的广告模式造成了挑战。传统媒体的收入主要依赖于广告投放，而用户参与的增加使得用户更加注重个性化和定制化的内容，对广告的接受度降低，传统媒体难以满足广告主的需求，进而影响到传统媒体的商业模式。

2. 订阅模式的变革

用户参与的增加对传统媒体的订阅模式产生了影响。用户可以通过自己的兴趣和需求选择获取的内容，传统媒体的内容无法完全符合用户的个性化需求。这使得传统媒体需要调整自己的订阅模式，提供更加个性化和定制化的服务，以满足用户的需求。

3. 可信度和核查机制

用户参与的增加对传统媒体的可信度和核查机制构成了挑战。传统媒体在新闻报道中需要有一定的专业性和权威性，但是用户参与的增加使得信息的真实性和准确性难以保证，传统媒体需要面临如何加强核查和验证信息的问题，以保持自身的可信度和权威性。

第二节　社交化传播的机制与影响因素

一、社交化传播的基本原理和机制

（一）社交化传播的概念和内涵

社交化传播是指在互联网和社交媒体等平台上，用户通过分享、互动和传播等行为，将信息、内容和观点传播给其他用户的过程。社交化传播强调用户之间的互动和参与，倡导用户成为信息的传播者和创造者，使传播过程变得更加广泛、多元和参与性。社交化传播的内涵包含四个方面，见表2-3所列：

表2-3　社交化传播的内涵

社交化传播内涵	社交化传播内涵具体表现
用户参与和互动	社交化传播注重用户之间的互动和参与，用户不仅仅是信息的接收者，还是信息的传播者和创造者，通过评论、转发、分享等行为参与到传播过程中
平台和工具的支持	社交化传播离不开互联网和社交媒体等平台和工具的支持，这些平台和工具提供了用户交流、分享和传播的场所和方式
多样化的内容形式	社交化传播涵盖了文字、图片、音频、视频等多种形式的内容，用户可以选择适合自己的内容形式进行传播
群体和网络效应	社交化传播强调群体和网络效应，通过用户之间的连接和互动，信息可以迅速传播和扩散，形成影响力和可持续性

（二）社交化传播的基本原理和作用机制

在新媒体时代，社交化传播原理和作用机制使得信息更加多元化、个性化，用户参与度增强，在用户决策和行为方面也发生了一系列助推。那么，什么是社交化传播的基本原理和作用机制呢？我们分开来说：

1.社会化传播的基本原理

社交性原理。社交化传播依赖于用户之间的社交关系，用户通过社交媒体等平台与其他用户连接和互动，形成信息的传播路径和网络。

口碑传播原理。社交化传播强调用户口碑传播的重要性，用户通过分享和评价等行为，将自己的观点和体验传播给其他用户，进而影响他们的消费决策和行为。

用户参与原理。社交化传播鼓励用户参与和创造内容，用户的参与可以增强信息的可信度和真实性，同时也提高了用户对内容的兴趣和参与度。

2. 社会化传播的作用机制

传播扩散。社交化传播通过用户之间的互动和分享，使得信息可以迅速传播和扩散，不受时间和空间的限制，形成群体和网络效应。

影响力塑造。社交化传播使得用户的观点和声音可以被更多人听到和传播，从而影响他人的态度和行为，形成影响力和舆论效应。

个性化推荐。社交化传播利用用户的社交关系和行为数据，可以对用户进行个性化推荐，提供符合其兴趣和需求的信息和内容。

用户参与和反馈。社交化传播鼓励用户参与和互动，用户可以通过评论、分享等方式表达自己的意见和观点，形成用户之间的互动和反馈。

（三）社交化传播中的用户行为和参与动机

用户通过参与社交化传播的行为和参与动机，展示自我，获取或分享信息，参与社群，实现个人社交和个人品牌的塑造，扩大自身影响力。社交化传播中关于用户行为和参与动机具体如下。

1. 用户行为

用户典型的四种行为如图 2-1 所示。

分享
用户通过分享自己感兴趣的内容和观点，将其传播给其他用户

评论
用户对他人的内容进行评价和评论，表达自己的观点和看法

点赞
用户通过点赞来表示对他人内容的认可和支持

转发
用户将其他用户的内容转发给自己的社交网络，使得内容扩散到更多的人群

图 2-1　用户典型的四种行为

2. 参与动机

用户的参与动机见表 2-4 所列。

表 2-4　用户参与动机

动机分类	动机阐释
社交需求	用户有一种追求社交互动和交流的需求,希望通过社交化传播来扩大自己的社交圈子
获得认可	用户希望通过社交化传播来获得他人的认可和赞同,增强自己的社会地位和自尊心
共享兴趣	用户希望将自己感兴趣的内容和观点分享给他人,与其他具有相同兴趣的人进行互动和交流
塑造形象	通过社交化传播,用户可以展示自己的个性和品位,塑造自己在社交网络中的形象和品牌

二、技术、社会和个体因素对社交化传播的影响

（一）技术因素对社交化传播的影响

移动互联网的快速发展使得人们可以随时随地进行社交化传播,不再受时间和空间的限制,促进了传播的即时性和便捷性。社交媒体平台不断推出新功能和工具,如直播、短视频、AR/VR 等,丰富了用户的传播方式,提升了传播的趣味性和多样性。社交媒体平台利用大数据分析和算法推荐技术,根据用户的兴趣和行为进行个性化的内容推荐,提高了信息传播的针对性和效果。视频成为社交媒体平台上最受欢迎的内容形式之一,视频技术的不断进步,如高清、流畅的视频播放,增加互动功能等,极大地提升了视频内容的传播效果。虚拟现实技术的发展为社交化传播带来了全新的体验,用户可以通过虚拟现实设备参与到虚拟社交活动中,增加了互动性和沉浸感。社交媒体平台与电商结合,推出社交化电商功能,用户可以直接在社交媒体平台上进行商品购买和分享,促进了商品的传播和销售。

（二）社会环境对社交化传播的影响

社会环境中存在数字鸿沟现象,即信息技术的普及程度不同,导致信息获取和传播的差异,数字鸿沟的存在会影响社交化传播的覆盖范围和传播速度;社会价值观的多样性和变化对社交化传播产生影响,不同的社会价值观可能导致

信息传播的偏好和共鸣不同，影响信息的接受和传播效果；政府的相关政策法规对社交化传播有一定的规范和限制作用，政策法规的改变或调整可能会对社交化传播的方式和内容产生影响；社会环境中的社交网络结构对信息传播起着重要作用，社交网络结构的紧密程度、社交关系的密度和强度等因素会影响信息在社交网络中的传播范围和速度；社会环境中的社会参与度和互动性也会对社交化传播产生影响，社会参与度高的环境更容易形成信息的聚集效应，促进信息的传播和扩散。

（三）个体特征对社交化传播的影响

个体特征对社交化传播的影响主要表现在这五方面：第一，个体的社交网络规模和密度会影响其接收和传播信息的能力，拥有庞大而且紧密的社交网络的个体更容易接触到更多的信息源并进行传播；第二，个体的影响力和权威性对社交化传播具有重要意义，具有较高影响力和权威性的个体传播的信息更容易被接受和传播；第三，个体的兴趣和参与度会影响其对社交化传播所关注的内容和程度，对特定领域感兴趣并积极参与的个体更容易在该领域的社交化传播中发挥作用；第四，个体的人际关系和信任度对社交化传播产生影响，与个体有密切关系的人更容易接受和传播其信息，同时信任度高的个体信息也更容易被接受；第五，个体对社交媒体平台的使用习惯也会影响其在社交化传播中的行为，对社交媒体平台熟悉并善于利用平台功能的个体更容易进行信息的传播和互动。

第三节　用户参与和社交化传播对新闻传播的影响

一、用户参与的主动性和个性化需求对新闻传播的影响

（一）用户在新媒体时代的信息获取和选择权力增强

在新媒体时代，用户的信息获取和选择权力得到了极大的增强。传统媒体时代，人们获取信息主要依赖于报纸、电视、广播等传统媒体渠道。而在新媒体时代，互联网及其衍生的各种新媒体平台成为人们获取信息的主要途径，用户通过互联网自主地选择获取各种信息，并参与到信息的生成和传播中来。

互联网使得用户可以自主选择获取各种信息。传统媒体的信息传递是单向的，用户只能被动接受媒体提供的信息。而在新媒体时代，用户可以根据自己的兴趣和需求主动搜索和选择感兴趣的信息。通过搜索引擎、社交媒体、新闻客户端等工具，用户可以迅速找到各种来源多样的新闻、资讯、知识等内容，满足个人的信息需求。

新媒体平台为用户提供了多样化的内容选择。传统媒体的内容通常是统一的、面向大众的，无法满足每个人的个性化需求。而新媒体平台由于其开放性和互动性，形成了一个丰富多样的内容生态系统。用户可以选择关注特定的主题、领域或者具体的媒体人物，从而获取到更加符合自己兴趣和需求的新闻内容。不同的新媒体平台之间也存在着差异化的内容风格和呈现方式，用户可以根据自己的喜好选择适合自己的平台。

新媒体时代用户也可以通过互动和参与来获取和选择信息。在传统媒体时代，用户只能是被动的信息接收者，无法参与到信息的生成和传播中来。而在新媒体时代，用户可以通过评论、点赞、分享等方式对内容进行评价和传播。他们可以表达自己对信息的认同或不满，并与其他用户进行互动和讨论。这种参与方式不仅增强了用户的参与感和归属感，也促进了信息的交流和共享。

新媒体平台还为用户提供了各种工具和功能，帮助用户更方便地获取和选择信息。例如，新闻聚合网站和客户端将各种来源的新闻整合在一起，用户可

以在同一个平台上获取多家媒体的报道。智能推荐算法能够根据用户的浏览历史、行为偏好等数据，为用户推荐符合其兴趣和需求的内容。这些工具和功能使得用户能够更加高效地获取和选择信息。

（二）用户在新媒体平台的参与方式和自我表达渠道

在新媒体平台上，用户享有多种参与方式和自我表达渠道，这使得他们能够更积极地参与到信息的生成、传播和讨论中来，并表达自己的观点、意见和情感，如图2-2所示。

图2-2 用户在新媒体平台的表达渠道

评论和留言是用户在新媒体平台上最常见的参与方式之一。无论是新闻网站、社交媒体还是视频网站，几乎都提供了评论和留言功能。用户可以通过评论和留言对内容进行评价、表达自己的观点，或者与其他用户进行互动和讨论。这种参与方式不仅增加了用户的参与感和归属感，也为其他人提供了更多的观点和意见，促进了信息的深入交流和反馈。

分享和转发也是用户在新媒体平台上常用的参与方式之一。用户可以将自己认为有价值或有趣的内容分享给自己的朋友、粉丝或关注者。通过分享和转发，用户可以将优质的信息推荐给他人，也有助于扩大优质内容的影响力和传播范围。同时，分享和转发也是用户表达自己对信息的认同或重视的一种方式，可以帮助他们构建自己的个人品牌和形象。

社交媒体平台的个人账号和主页成为用户展示自己并与他人交流的重要渠道。用户可以在个人账号和主页上发布文字、图片、视频等多样化的内容，并与其他用户进行互动和交流。通过发布内容，用户可以展示自己的才能、观点和生活，吸引和建立粉丝群体。同时，其他用户也可以通过关注和评论等方式与用户进行互动和交流，拉近彼此的距离，建立社交关系。

新媒体平台还提供了更多的自我表达渠道，例如博客、视频、直播等。博客是用户可以自由发表文章和观点的个人空间，可以通过博客展示自己的专业知识、见解和创意。视频则是以视频形式记录用户的生活、经验和见闻，通过图像和声音更全面地展示自己。直播则是用户实时分享自己所看到、听到或经历的事物，与观众进行互动和交流。这些自我表达渠道使得用户可以更具个性地展示自己，获得更大的关注度和影响力。

（三）用户对个性化新闻内容和服务的需求

在新媒体时代，个性化已经成为用户对新闻内容和服务的重要需求。随着新媒体技术的发展和普及，用户对于获得符合自己兴趣、需求和偏好的新闻内容和服务的期待越来越高，传统媒体所提供的一刀切的新闻产品已经难以满足用户的个性化需求。

用户希望能够获得与自身兴趣相关的新闻内容。每个人的兴趣爱好都不尽相同，有些人关注体育新闻，有些人更喜欢科技新闻，而有些人则对财经新闻感兴趣。用户希望通过个性化的新闻服务，能够根据自己的兴趣选择感兴趣的新闻类别，并获得与自己兴趣相关的推荐内容。这样能够节省用户时间，提高阅读效果，使用户获得更有意义和价值的信息。

用户追求个性化的新闻服务也体现在对新闻观点和立场的需求上。在传统的媒体中，新闻报道往往具有一定的倾向性，而用户所愿意接触的新闻内容往往是与自己观点更相近的。用户希望能够通过个性化的新闻服务，获得不同立场的新闻观点，从而获得更多角度的信息，有利于形成更全面客观的意见和判断。

用户对于新闻推送的时间和频率也有个性化的需求。在现代社会中，人们的生活节奏越来越快，时间成为稀缺资源。用户希望能够根据自己的时间安排和需求，定制新闻推送的时间和频率。有些人喜欢每天早上读新闻，有些人则更倾向于晚上休闲时刻阅读。用户希望新闻服务能够根据自己的作息时间，提供合适的时间段和频率进行新闻推送，使其能够在最方便的时间里获取新闻信息。

用户还对于新闻内容的深度和广度有不同的需求。有些用户希望能够获得短小精悍的新闻摘要，快速了解要点；而有些用户则更愿意深入阅读长篇报道，获取更多细节和背景资料。用户希望新闻服务能够提供个性化的深度和广度选项，使其能够根据自己的阅读需求选择适合自己的新闻形式。

综上所述，用户参与的主动性和个性化需求有这些积极影响：第一，促使新闻传播呈现更多样化的内容和视角，新闻生产多元化；第二，促使新闻传播实时性更强，更加迅速，可以即时反映社会事件和舆论动态；第三，用户个性化需求的影响使得新闻传播趋向于个性化推荐，这种个性化的新闻推荐，提高了新闻传播的有效性和用户满意度；第四，用户参与的主动性使得新闻传播更加选择性；第五，用户个性化需求对新闻质量起到一种监督作用，推动媒体提供更为准确、客观和可信的新闻内容。总体来看，用户的主动性和个性化需求，推动了新闻产业转型升级，促进了公众对新闻的参与和监督，提升了新闻传播的效能和社会影响力。

二、社交化传播对新闻传播的影响

（一）社交媒体作为传播渠道和传播工具对新闻传播的影响

社交媒体作为新闻信息的传播渠道和传播工具，在当代社会扮演着至关重要的角色。随着移动互联网的普及和社交媒体平台的快速发展，越来越多的人倾向于通过社交媒体获取新闻信息。以下将从四个方面分析社交媒体作为新闻传播渠道和传播工具的意义，如图2-3所示：

图2-3 社交媒体作为新闻传播渠道和工具的意义

社交媒体具有广泛的用户基础和活跃的社交圈子，这使得新闻信息能够更加迅速地传播。无论是微博、微信朋友圈、Facebook、Twitter等社交媒体平台，都拥有庞大的用户群体。当有重大新闻事件发生时，用户可以通过社交媒体分享图文、视频、链接等多种形式的信息内容，并且可以通过朋友圈、转发、评论等方式将这些信息迅速传播给自己的社交网络。因此，社交媒体具有迅速传播新闻信息的特点，能够将新闻迅速传递给更多的人，扩大新闻的影响力。

社交媒体提供了多样化的传播方式，使新闻信息更具有多样性和丰富性。传统媒体通常以文字、图片和视频等形式进行新闻报道，而社交媒体则更加灵活多样。用户可以通过社交媒体平台发布文本信息、图片、视频、直播等形式的内容，更直观地展现事实和事件。这种多样化的传播方式使得新闻信息更具吸引力和趣味性，用户可以更自由地表达自己对新闻的看法和评论，从而丰富了新闻传播的形式和内容。

社交媒体提供了即时的新闻更新和实时互动的特点，使用户能够及时获取最新的新闻信息，并与其他用户进行互动和讨论。通过社交媒体平台，用户可以关注新闻机构、记者、专家等权威人士，实时获取他们发布的新闻内容和观点，保持对新闻事件的全面了解。同时，社交媒体也为用户提供了评论、转发、点赞、分享等功能，使用户能够对新闻信息进行互动和参与，发表自己的意见和看法。这种互动性和即时性使得新闻传播更加生动活泼，提升了用户参与度和体验。

社交媒体还可以通过算法推荐和定制化服务，为用户提供个性化的新闻推送。社交媒体平台通常会根据用户的兴趣、关注和行为等数据，利用机器学习和数据挖掘的技术，为用户推送与其兴趣相关的新闻内容。这种个性化的服务能够满足用户对新闻内容的需求，提供更符合用户兴趣和偏好的信息，提高用户对新闻信息的关注度和参与度。

（二）社交化传播的互动性和即时性对新闻传播的影响

社交化传播的互动性和即时性在新闻传播中起到了重要的作用，对传统新闻传播模式产生了深远的影响。在传统媒体时代，新闻报道通常是单向传播的，新闻机构将信息传递给受众，而受众只能被动接收。然而，随着社交媒体的兴起，传播方式发生了巨大的变化，使得新闻传播变得更加互动和即时。

1.社交化传播的互动性对新闻传播的影响

互动性使得新闻传播变得更加民主和多元化。传统媒体时代，新闻报道通常由少数权威机构或记者来决定,受众只是被动地接收信息。而在社交媒体时代,每个人都可以成为新闻发布者和传播者,每个人都有平等发声的机会。用户可以根据自己的兴趣和需求选择感兴趣的新闻内容,并且可以通过评论、转发等方式表达自己的意见和观点。这种互动性使得新闻传播更加多元化,不再受限于单一的视角和立场,更能够反映多样的声音和观点。

社交化传播的互动性使得新闻传播不再是单向的,而是呈现出多向、多元的特点。通过社交媒体平台,用户可以根据自己的兴趣和需求选择感兴趣的新闻内容,并且可以对新闻内容进行评论、转发、点赞等操作,与其他用户进行互动和讨论。同时,用户还可以直接给新闻机构、记者、专家等权威人士提问或提供反馈意见,与他们进行直接的交流。这种互动性使得新闻传播不再是一方面的单向流动,而是多方参与的多向传播,增强了用户对新闻事件的参与感和归属感。

2. 社交化传播的及时性对新闻传播的影响

社交化传播的即时性使得新闻传播更加灵活和全面。社交媒体平台上的新闻信息可以随时更新和调整,以适应不断变化的情况和需求。新闻机构可以即时发布最新的新闻消息,将事件的发展情况及时传递给用户。用户也可以通过实时地互动与其他用户分享最新的观点和信息,形成多方参与、多维度的报道效果。这种灵活和全面性使得新闻传播更加贴近用户的需求和关注点,提高了传播的实用性和针对性。

社交化传播的即时性使得新闻传播更加快速和实时。传统的新闻报道需要经过编辑、排版、印刷等环节才能呈现给读者,时间上存在一定的延迟。而在社交媒体时代,新闻信息可以通过即时发布和互动传播的方式,几乎实时地传递给用户。当重大新闻事件发生时,用户可以通过社交媒体平台立即收到相关的新闻消息,第一时间了解事件的发展和最新进展。同时,用户也可以通过实时的评论、转发、讨论等方式与其他用户分享自己的看法和观点,形成多元化的舆论氛围。这种即时性使得新闻传播更加迅速和高效,大幅缩短了信息传播的时间和空间距离。

社交化传播的互动性和即时性也带来了一些挑战和问题。首先,信息过载成为一个突出的问题。社交媒体上涌现出大量的新闻信息和评论，用户需要过滤和筛选信息，才能获取到真正有价值的内容。其次，虚假信息和谣言的传播也成了一大难题。由于信息传播的迅速性和广泛性，不负责任的发布者可以轻松地散布虚假消息，误导用户的认知和判断。因此，社交媒体平台需要加强对信息的监管和审核，提供更可靠、真实的新闻信息。

（三）社交媒体对新闻事件迅速扩散和热点形成的影响

社交媒体在新闻传播中的作用日益重要，对新闻事件的迅速扩散和热点形成产生了深远影响。

1. 加快信息传播速度

社交媒体平台的即时传播特性使得新闻事件能够以前所未有的速度传播开来。当一个重大新闻事件发生时，用户可以通过社交媒体平台立即收到相关的新闻消息，第一时间了解事件的发展和最新进展。不论是自媒体账号的推送、网友的评论转发，还是微信群聊、微博话题的讨论，都能够迅速将消息传递给广大用户。信息的快速传播加快了新闻事件的曝光速度，也使得全球范围内的用户能够更加及时地了解和关注到热点事件。

2. 舆论引导

社交媒体不仅可以迅速传播新闻事件，还扮演着舆论引导的重要角色。在社交媒体平台上，用户可以通过评论、点赞、转发等方式表达自己的观点和态度。这些互动行为形成了一个庞大的用户网络，用户之间相互影响、相互交流，形成了不同的舆论倾向和观点。通过社交媒体，新闻事件得到了更多用户的关注和参与，舆论也更容易被引导和操纵。

舆论引导在新闻事件中起到了重要作用。一方面，社交媒体平台上的用户可以通过评论、转发等方式对新闻事件进行评价和讨论，传达自己的观点和立场。这些观点和立场会对其他用户产生影响，引导他们对事件的理解和态度。另一方面，新闻机构和权威人士也利用社交媒体平台来推广自己的观点和声音，通过优化推送算法等手段将自己的意见传递给更多的用户。这种舆论引导使得新闻事件在社交媒体上形成了不同的声音和观点，并且对用户的认知和判断产生影响。

3. 话题聚焦

社交媒体平台同时具有话题聚焦的特点，能够将用户关注的重点集中在某些热点事件上。当一个新闻事件引起广泛热议时，社交媒体平台往往会形成相应的热门话题，用户可以通过搜索、关注等方式追踪并参与讨论。这种热门话题的形成使得新闻事件能够更广泛地被用户关注和讨论，也增加了舆论的影响力和传播效果。

话题聚焦在新闻事件中起到了重要作用。首先，它可以将用户的关注点集中在某些热点事件上，提高了新闻事件的曝光度和传播效果。其次，它也为用户提供了一个讨论和发声的平台，增加了用户参与新闻事件的机会和可能性。通过话题聚焦，社交媒体推动了新闻事件的迅速扩散和舆论的形成，对新闻报道的影响力和话题的关注度产生重要影响。

三、用户参与和社交化传播对新闻报道的多样性和真实性的促进

（一）用户参与对新闻报道的丰富性和多元性的推动

用户参与对新闻报道的丰富性和多元性的推动，在社交媒体时代已经成为一个显著的特点。传统的新闻报道通常只能呈现少数专家、记者或编辑的观点，而用户参与的增加使得新闻报道具有了多元化和丰富性。

用户参与为新闻报道提供了多样化的观点和声音。在过去，新闻报道主要由专业记者或编辑来撰写和发布，他们的观点和立场可能受到限制或偏见。但随着社交媒体的兴起，普通用户也有了表达自己意见的渠道。通过评论、分享、转发等方式，用户可以就新闻事件发表个人看法，表达不同的立场和观点。这些观点的多样性丰富了新闻报道的内容，使之更加全面客观。

用户参与为新闻报道带来了更广泛的信息资源。相比传统媒体的记者，广大用户群体可以以非专业的身份获取和分享各种信息。他们可以通过亲身经历、网络搜索等途径，获取新闻事件的第一手资料，并将其传播出去。这些用户生成的内容包括照片、视频、文字等形式，对于新闻报道提供了更多的证据和素材。这样的参与使得新闻报道更加真实、具体和有说服力。

用户参与还可以促进公众对新闻事件的关注度。通过社交媒体的分享和转

发，用户可以将新闻内容传播给更多的人群。这种社交化传播的方式对于提高新闻报道的曝光度非常有效。当一个新闻事件被更多人知晓时，会引起公众的关注和讨论。这种广泛的关注度有助于促进社会对重要问题的关注和改变。

（二）社交媒体在新闻报道中的见证和证据作用

社交媒体在新闻报道中扮演着重要的见证和证据的角色。通过社交媒体平台，用户可以实时记录和分享各类事件和信息，这些记录成为新闻报道中的第一手资料和证据。

1. 实时见证

社交媒体的实时性使得它成为新闻事件的见证者。当一个重大事件发生时，社交媒体用户可以通过拍摄照片、录制视频等方式记录下现场的情况，并通过社交媒体平台进行分享。这些实时的见证记录能够迅速传播，并引起公众的关注，帮助人们更直观地了解事件的发生和背景。例如，在自然灾害、事故等突发事件中，社交媒体上的实时见证记录能够提供第一手资料，帮助新闻媒体及时报道事件的真实情况。

2. 多元证据

社交媒体在新闻报道中提供了多元的证据来源。通过社交媒体平台，用户可以分享各种形式的证据，如照片、视频、文字描述等。这些证据来源多样化，涵盖了不同人群、不同角度和不同视角的记录。相比传统媒体所提供的单一证据来源，社交媒体的多元证据使得新闻报道更全面、真实。同时，社交媒体上的证据也需要进行核实和验证，以确保其真实性和可信度。

3. 直观展示

社交媒体平台提供了直观展示的方式，使得新闻报道更加生动和真实。通过社交媒体上传的照片、视频等多媒体内容能够更贴近现场的情况，帮助读者或观众更好地理解和感受事件。这种直观展示的特点使得社交媒体成为新闻报道中重要的证据来源之一。例如，当发生重大社会事件时，社交媒体上的照片和视频记录能够展示事件的真实情况，引起公众的共鸣，并推动舆论和社会变革。

4. 用户互动

社交媒体平台上的用户互动也为新闻报道提供了有力支持。用户可以在评论中表达自己的观点、评论新闻报道的真实性和客观性。这种用户互动的形式，既是对新闻报道的监督和验证，也是新闻报道的补充和延展。用户的互动能够激发更多的讨论和思考，促使新闻报道更具深度和全面性。

（三）用户参与和社交化传播对新闻真实性的监督和验证作用

用户参与和社交化传播对新闻真实性的监督和验证起着重要作用。在社交媒体时代，用户不再是被动接收信息的对象，而成为信息的创造者和传播者，他们的参与和互动推动了新闻报道的真实性监督和验证。

1. 真实性监督

用户参与和社交化传播使得信息更容易被广泛传播和共享。当一条重要新闻出现时，用户会迅速将其分享给自己的社交网络，通过转发、评论等方式使得信息传递更广泛。这种广泛的传播使得更多的人有机会对新闻进行监督和验证。如果新闻内容存在虚假或误导，很快就会被有独立思考能力和真相追求的用户发现并指出。用户通过评论、转发等方式表达自己的观点和质疑，促使媒体和记者对新闻进行核实和修正，从而提高新闻报道的真实性。

2. 多方证据

社交媒体用户在遭遇事件或目击事情时，会通过拍照、录视频等方式记录下来并上传至社交媒体平台。这些个体的见证成为新闻报道的证据之一。当同一事件发生时，不同社交媒体用户拍摄的照片或视频可以互相印证，从而增加新闻报道的真实性。多方证据的存在可以帮助媒体核实事件的真实程度，并在报道中提供更全面的信息。

3. 专家评价

社交媒体上有许多专家学者、行业大咖等具备专业知识和经验的人士。他们通过社交媒体平台分享自己的观点和意见，对新闻事件进行评论和分析。这些专家的参与和评价能够为新闻报道提供专业的解读和判断，帮助公众理解事件的背景和原因。同时，他们也具备对新闻真实性的判断能力，能够及时指出虚假报道或违反伦理规范的行为，起到监督和验证的作用。

4. 网民举报

社交媒体平台为广大用户提供了举报渠道，让他们能够向相关部门或媒体机构举报虚假新闻、不实传闻等问题。当用户发现有不真实、误导性或严重违反道德底线的新闻时，可以通过举报系统进行投诉。这种网民举报的机制促使媒体对新闻进行核查和修正，保证新闻报道的真实性和可信度。

第三章　新媒体时代的门户网站研究

第一节　门户网站的发展历程

一、门户网站的起源和初期发展

（一）门户网站的概念和定义

门户网站是指一个集成多种互联网服务和内容的网站，旨在为用户提供全面、多样化的信息和服务。它类似于传统门户的概念，是用户进入互联网世界的入口，为用户提供广泛的资源和功能，如新闻、搜索、电子邮件、社交网络、网上购物等。门户网站通过整合不同类型的内容和服务，为用户提供便捷的一站式体验。门户网站的主要特点包括以下五个方面，如图3-1所示：

图3-1　门户网站的主要特点

1. 集成性

门户网站通过整合来自不同来源的内容和服务，将它们汇集在一个平台上。用户可以在同一个网站上获取各种信息、服务和应用程序，无须频繁地切换网站，提高了使用的便利性和效率。

2. 多样性

门户网站涵盖了广泛的主题和领域,包括新闻、娱乐、财经、体育、科技、健康、教育等。用户可以根据自己的兴趣和需求,选择感兴趣的内容和服务进行浏览和使用。

3. 个性化

门户网站通常具有个性化的功能,用户可以根据自己的喜好和需求,自定义页面布局、内容订阅、消息推送等。通过个性化设置,用户可以更加方便地获取感兴趣的信息和服务。

4. 交互性

门户网站提供丰富的互动功能,用户可以在网站上进行评论、投票、分享等操作,与其他用户或网站管理员进行互动和交流。这种交互性增强了用户参与感和社交性,形成了一个活跃的网络社区。

5. 导航性

门户网站起到导航的作用,为用户提供清晰的分类和导航结构,帮助用户快速找到所需的信息和服务。常见的导航方式包括主题导航、标签导航、搜索导航等。

门户网站的定义有些许宽泛,不同的门户网站可能有不同的侧重点和特点。总之,它旨在为用户提供集成的互联网服务和内容,提供全面多样化的信息资源和便捷的一站式体验。

(二)门户网站的起源和发展背景

门户网站的起源可以追溯到 20 世纪 90 年代末期。当时互联网正处于发展初期,各类网站数量庞大但分散,用户需要在各个网站之间频繁切换,获取所需的信息和服务非常烦琐。为了解决这个问题,门户网站应运而生。

门户网站的发展背景主要有以下几个方面:

1. 互联网技术的进步

20 世纪 90 年代末期,互联网技术得到了快速发展和普及,网络带宽不断提高,使得网站可以承载更多的内容和服务。同时,网页制作工具的发展和普及,使得网站建设变得更加简单和便捷。

2. 信息爆炸和信息分散

随着互联网的发展，各类网站迅速增加，信息量急剧膨胀。用户需要在不同的网站之间进行信息搜索和浏览，效率低下且费时费力。门户网站通过整合不同类型的内容和服务，为用户提供一站式的体验，解决了信息分散的问题。

3. 用户需求的多样化

随着互联网的普及，用户对信息和服务的需求越来越多样化。传统的媒体无法满足用户的个性化、定制化需求。门户网站通过提供个性化设置和多样化的内容和服务，满足了用户的不同需求。

4. 广告市场的发展

门户网站作为一个集成平台，吸引了大量的用户访问，拥有广泛的受众群体。这使得门户网站成为广告主的理想选择，为门户网站带来了丰厚的广告收入，推动了门户网站的发展。

在门户网站起初的发展阶段，Yahoo、MSN、AOL 等国际门户网站成为领导者，全球范围内提供了综合性的信息和服务。同时，中国的门户网站也开始崭露头角，如新浪、搜狐、网易等。随着时间的推移和互联网的发展，门户网站逐渐形成了多元化、专业化的发展路径。

（三）早期门户网站的特点和功能

门户网站最初提供搜索引擎和网络接入服务，后来在激烈的市场竞争下，门户网站不断拓展门类众多的业务类型，其业务可谓包罗万象，提供：新闻、搜索引擎、影音资讯、免费邮箱、网络接入、聊天室、电子公告牌（BBS）、网络社区、电子商务、网络游戏、免费网页空间，等等。具体来说，早期的门户网站具有以下几个特点和主要功能，如图 3-2 所示：

1. 新闻信息

作为信息的集散地，早期的门户网站提供了丰富的新闻报道和资讯内容。用户可以在门户网站上获取时事新闻、财经新闻、体育新闻等各类新闻信息。

2. 电子邮件服务

早期的门户网站通常提供免费的电子邮件服务，如雅虎的 Yahoo Mail 和微软的 Hotmail（后来改名为 Outlook.com）。这些门户网站提供了稳定可靠的电子邮件平台，用户可以通过注册账号使用门户网站的域名作为邮件地址，进行电子邮件的收发和管理。

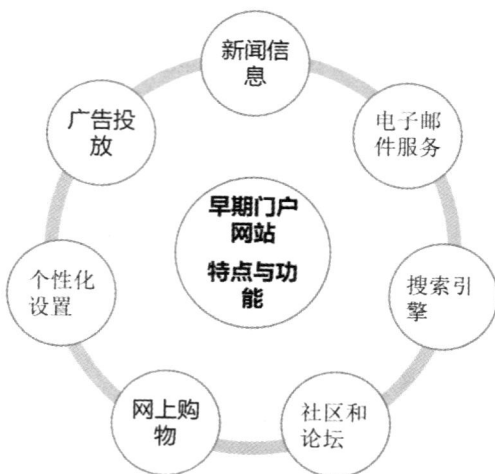

图3-2　早期门户网站的特点与功能

3. 搜索引擎

早期的门户网站往往与搜索引擎紧密结合。比如，雅虎在1994年推出了著名的Yahoo搜索引擎，初期主要是提供目录式的分类搜索服务，帮助用户快速找到所需的信息。其他门户网站也纷纷推出了自己的搜索引擎功能，如新浪的新浪搜索、搜狐的搜狗搜索等。

4. 社区和论坛

早期的门户网站注重社区建设和用户互动。它们提供了在线论坛、聊天室等功能，使用户能够与其他用户进行交流和讨论。用户可以在论坛上发帖、回复帖子，分享自己的观点和经验，也可以借助论坛寻求帮助和建议。

5. 网上购物

随着电子商务的兴起，早期的门户网站开始提供网上购物服务。它们与一些电商平台进行合作，将商品信息和交易功能整合到门户网站上。用户可以在门户网站上浏览和购买各类商品，享受便捷的在线购物体验。

6. 个性化设置

早期的门户网站开始提供个性化设置功能，用户可以根据自己的喜好和需求，自定义页面布局、内容订阅、消息推送等。这样，用户可以更加方便地获取感兴趣的信息和服务，提高了使用的个性化体验。

7. 广告投放

广告投放成为早期门户网站重要的收入来源。这些门户网站通过广告合作和投放，将广告展示给用户，从而获得广告主的付费。广告投放不仅帮助门户网站实现盈利，也为用户提供了一定程度上的资讯和产品推荐。

需要注意的是，随着互联网技术的不断发展和用户需求的变化，门户网站的特点和功能也在不断演进。现如今的门户网站已经不再局限于传统的新闻、搜索、电子邮件等功能，而是向专业化、个性化和社交化方向发展。用户可以享受更丰富多元的内容和服务，满足不同的需求和兴趣。

二、门户网站在互联网时代的快速崛起

（一）门户网站兴起、普及的原因以及影响

门户网站的兴起和普及对互联网时代的发展产生了深远的影响。以下是门户网站兴起和普及的一些主要原因和影响，如图3-3所示：

图3-3　门户网站普及主要原因及影响

1. 提供综合性信息和服务

门户网站作为综合性网站，集成了各类信息和服务，包括新闻、邮箱、搜索引擎、社区等，为用户提供了方便快捷的上网入口。用户可以通过一个网站就能够满足多种需求，省去了在不同网站之间切换的麻烦。

2. 便利的信息获取和分享

门户网站为用户提供了丰富的信息资源，用户可以方便地浏览和获取感兴趣的内容。同时，门户网站也提供了分享功能，用户可以将自己喜欢的内容分享给他人，促进信息的传播和交流。

3. 多样化的内容和服务

随着互联网技术的不断发展，门户网站的功能逐渐扩展，不仅提供基础功能，还增加了社区、论坛、网上购物、个性化设置等更多元化的内容和服务。这样的多样化选择满足了用户不同的需求和兴趣，提高了用户黏性和满意度。

4. 电子商务的推动和普及

门户网站为企业提供了在线推广和营销的平台，促进了电子商务的发展和普及。企业可以通过门户网站发布产品信息、进行在线销售和交易，提升品牌知名度和销售额。

5. 社交互动和沟通平台

门户网站中的社区和论坛功能为用户提供了交流和互动的平台。用户可以在门户网站上与他人分享经验、观点和兴趣，结识新朋友，扩大社交圈子。

6. 个性化定制和个人化服务

门户网站根据用户的需求和喜好，提供个性化的设置和服务。用户可以自定义页面布局、订阅感兴趣的内容，使得上网体验更加个性化和符合用户的需求。

（二）市场竞争中的门户网站巨头

在门户网站市场的竞争中，出现了一些巨头公司，它们凭借强大的技术实力、广泛的用户基础和丰富的内容资源，成为行业的领导者。以下是一些市场竞争中的门户网站巨头，见表3-1所列：

表3-1 门户网站巨头举例

阿里巴巴集团(Alibaba Group)
阿里巴巴是中国最大的电子商务公司之一，旗下拥有淘宝、天猫、支付宝等知名平台。阿里巴巴以电子商务为核心，通过门户网站提供丰富的商品和服务，成为全球范围内最大的在线零售商之一。
腾讯(Tencent)
腾讯是中国领先的互联网科技公司之一，旗下拥有微信、QQ等知名社交媒体平台。腾讯通过门户网站为用户提供了丰富的社交、娱乐和信息服务，成为中国最受欢迎的门户网站之一

续表

百度（Baidu）
百度是中国最大的互联网搜索引擎之一，提供包括网页搜索、图片搜索、音乐搜索等多种搜索服务。百度通过门户网站为用户提供了广泛的搜索和信息服务，成为中国最受欢迎的门户网站之一
谷歌（Google）
谷歌是全球最大的互联网科技公司之一，拥有全球最流行的搜索引擎。谷歌通过门户网站为用户提供了全球范围内的搜索和信息服务，成为全球最受欢迎的门户网站之一

这些门户网站巨头在市场竞争中通过技术创新、不断优化用户体验和推出新的产品和服务，吸引和留住了大量的用户。它们在门户网站市场中具有强大的竞争力和影响力，成为众多企业合作伙伴的首选。

（三）门户网站内容扩展和用户增长的特点

随着互联网技术的不断发展和用户需求的变化，门户网站的内容扩展和用户增长成为行业的重要趋势。以下是门户网站的内容扩展和用户增长的一些主要特点：

1. 个性化定制

个性化定制是门户网站为了满足用户需求的多样性而引入的一种功能。随着互联网的发展，人们对于信息获取和消费的需求变得越来越个性化。传统的门户网站提供了大量的信息和服务，但往往没有考虑到用户的个性化需求。而对于用户来说，他们可能只关注某一领域的内容，或者对某些特定类型的新闻和资讯感兴趣。

因此，门户网站通过推出个性化定制的功能，将用户的喜好和需求纳入考虑范围，为用户提供更加个性化的上网体验。具体来说，个性化定制功能主要包括以下四个方面，如图3-4所示：

内容定制：门户网站可以根据用户的兴趣和偏好，为他们提供相关的内容推荐。例如，根据用户在网站上浏览和点击的记录，分析用户的兴趣爱好，并基于此向用户推荐相关领域的新闻、文章、视频等内容。这样，用户就能够更快速地获取到自己感兴趣的内容，节省浏览时间，提高信息获取的效率。

频道定制：门户网站通常会设置多个频道，覆盖不同的领域和主题。通过个性化定制功能，用户可以根据自己的兴趣选择感兴趣的频道，并将其设为首页或收藏夹中的默认频道。这样，用户在进入门户网站时就能直接看到自己喜欢的频道内容，方便快捷。

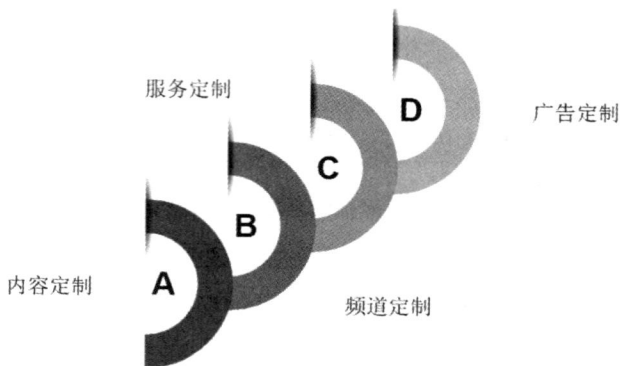

图3-4　门户网站的个性化定制

服务定制：除了提供信息和内容，门户网站还可以提供一些个性化的服务。例如，用户可以根据自己的需求订阅邮件、短信通知，及时获取到感兴趣的新闻和资讯；或者可以设置个人账号，保存自己的搜索记录和浏览历史，方便下次访问时进行查阅。

广告定制：门户网站可以根据用户的兴趣和偏好，为他们推送相关的广告。通过分析用户的浏览行为和兴趣爱好，门户网站可以更加准确地判断用户的消费倾向和购买需求，为商家提供有针对性的广告服务，提高广告投放的效果。

对于门户网站来说，个性化定制这一功能不仅可以提高用户的满意度和黏性，也可以帮助门户网站更好地了解用户的需求和行为，从而改进网站的内容和服务。但同时，个性化定制也面临一些挑战和难点，例如，如何准确把握用户的兴趣和需求，如何平衡个性化推荐与信息过滤的关系等。因此，门户网站在开发和运营个性化定制功能时，需要充分考虑用户隐私和数据安全问题，遵循相关法律法规，并采取有效措施保护用户的个人信息和隐私。

2. 多媒体内容

随着互联网带宽的提升和设备的普及，门户网站开始提供了丰富多样的多媒体内容，从而吸引了更多的用户，并丰富了用户的上网体验。

我们来看视频内容在门户网站中的应用。随着4G、5G网络的普及以及移动设备的快速发展，视频已成为人们上网消费的重要形式之一。门户网站提供的视频内容涵盖了各个领域，包括新闻、电影、电视剧、纪录片、娱乐等。用户可以通过在线观看视频来获取最新的新闻资讯，追剧、观影，甚至学习技能等。这些视频内容给用户带来了更加直观、生动的娱乐和学习体验。

音乐也是门户网站提供的受欢迎的多媒体内容之一。用户可以在门户网站上享受在线音乐服务，包括在线收听歌曲、创建歌单、分享音乐等。门户网站提供的音乐内容涵盖了各种流派和风格，满足了不同用户的音乐口味。用户可以通过搜索、推荐等方式发现新的音乐，丰富自己的音乐库，并与好友之间分享音乐的喜悦。

门户网站还提供了电子书等多媒体内容。用户可以在门户网站上阅读数字化的图书、杂志、报纸等内容。这种形式的多媒体内容使得用户可以随时随地获取到感兴趣的阅读材料，无须携带厚重的纸质书籍。而且，通过电子书的在线阅读，用户还可以进行书签标记、搜索关键词、调整字体大小等操作，提升了阅读的便利性和舒适度。

除了以上几种多媒体内容，门户网站还提供了其他形式的多媒体内容，如在线游戏、动画、图片等。这些多媒体内容丰富了用户的上网体验，使得用户可以在门户网站上一站式获取到各种各样的娱乐和消遣内容，满足用户的不同需求。

需要指出的是，随着多媒体内容的增加和使用量的增长，相关的技术挑战也随之而来。例如，视频和音乐的在线播放需要克服网络传输速度、流媒体压缩等技术方面的难题。此外，针对不同设备的适配和兼容性问题也需要被解决。门户网站需要不断加强技术研发和优化，以提供更好的多媒体内容服务。

3. 社交功能

社交功能在门户网站中的开发和推广，为用户提供了与其他用户进行交流、分享和互动的平台，不仅提高了用户的黏性和活跃度，还促进了用户增长和内容传播。

社交功能的应用使得用户可以轻松地与其他用户进行交流和互动。通过门户网站的社交功能，用户可以建立个人资料，添加好友，发送私信，评论文章，等等。这些功能打破了传统的信息单向传递模式，使得用户之间可以进行实时的双向交流。用户可以就感兴趣的话题展开讨论，分享自己的观点和见解，获得他人的反馈和建议。这种交流和互动不仅丰富了用户的上网内容，也拉近了用户之间的距离，增强了社交关系。

社交功能的开发和推广，为门户网站带来了更多的用户增长。社交功能使得用户可以方便地邀请好友加入门户网站，通过好友推荐和分享，吸引更多的用户注册和使用。此外，门户网站也可以通过社交功能与其他社交网络平台进行整合，实现用户数据的共享和互通。通过与其他社交网络的连接，门户网站可以获得更多的用户流量和曝光机会，进而吸引更多的用户加入。社交功能的开发和推广，从根本上提升了门户网站的用户数量和用户活跃度。

除了用户增长，社交功能还对内容传播起到了积极的促进作用。通过社交功能，用户可以轻松地分享自己喜欢的内容，并将其传播给其他用户。当用户在门户网站上发布或转发内容时，其他用户可以通过点赞、评论等方式进行互动和反馈。这种内容传播的方式不仅有助于增加内容的曝光度，也能够扩大内容的影响力。用户之间的互动和分享，有效地推广了门户网站所提供的各类内容，提高了内容的可见性和传播效果。

社交功能的开发和推广也面临一些挑战和问题。其中最主要的问题是用户隐私和信息安全的保护。随着社交功能的扩大应用，用户的个人信息和交流内容也变得更加敏感和重要。因此，门户网站需要加强对用户数据的保护，加强隐私政策和信息安全的措施，以确保用户的个人信息不被滥用或泄露。

4. 移动互联网

移动互联网的兴起对门户网站的发展产生了深远的影响。随着智能手机和移动设备的普及，人们越来越倾向于使用移动设备进行上网和获取信息。为了迎合这一趋势，门户网站开始注重移动端的开发和推广，通过开发移动应用和优化移动网页，实现了在移动设备上的全面覆盖，为用户提供随时随地的上网体验。

门户网站通过开发移动应用，使得用户可以方便地在手机上进行各类操作。移动应用具有更好的适配性和用户体验，用户可以通过应用程序直接访问门户网站的内容和功能，无须通过浏览器打开网页。移动应用还可以利用移动设备的各种功能，如相机、定位等，为用户提供更加丰富和个性化的服务。通过移动应用的推广和下载，门户网站可以增加用户黏性，引导用户长期使用并增加活跃度。

门户网站还通过优化移动网页来提升用户体验。优化移动网页包括网页布局的适配、加载速度的优化以及功能的简化等。由于移动设备屏幕较小，网页内容需要进行适当的调整和重排，以确保用户能够方便地浏览和操作。同时，优化加载速度可以提高网页的响应速度，减少用户等待时间，提升用户体验。门户网站还可以根据移动设备的特点，精简功能按钮和页面布局，使得用户在移动端可以更加轻松地使用和导航。

移动互联网的兴起进一步推动了门户网站用户的增长。随着移动设备的普及，人们越来越离不开手机，在任何时间、任何地点都希望能够方便地获取信息和进行各类操作。门户网站在移动端的全面覆盖，满足了用户的需求，吸引了更多的用户加入和使用。移动互联网的便利性和灵活性，使得门户网站成为人们日常生活中不可或缺的一部分，进一步促进了用户的增长。

然而，移动互联网的发展也带来了一些挑战和问题。首先是移动设备的多样性和碎片化，不同品牌、不同型号的手机对于网页和应用的兼容性存在一定的差异，给开发者带来了一定的技术难题。其次是移动网络的不稳定性和带宽的限制，用户在移动环境下可能遇到网络延迟、连接问题等，影响了用户的使用体验。此外，移动互联网的安全风险也需要引起重视，如数据泄露、隐私保护等问题需要得到有效的解决。

5. 多样化服务

为了满足用户多样化的需求，门户网站开始提供更多种类的服务，如在线购物、在线支付、在线学习等。这些服务的提供不仅扩展了门户网站的内容，也为用户提供了更多便利和选择。

门户网站开始提供在线购物服务。随着电子商务的兴起，越来越多的用户通过互联网进行购物，方便快捷的在线购物渠道受到了广大用户的欢迎。门户网站借助自身的品牌影响力和庞大的用户基础，开始提供在线购物平台，为用户提供丰富的商品选择和便捷的购物体验。通过与各类商家的合作，门户网站可以为用户打造一个综合性的购物平台，涵盖服装、家居用品、电子产品等各个领域的商品，满足用户不同的购物需求。

门户网站还开始提供在线支付服务。在线支付是电子商务的重要环节，也是用户进行在线购物的关键步骤之一。门户网站通过与各大银行和支付机构的合作，实现了在线支付功能的整合，为用户提供安全、便捷的支付方式。用户可以选择使用信用卡、借记卡等不同的支付方式进行支付，同时也可以享受到一些优惠和促销活动。在线支付的提供不仅方便了用户的消费，也增加了用户对门户网站的信任和依赖。

门户网站还开始提供在线学习服务。随着教育的时代进步和技术的发展，线上学习逐渐成为一种新的学习方式。门户网站通过整合在线教育资源，建立起一个在线学习平台，为用户提供丰富多样的学习课程和学习资源。用户可以根据自己的需求选择感兴趣的课程，通过在线视频、在线文档等形式进行学习。在线学习的提供使得用户不再受制于时间和空间，可以根据自己的安排和节奏进行学习，提高学习效率和灵活性。

除了以上提到的服务，门户网站还可以根据用户需求提供其他多样化的服务。比如，提供在线旅游预订服务，用户可以通过门户网站预订机票、酒店、旅游团等；提供在线社交服务，用户可以在门户网站上建立个人资料、分享信息、交流互动；提供在线娱乐服务，用户可以在门户网站上观看电影、听音乐、玩游戏等。

门户网站多样化的服务提供给用户带来了很多便利和选择，同时也为门户网站带来了更多的机会和挑战。为了保证服务的质量和安全性，门户网站需要建立完善的服务体系和风控机制，加强与合作伙伴的合作与管理，不断提升用户体验和满意度。

6. 数据驱动决策

随着大数据技术的发展，门户网站开始运用数据分析和挖掘技术，对用户行为和偏好进行深入研究。通过了解用户的兴趣和需求，门户网站可以根据数据驱动的决策，优化网站内容和服务，提升用户体验和满意度。

通过数据分析和挖掘，门户网站可以了解用户的行为习惯和浏览兴趣。通过收集和分析用户在网站上的点击、浏览、搜索等行为数据，门户网站可以获取用户的偏好和兴趣。例如，通过分析用户在购物频道中的点击量和购买记录，门户网站可以了解用户的消费习惯和偏好的商品类别，从而有针对性地推荐相关的商品给用户。此外，还可以通过分析用户在学习频道中的学习历史和访问路径，了解用户的知识需求和学习偏好，进而为用户提供更加个性化和有针对性的学习资源。

通过数据驱动的决策，门户网站可以优化网站的内容和布局。根据用户的行为数据和偏好，门户网站可以调整网站的版面设计、栏目分类、推荐算法等，以提供更符合用户偏好的内容和服务。例如，通过分析不同用户群体的偏好，门户网站可以调整首页推荐的热点新闻、视频等内容，使得用户能够更快速地找到自己感兴趣的信息；又如，通过分析用户在购物频道中的行为，门户网站可以调整商品展示的排列顺序和推荐策略，提升用户的购物体验和转化率。

数据驱动的决策还可以帮助门户网站实现精准营销和个性化推荐。通过分析用户的行为数据和偏好，门户网站可以构建用户画像和兴趣标签，进而向用户推送个性化的广告和推荐信息。这不仅能够提高广告的点击率和转化率，也可以增加用户对广告的接受度和满意度。同时，通过对用户行为和偏好的深入研究，门户网站可以精准定位用户需求，提供更加符合用户期望的产品和服务，增强用户黏性和忠诚度。

数据驱动的决策也面临一些挑战和难点。首先，数据的采集、存储和处理需要投入大量的资源和技术支持。门户网站需要建立完善的数据采集和处理系统，确保数据的准确性和安全性。其次，数据分析和挖掘需要具备一定的技术和专业知识，门户网站需要拥有一支专业的数据团队或者与第三方合作，才能充分发挥数据的价值和应用。另外，数据隐私和用户权益的保护也是一个重要问题，门户网站需要加强用户数据的保护和合规管理，确保用户的隐私不被泄露和滥用。

7. 国际化拓展

随着互联网的全球化，门户网站开始致力于国际化拓展。一些门户网站公司通过跨境合作、海外投资等方式，进一步扩大市场份额和用户基础，提供跨国界的信息和服务。

门户网站公司可以通过与国外互联网企业的合作拓展国际市场。通过与国外门户网站、搜索引擎等互联网巨头的合作，门户网站可以借助其平台和用户资源进入国际市场，并为用户提供优质的信息和服务。这种合作形式可以实现资源的共享，提高门户网站的品牌影响力和竞争力。

门户网站公司可以通过海外投资来实现国际化拓展。通过对海外互联网公司的投资，门户网站可以快速进入目标市场，获取当地市场的洞察和用户资源。同时，海外投资也可以帮助门户网站公司了解当地的商业环境和消费习惯，为门户网站在当地市场的运营和发展提供有力支持。

除了跨境合作和海外投资，门户网站公司还可以通过本地化运营和内容适应来实现国际化拓展。针对不同国家和地区的用户需求和口味，门户网站可以进行本地化运营，建立本地团队，提供符合当地用户偏好和文化特点的信息和服务。同时，门户网站还可以根据目标市场的需求进行内容适应，推出与当地相关的资讯、娱乐、文化等内容，更好地吸引和满足当地用户的需求。

国际化拓展对门户网站来说既是机遇，也是挑战。在国际化拓展过程中，门户网站公司需要面临语言、文化、法律等方面的差异，需要投入大量人力和物力资源进行适应和克服。同时，国际市场竞争激烈，门户网站必须具备创新能力和卓越的用户体验，才能在激烈的竞争中脱颖而出。

三、门户网站在移动互联网时代的转型与发展

（一）移动互联网时代门户网站的挑战和机遇

门户网站曾经历过辉煌时刻，随着以手机为代表的移动端崛起，门户网站的一些应用功能逐渐被市场淘汰。移动互联网浪潮下，门户网站的挑战与机遇共存。

1.门户网站面临的挑战

用户习惯的改变。随着移动设备的普及，用户越来越倾向于使用手机、平板等移动设备进行浏览和获取信息，而不再依赖传统的电脑或笔记本电脑。这

对传统的门户网站形成了挑战，因为它们需要适应用户喜欢的移动化方式来提供服务。

竞争对手的增加。随着移动应用的兴起，越来越多的竞争者进入市场，提供类似的内容和服务。门户网站需要面对激烈的竞争，并寻找差异化的竞争策略来保持用户的忠诚度。

内容个性化需求。在移动互联网时代，用户对信息的个性化需求越来越高。门户网站需要根据用户的偏好和兴趣提供定制化的内容，以吸引用户并增强用户黏性。

2. 门户网站面临的机遇

多样化的移动应用。移动互联网时代给门户网站带来了开发多样化移动应用的机会。通过开发移动应用，门户网站可以更方便地提供个性化服务和增强用户体验。

数据分析和精准营销。移动互联网时代产生了大量的用户行为数据，门户网站可以利用这些数据通过数据分析来了解用户喜好和需求，并通过精准营销手段向用户提供更符合其兴趣和需求的内容和广告。

（二）移动应用对门户网站的影响和变革

1. 用户习惯变化以及其带来的门户网站变革

随着移动设备的普及和移动互联网的发展，用户习惯发生了显著的变化。越来越多的用户倾向于使用移动应用程序获取信息和服务，而不再依赖传统的门户网站。下面将详细分析用户习惯变化的原因和对门户网站的影响，并提供相应的解决策略。

移动设备的普及是用户习惯变化的主要原因之一。随着智能手机和平板电脑的普及，用户可以随时随地使用移动设备进行上网和获取信息。相比于传统的桌面电脑，移动设备更加便携、易用和灵活，用户可以在公交车、咖啡厅甚至床上轻松浏览信息。这种便捷性使得用户更愿意使用移动设备，而不再局限于传统的门户网站。

移动互联网的发展也促使用户习惯发生了改变。移动互联网技术的不断创新，使得移动应用程序拥有更好的用户体验和更丰富的功能。用户可以通过应用商店下载各种各样的应用程序，满足个人化的需求。与此同时，移动应用程序还可以利用手机的各类传感器和定位功能，为用户提供更准确、实时的信息和服务。这种个性化和实时性也成为用户选择移动应用程序的理由之一。

用户习惯的变化对传统的门户网站产生了深远的影响。由于用户倾向于使用移动应用程序，访问门户网站的流量可能会下降，导致门户网站的用户黏性和活跃度下降。门户网站需要调整策略，充分适应用户的新习惯和需求。

门户网站应该开发移动应用程序，满足用户的便捷性和个性化需求。移动应用程序应该具有良好的用户界面和交互设计，提供简洁、快捷的操作方式。同时，移动应用程序还应该根据用户的兴趣和喜好，提供个性化的推荐和定制化的服务。这样可以提高用户的黏性和满意度，增加用户对门户网站的依赖。

门户网站需要优化移动端的用户体验。移动设备的屏幕和网络资源有限，门户网站需要针对移动设备进行页面优化和内容适配，提供快速加载和适合小屏幕浏览的内容。同时，门户网站还应该优化移动端的搜索功能和导航结构，使用户能够快速找到需要的信息和服务。

门户网站可以通过与移动应用程序的整合，实现跨平台的用户体验。用户在使用移动应用程序时，可以通过账号登录，同步其个人数据和偏好设置。这样可以实现用户在不同设备上的无缝切换和一致的使用体验，提升用户的便捷性和满意度。

2. 内容呈现方式变化带来的门户网站变革

随着移动设备的普及，用户对于内容呈现方式的需求也发生了变化。传统的门户网站页面在移动设备上的展示效果不佳，无法充分利用有限的屏幕空间和用户的触摸操作。因此，门户网站需要重新思考内容的呈现方式，以提供更简洁、直观和易于操作的用户界面，如图3-5所示：

门户网站需要进行界面设计的优化。在移动应用中，界面设计要考虑到移动设备的屏幕大小和分辨率，以及用户的触摸操作。界面元素的大小和排列方式应该经过精心设计，以确保在小屏幕上能够清晰展示，并且方便用户进行点击和滑动等手势操作。同时，门户网站还可以借鉴移动应用的界面设计风格，采用简洁、扁平化的视觉效果，增加用户的视觉吸引力和交互体验。

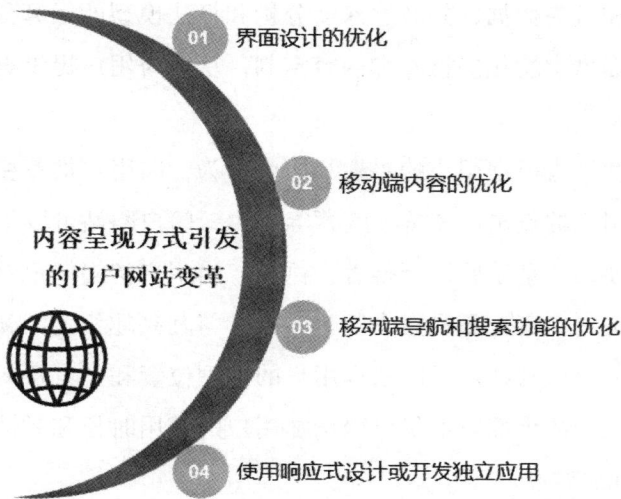

01 界面设计的优化

02 移动端内容的优化

内容呈现方式引发
的门户网站变革

03 移动端导航和搜索功能的优化

04 使用响应式设计或开发独立应用

图3-5　内容呈现方式引发的门户网站变革

门户网站需要对移动端的内容进行优化。由于移动设备屏幕较小，门户网站需要精选和精简内容，更加注重核心信息的呈现和传达。通过排版、字体和图像的调整，使得移动端的内容更加清晰、易读和易懂。此外，门户网站还可以通过折叠和下拉等技术手段实现内容的展开和收起，以便用户根据自身需求查看更多细节。

门户网站需要重视移动端的导航和搜索功能。在移动应用中，导航通常以菜单、标签或图标的形式呈现，方便用户快速定位和切换页面。门户网站可以借鉴这些设计，将导航结构简化为几个核心入口，避免过多层级的嵌套。此外，搜索功能也需要进行优化，提供智能搜索提示和自动补全功能，帮助用户快速找到所需信息。

门户网站可以使用响应式设计或开发独立的移动应用程序来适应移动设备的特点。响应式设计可以根据设备的屏幕大小和分辨率，自动调整页面布局和元素大小，以适应不同终端的展示需求。而独立的移动应用程序则可以更加灵活地针对移动设备进行界面设计和优化，提供更好的用户体验。无论采用哪种方式，门户网站都需要确保在移动端能够保持一致的品牌形象和用户体验。

3. 个性化推荐和内容定制带来的门户网站变革

移动应用的出现给门户网站带来了个性化推荐和内容定制的机会。通过收集用户的偏好和行为数据，并经过深度分析和算法模型的运算，门户网站可以针对不同用户提供个性化的推荐和内容定制，从而为用户提供更符合其兴趣和需求的信息和服务。

个性化推荐是指根据用户的兴趣和历史行为，向用户推荐相关的内容或产品。通过分析用户的点击、浏览、收藏等行为，门户网站可以了解用户的兴趣偏好和消费习惯，并基于此进行推荐。例如，当用户访问门户网站时，系统可以根据用户的历史浏览记录和点击行为，推荐与其兴趣相关的新闻文章、视频或商品。另外，门户网站还可以根据用户的地理位置和个人资料等信息，进行更精准的推荐。个性化推荐不仅可以增加用户的使用时长和黏性，还可以提高用户的满意度和忠诚度。

内容定制是指根据用户的偏好和需求，对门户网站的内容进行个性化的定制。通过收集用户的兴趣标签、关注领域等信息，门户网站可以为用户呈现更符合其兴趣的内容。例如，用户可以选择关注某个特定领域的新闻或文章，门户网站可以根据用户的选择，将相关的内容推送给用户。此外，门户网站还可以利用用户的互动行为和反馈意见，改进和优化已有的内容，并进行更精准的内容推荐。通过内容定制，门户网站可以提供更贴近用户需求的内容，增强用户的满意度和参与度。

为了实现个性化推荐和内容定制，门户网站需要进行数据收集与分析。首先，门户网站需要收集用户的兴趣和行为数据，包括用户的点击、浏览、收藏等行为数据，以及用户的个人资料和偏好标签等信息。然后，门户网站需要建立相应的数据分析和挖掘算法模型，对用户数据进行深度分析，了解用户的兴趣偏好和消费习惯。最后，门户网站需要根据算法模型的运算结果，为用户提供个性化的推荐和内容定制。

在实施个性化推荐和内容定制时，门户网站也需要注意一些问题。首先，用户的个人隐私和信息安全是非常重要的，门户网站需要确保用户数据的安全性和合法性，遵守相关的隐私政策和法律法规。其次，门户网站应该在个性化推荐和内容定制中保持用户的自主权，用户应当有权选择或取消个性化推荐和内容定制的服务。此外，门户网站还需要不断改进和优化个性化推荐算法，以提供更准确、精准和满足用户需求的推荐结果。

4. 移动支付和交易便利性带来的门户网站的变革

移动应用的普及推动了移动支付的发展和普及，使用户能够通过移动应用完成各种购物和付款行为，从而提高了交易的便捷性和安全性。门户网站可以整合移动支付功能，为用户提供更便利的交易方式，并促进用户的消费行为。

移动支付的普及改变了传统的支付方式，使用户不再需要携带现金或信用卡，只需在手机上安装相应的支付应用，即可方便地进行支付。无论是线上购物还是线下消费，用户只需扫描二维码或输入支付密码，即可完成支付，避免了排队等待和找零的时间浪费。同时，移动支付还支持多种支付方式，包括银行卡支付、电子钱包和第三方支付平台，用户可以根据自己的喜好和需求选择适合的支付方式。

移动支付提供了更安全的交易环境。传统的支付方式存在着一定的安全风险，例如信用卡信息泄露、假冒网站等。而移动支付通过采用加密技术和双重认证等安全措施，保障用户的支付安全。同时，移动支付还可以通过实时短信验证、指纹或面部识别等身份认证技术，提高支付的安全性。此外，移动支付还支持实时交易记录和账户查询功能，用户可以随时查看自己的交易明细，及时发现并处理异常交易情况。

移动支付还具有便于管理和控制的优势。通过移动支付，用户可以将多张银行卡、信用卡和电子钱包绑定到一个移动支付应用中，实现一键支付和统一管理。用户可以方便地查看和管理各种支付账户的余额、交易记录和优惠券等信息，避免了频繁登录不同银行或支付平台的麻烦。同时，移动支付还支持自动扣款和定期账单提醒功能，用户可以设置自动支付，避免因忘记支付而产生的逾期费用和罚款。

对于门户网站来说，整合移动支付功能可以为用户提供更便捷的购物和付款体验，促进用户的消费行为。通过移动支付，用户可以在门户网站上浏览和选择商品或服务，并直接通过移动应用完成支付，无须跳转到其他支付页面。这降低了用户的购买成本和支付认知负担，提高了用户的购买决策速度和转化率。同时，门户网站还可以通过与第三方支付平台的合作，为用户提供更多的支付选择和优惠活动，提高用户的购物满意度和忠诚度。

移动支付也面临一些挑战和问题。首先，电子支付市场竞争激烈，用户的支付习惯和信任是推动移动支付发展的关键因素。门户网站需要建立安全可靠、用户友好的支付环境，提供灵活多样的支付方式和便捷的支付流程，以吸引和留住用户。其次，移动支付涉及用户的个人隐私和信息安全，门户网站需要加强用户数据的保护，并遵守相关的隐私政策和法律法规。此外，移动支付还需要解决跨平台兼容性和技术标准等问题，以提高支付的互操作性和便捷性。

5. 社交互动和用户参与度提升带来的门户网站变革

移动应用通常具有社交互动的特性，如评论、分享、点赞等功能。当门户网站将这些社交功能整合到移动应用中时，可以提升用户之间的互动和参与度，增加用户黏性和活跃度。

社交互动功能可以促进用户之间的交流和讨论。通过在移动应用中添加评论功能，用户可以对文章、图片、视频等内容进行评论和回复。这使得用户可以更直接地表达自己的观点和意见，并且能够看到其他用户的反馈。用户之间的交流和讨论不仅可以增加用户的参与感，还可以促进沟通和交流，扩大用户的社交圈子。而通过移动应用的消息推送功能，用户可以及时收到其他用户的评论回复和消息提醒，增强了用户之间的互动效果。

社交功能可以增加用户对内容的分享和推荐。移动应用通常会提供分享功能，用户可以将自己喜欢的内容分享到社交平台，如微信、微博等。这不仅可以扩大内容的传播范围，还可以增加用户对内容的推荐权威性。用户的分享和推荐对其他用户来说是一种信任和认可的体现，能够吸引更多的用户来关注和参与。同时，通过社交功能还可以引导用户之间的相互关注和互动，建立用户社群和粉丝团体，进一步增强用户的参与度和归属感。

社交功能还可以提高用户的参与度和活跃度。通过在移动应用中添加点赞、收藏、关注等功能，用户可以对自己喜欢的内容或其他用户进行互动操作。例如，用户可以点赞表达对某一篇文章或图片的喜爱，可以收藏保存自己感兴趣的内容，还可以关注其他用户或主题标签，定期获取相关内容更新。这些互动操作不仅可以记录用户的兴趣和喜好，还可以激发用户的参与积极性，提高用户的活跃度和停留时间。

对门户网站来说，整合社交互动功能可以带来多重好处。首先，社交互动可以为门户网站提供更多的用户反馈和意见。通过用户的评论和回复，门户网站可以及时了解用户对内容的反馈和需求，进一步优化和改进网站的内容和功能，提高用户的满意度和忠诚度。其次，社交互动可以扩大门户网站的影响力和知名度。用户的分享和推荐可以将门户网站的内容传播到更广泛的用户群体，提升网站的曝光率和访问量。同时，通过用户之间的互动和交流，可以建立用户社群和粉丝团体，形成用户黏性，增加用户的忠诚度和活跃度。

在整合社交互动功能时，门户网站也要关注一些问题。首先，社交互动需要有一定的管理和监控机制，以防止不良信息和恶意评论的出现。门户网站需要建立完善的用户行为规范和投诉处理机制，及时清理违规内容，维护良好的社交环境。其次，社交互动需要用户的参与和互动，如果网站内容质量不高或用户量不足，可能会影响社交互动的效果。因此，门户网站需要不断提升内容质量，吸引更多的用户参与，提高社交互动的活跃度和效果。

6. 数据分析和精准营销带来的门户网站变革

移动应用带来了大量的用户行为数据，包括用户的浏览记录、搜索关键词、点击行为、购买行为等。这些数据对于门户网站来说具有重要的价值，通过对这些数据的分析和挖掘，可以更好地了解用户的兴趣、行为和偏好，从而进行精准的营销和广告投放。

通过数据分析可以深入了解用户的兴趣和需求。门户网站可以通过用户的浏览记录和搜索关键词来了解用户感兴趣的内容和主题，从而为用户提供更加贴合其需求的信息和服务。例如，如果一个用户经常浏览和搜索与旅游相关的内容，那么门户网站就可以向该用户推送旅游目的地、机票酒店优惠等相关广告和推荐内容，提高广告投放的准确性和效果。

通过数据分析可以了解用户的行为偏好和消费习惯。门户网站可以通过分析用户的点击行为、购买行为等来了解用户对不同类型内容的偏好和喜好，进而根据用户的消费习惯进行精准的广告投放。例如，如果一个用户经常点击和购买与美容护肤相关的产品，那么门户网站可以向该用户推送美容护肤品牌的广告和促销活动，提高广告投放的转化率和回报率。

通过数据分析可以进行用户画像和细分。门户网站可以将用户根据其兴趣、行为和偏好进行分类和分群，进而针对不同用户群体展开精准的营销活动。例如，对于喜欢篮球的用户群体，门户网站可以向其推送相关的篮球赛事、球队动态和篮球装备的广告，提高广告的点击率和转化率。通过细分用户群体，门户网站可以更加有效地满足用户的需求，提高用户的满意度和忠诚度。

对于门户网站来说，数据分析和精准营销带来多重好处。首先，通过数据分析可以了解用户的真实需求和行为习惯，提供更加贴合用户需求的产品和服务，增强用户的体验和满意度。其次，精准营销可以提高广告的点击率和转化率，提高广告主的回报率和投资效益。通过为广告主提供精准的广告服务，门户网站可以吸引更多的广告客户，增加广告收入。此外，通过数据分析还可以发现潜在的商业机会，提供更多的增值服务和付费内容，进一步增加门户网站的盈利能力。

数据分析和精准营销也面临一些挑战。首先，隐私保护是数据分析和精准营销中需要关注的重要问题。门户网站需要遵守相关的数据保护法规，保护用户的个人隐私和信息安全。其次，数据分析需要具备专业的技术和人才支持。门户网站需要建立完善的数据分析平台和团队，进行数据清洗、处理和挖掘，提取有价值的信息和洞察。此外，用户反馈和监测也是数据分析和精准营销的重要环节，门户网站需要及时收集和分析用户的反馈意见，不断优化和改进广告投放策略。

（三）门户网站的移动化战略和用户体验优化

1. 移动化战略

移动化战略对于门户网站的发展具有重要意义。通过开发移动应用、建设移动网站和推广移动服务，门户网站可以提供更便捷、快速、个性化的服务，满足用户在移动设备上的需求。下面将详细介绍移动化战略的三个方面，如图3-6所示：

开发移动应用是一种常见的移动化战略。门户网站可以根据不同移动设备的特点和用户需求，开发适应性强的移动应用程序。移动应用可以在用户设备上直接安装和使用，提供更良好的用户体验。通过移动应用，用户可以随时随地浏览门户网站的内容，进行交流和互动，获取个性化推荐等。此外，门户网站还可以通过应用商店等渠道进行移动应用的推广，吸引更多的用户下载和使用。

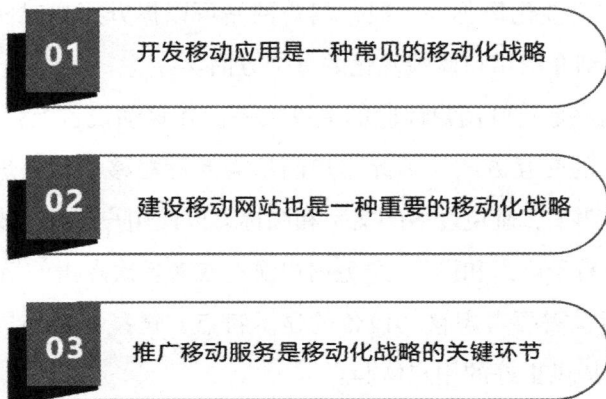

图3-6　门户网站移动化战略

建设移动网站也是一种重要的移动化战略。移动网站采用响应式设计，能够根据用户所使用的移动设备自动调整布局和功能，以适应不同屏幕分辨率的要求。通过建设移动网站，门户网站可以让用户在手机、平板等移动设备上方便地浏览、搜索和获取内容，提供更好的移动浏览体验。同时，移动网站还可以与移动应用相互补充，使用户可以根据自己的需求选择使用移动应用或者移动网站。

推广移动服务是移动化战略的关键环节。门户网站可以利用社交媒体、应用商店等多种渠道进行移动服务的推广。通过在社交媒体上发布、分享移动应用的相关信息，门户网站可以增加用户对移动服务的认知度和下载意愿。另外，与应用商店合作，将移动应用推荐到热门推荐、精品推荐等榜单中，也有助于提高用户发现和下载移动应用的机会。此外，门户网站还可以通过运营和市场营销手段，如举办线上活动、提供优惠券等，吸引用户积极参与和使用移动服务。

在执行移动化战略时，门户网站需要注意以下几点。首先，要根据目标用户和市场需求，制定合理的移动化战略，并保持与移动技术的更新迭代同步。其次，移动应用和移动网站的开发需要注重用户体验，考虑到移动设备的特点和用户操作习惯，提供简洁明了、易于操作的界面设计。最后，推广移动服务需要灵活多样的方式，同时要注意保护用户隐私和信息安全，提供可靠的服务品质。

2. 用户体验优化

用户体验优化是门户网站发展过程中非常重要的一环。通过界面设计优化、快速加载速度和个性化推荐等手段，门户网站可以提升用户对网站的满意度和黏性。下面将详细介绍用户体验优化的三个方面。

界面设计优化是提升用户体验的关键之一。在移动设备上，屏幕大小有限，触摸操作是主要的交互方式，因此门户网站需要针对移动设备进行界面设计优化。界面应简洁明了，避免过多的文字和图标，以便用户快速浏览和操作。按钮和菜单的设计要易于点击和操作，避免用户误点或者多次点击的情况发生。同时，界面颜色和排版也需要考虑移动设备的显示特点，选择适合小屏幕的配色方案和字号尺寸，以提供更好的用户体验。

快速加载速度对于移动设备尤为重要。由于移动设备通常具有有限的网络速度和带宽，门户网站需要优化页面的加载速度，以提升用户体验。为了实现快速加载，可以采用一系列技术手段。例如，压缩图片大小、减少 HTTP 请求、使用缓存等，都可以减少网页加载时间。此外，还可以采用异步加载和延迟加载的方式，优化页面的加载顺序，使用户能够更快地浏览和查看内容。

个性化推荐是提升用户体验的有效手段之一。门户网站可以通过数据分析和机器学习算法，深入了解用户的兴趣和偏好，并根据这些信息提供个性化的推荐服务。通过推荐相关内容、资讯和服务，可以提高用户对网站的兴趣和参与度。个性化推荐可以在用户登录后进行，也可以通过匿名用户的浏览行为进行，以满足不同用户的需求和提供个性化的服务体验。

在进行用户体验优化时，门户网站需要注意以下几点。首先，要结合用户调研和用户反馈，不断改进和优化界面设计，以满足用户的需求和期望。其次，要注重技术优化，运用合适的技术手段提升网页的加载速度和响应速度。最后，个性化推荐需要合理运用数据分析和机器学习算法，保护用户隐私和信息安全，提供可信赖的推荐服务。

第二节　门户网站的商业模式与盈利方式

一、门户网站的主要商业模式解析

（一）广告支持模式

广告支持模式是门户网站常用的盈利模式之一，通过向广告主提供广告位进行投放，然后根据广告的曝光次数或点击次数收取费用来实现盈利。

1. 广告投放方式

广告投放方式对于门户网站的盈利和商业模式非常重要。下面将介绍四种常见的广告投放方式，如图 3-7 所示：

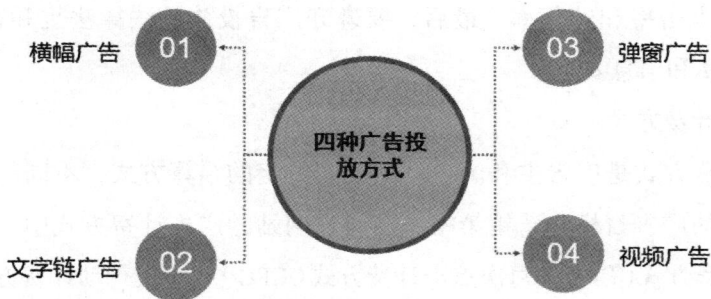

图3-7　四种广告投放方式

横幅广告，这是一种常见的广告形式。横幅广告通常出现在页面的顶部、底部或侧边等位置，在用户浏览内容的同时展示相关广告。横幅广告通常以图片或动画的形式呈现，可以引导用户点击进入广告主的网站或落地页。横幅广告的优势是可以在页面上显眼的位置展示广告内容，但也容易被用户忽视或忽略。

文字链广告，这是一种将广告链接以文字形式嵌入到网页内容中的广告形式。文字链广告通常会在相关内容或关键词出现的位置展示，以增加广告的曝光和点击率。文字链广告相对于横幅广告更为隐蔽，但也更容易与网页内容融合，提高用户点击的可能性。

弹窗广告，这是一种在用户进入、退出或浏览时弹出广告窗口的形式。弹窗广告可以突然出现在用户面前，吸引用户的注意力。弹窗广告通常以图片、动画或视频的形式展示，可以展示更丰富的内容和信息。然而，弹窗广告也容易被用户视为干扰和打扰，因此需要在广告投放时控制频率和时机，以避免对用户体验造成负面影响。

视频广告，这是一种在网站页面或移动应用中播放视频广告的方式。视频广告可以通过引入吸引人的视觉和声音效果，吸引用户的注意力和兴趣。视频广告常常具有较高的互动性，例如可以提供跳过广告的选项、点击进入广告主网站等。然而，视频广告的投放需要注意视频内容的长度和播放时长，以避免对用户体验造成过大负担。

在进行广告投放时，门户网站需要注意以下几点。首先，要根据站点的定位和用户群体选择合适的广告形式。不同的广告形式适合不同的网站内容和用户偏好。其次，要确保广告内容与网站内容相关，并具有吸引力和创意性，以提高广告的点击率和转化率。最后，要遵守广告投放的法律法规和行业规范，保护用户隐私和信息安全。

2. 广告计费方式

广告计费方式是广告主和门户网站之间约定的结算方式，不同的计费方式适用于不同的广告目标和营销策略。在门户网站的广告计费方式中，常见的有千次曝光计费方式（CPM）、每次点击计费方式（CPC）和每次行动计费方式（CPA）三种方式。

千次曝光计费方式（CPM）：广告主按照广告在门户网站上显示一定次数（通常是1000次）的费用进行结算。这种计费方式适合那些希望提高品牌知名度和曝光度的广告主。对于广告主来说，千次曝光计费方式能够确保他们的广告被尽可能多的用户看到，无论是否产生点击或特定行动。对于门户网站来说，千次曝光计费方式可以为他们带来稳定的收入，尤其是在流量较大的页面上。

每次点击计费方式（CPC）：广告主按照广告被用户点击的次数进行费用结算。这种计费方式适合那些希望增加网站访问量和获取潜在客户的广告主。对于广告主来说，每次点击计费方式可以有效地控制广告投放成本，只有当用户点击了广告才需要支付费用。对于门户网站来说，每次点击计费方式可以鼓励他们提供高质量的广告，同时也能够吸引更多广告主参与竞价排名。

每次行动计费方式（CPA）：广告主按照广告引导用户完成特定行动（如注册、购买等）的次数进行费用结算。这种计费方式适合那些希望实现具体转化目标和增加销售量的广告主。对于广告主来说，CPA计费方式可以让他们根据实际的转化情况进行费用支付，更加精确地评估广告效果。对于门户网站来说，CPA计费方式可以增加广告主的投放积极性，同时也有利于提高广告的质量和转化率。

在选择广告计费方式时，广告主和门户网站需要综合考虑自身的需求和目标，并充分了解各种计费方式的优缺点。例如，千次曝光计费方式注重广告的曝光量，但无法保证用户的点击和转化率；每次点击计费方式注重广告的点击量，但无法保证用户的转化率；CPA计费方式注重广告的转化量，但可能会因为转化目标设定得过高而导致广告成本过高。因此，在选择广告计费方式时，需要根据具体情况进行权衡和取舍。

（二）电子商务模式

电子商务模式是门户网站常用的盈利模式之一，通过建设电商平台，提供商品销售和相关服务来实现盈利。

1. 电商平台建设

电商平台建设是门户网站为了搭建一个在线购物平台而进行的一系列工作。它涉及商品展示、购物车和结算以及物流配送等方面。

商品展示是电商平台建设的核心内容之一。门户网站需要提供一个直观、清晰的商品展示页面，展示商品的详细信息，包括商品名称、价格、描述、图片等。此外，还可以提供商品分类、筛选、搜索等功能，方便用户根据需求找到自己感兴趣的商品。良好的商品展示页面设计可以吸引用户的注意力，促使他们进行购物行为。

购物车和结算是电商平台建设的重要组成部分。门户网站需要提供购物车功能，让用户将感兴趣的商品加入购物车，方便后续的结算和支付。购物车应该具备添加、删除、修改商品数量等基本操作，并能够实时更新商品的总价格。当用户确定购买商品后，门户网站需要提供安全可靠的结算渠道，支持多种支付方式，保护用户的个人信息和支付安全。

物流配送是电商平台建设中不可或缺的环节。门户网站需要与物流公司建立合作关系，确保商品能够及时、准确地送达给用户。物流配送包括订单的生成、包装、发货、运输和签收等环节，门户网站需要提供相应的系统支持，让用户能够跟踪订单的状态，并及时与物流公司进行沟通。良好的物流配送体验可以提升用户对电商平台的信任度和满意度，促进再次购买。

除了上述三个方面，电商平台建设还涉及其他重要的内容，如支付安全、售后服务、用户评价等。支付安全是保证用户资金安全的关键，门户网站需要采用符合标准的支付系统，确保用户的支付信息得到有效保护。售后服务是提供给用户的一种增值服务，包括退换货、维修保养等，门户网站需要建立完善的售后服务体系，提供及时、高效的解决方案。用户评价是其他用户对商品和服务的评价和反馈，门户网站需要提供一个公正、透明的评价系统，帮助用户做出更明智的购物决策。

2. 收益来源

门户网站的收益来源主要包括销售佣金、广告收入和增值服务收费三个方面。

销售佣金是门户网站的主要收益来源之一。门户网站作为电商平台，提供商品展示和交易服务，当用户在门户网站上购买商品时，门户网站会从商家的商品销售额中抽取一定比例的佣金作为收益。这种模式适用于那些依托门户网站平台进行商品销售的商家。通过向商家收取销售佣金，门户网站可以获得稳定的收入，并且与商家共享销售风险。

广告收入也是门户网站的重要收益来源之一。门户网站除了提供商品销售服务外，还可以在电商平台上提供广告位，向广告主收取广告费用。门户网站可以通过大量的用户流量，将广告展示给潜在的消费者，帮助广告主提高品牌曝光度和销售量。门户网站可以根据广告形式（如横幅广告、插屏广告、原生广告等）以及广告展示量和点击量等指标，制定合理的广告收费标准，从而获得广告收入。

门户网站还可以通过提供增值服务来获取收费。这些增值服务包括店铺装修、推广服务、数据分析、物流配送等。门户网站可以根据商家的需求，提供针对性的增值服务，并向商家收取一定费用。这种模式适用于那些希望通过门户网站平台促进业务发展的商家。通过提供增值服务，门户网站可以帮助商家提升店铺形象、增加曝光度和销售额，并在此过程中实现收费。

（三）订阅模式

订阅模式是门户网站的一种盈利模式，通过提供高级内容或专属服务，吸引用户进行付费订阅，从而实现盈利。

1. 高级内容订阅

高级内容订阅是门户网站的另一种收益来源方式，主要包括付费文章、数据报告和视频课程。

门户网站可以提供付费文章。这些付费文章通常是深度报道、专业分析等高质量的内容，具有独特的观点和价值。门户网站可以将这些付费文章设置为订阅内容，用户需要支付一定费用才能获取。通过提供高质量的付费文章，门户网站可以吸引那些对特定领域或主题感兴趣的用户进行订阅。这种模式不仅可以为门户网站带来稳定的收入，还能够提高内容的质量和专业性。

门户网站可以提供独家的数据报告和市场研究。这些数据报告和市场研究可以涵盖各个行业和领域，包括消费趋势、市场竞争情况、用户调研等。门户网站可以将这些独家的数据报告和市场研究设置为付费订阅内容，用户需要支付一定费用才能获取。这种订阅模式适用于那些对市场信息敏感、有专业需求的用户。通过提供独家的数据报告和市场研究，门户网站不仅可以为用户提供有价值的信息，还能够获得稳定的收益。

门户网站可以提供付费的在线视频课程。这些视频课程可以涵盖各种领域的知识和技能，如商业管理、市场营销、编程开发等。门户网站可以将这些付费的在线视频课程设置为订阅内容，用户需要支付一定费用才能学习。通过提供有价值的视频课程，门户网站可以吸引那些渴望学习和提升自己的用户进行订阅。这种模式不仅可以为门户网站带来收入，还能够为用户提供学习和成长的机会。

2. 专属服务订阅

专属服务订阅是门户网站为用户提供的一种增值服务方式，主要包括 VIP

会员、咨询服务和定制化服务。

门户网站可以提供 VIP 会员服务。通过订阅 VIP 会员，用户可以享受更多特权和优惠。这些特权和优惠可以包括独家活动、免费赠品、限时促销、折扣等。VIP 会员可以获得更好的用户体验和个性化服务，从而增强用户对门户网站的黏性和忠诚度。此外，VIP 会员的收费模式可以是按月、按年或一次性付费等不同方式，以满足不同用户的需求。

门户网站可以提供专业的咨询服务。这些咨询服务通常由行业专家、顾问团队或资深编辑提供，涵盖各个领域的专业知识和建议。用户可以通过订阅来获得个性化的咨询和建议，解决自己在工作、学习或生活中遇到的问题。咨询服务可以以在线咨询、电话咨询、邮件咨询等形式进行，并根据咨询的时间、频率和内容来确定收费标准。

门户网站可以提供定制化的服务。这些定制化服务根据用户的需求进行个性化定制，以满足用户的特定需求。例如，用户可以订阅特定主题的新闻快讯，门户网站会定期向用户推送相关的新闻和信息。另外，门户网站还可以根据用户的需求为其提供定制的专属报告、研究成果或分析结果等。这种定制化服务的收费模式可以是按需付费或按订阅周期付费等。

二、门户网站的广告和推广收入来源

（一）网页广告

网页广告是在网页上以各种形式展示的广告内容，旨在吸引用户的注意力，传达广告主的宣传信息。常见的网页广告形式包括横幅广告、文本链接广告和视频广告。

横幅广告是一种常见的网页广告形式。它通常位于网页顶部或底部，以横向扩展的形式展示。横幅广告可以包含文字、图像和动画等元素，通过醒目的设计吸引用户的目光，并向用户传达广告主的宣传信息。横幅广告具有广告位面积大、视觉冲击力强的特点，适合用于品牌推广和产品宣传。

文本链接广告是另一种常见的网页广告形式。它将广告内容以超链接的形式嵌入到网页的文本中。文本链接广告通常以蓝色或其他与页面文本颜色不同的颜色进行标识，以便用户识别。用户可以通过点击链接来获取更多相关信息。文本链接广告具有不占用太多页面空间、与页面内容融合度高的特点，可以提供精准的广告投放和个性化的广告体验。

视频广告也是一种常见的网页广告形式。视频广告以视频的形式展示广告内容。它可以在网页的特定位置播放，也可以通过弹出窗口或插件的形式呈现。视频广告通过视觉、音频和动画效果吸引用户的注意力，提高广告的传达效果。视频广告适用于讲述复杂故事、生动展示产品功能或品牌形象的宣传。

（二）搜索引擎营销

1. 关键词选择

关键词选择是网页广告投放的重要一环。广告主需要根据其产品或服务的特点和目标受众的需求，选择与之相关的关键词。关键词的选择应考虑用户的搜索习惯和搜索意图，以提高广告的曝光度和点击率。在进行关键词选择时，广告主可以采用以下方法，如图3-8所示：

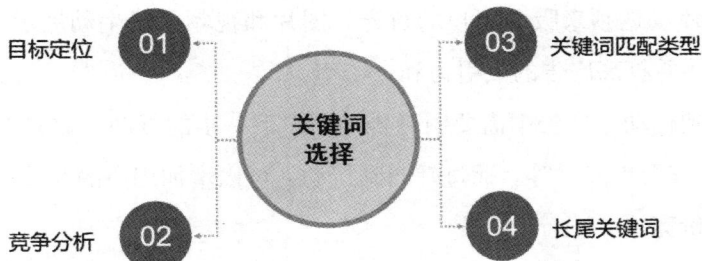

图3-8　关键词选择

目标定位。明确广告的目标受众，并了解他们的兴趣、需求和搜索习惯。通过调研和分析，找出与目标受众相关的关键词，以满足他们的信息需求。

竞争分析。了解竞争对手的广告策略和关键词选择，找到潜在的机会和差异化的关键词。同时，也可以参考竞争对手的关键词表现和排名情况，优化自己的关键词选择。

关键词匹配类型。根据广告主的需求和预算，选择适合的关键词匹配类型。常见的匹配类型包括精确匹配、广泛匹配和短语匹配。不同的匹配类型对应着不同的点击率和成本，需要根据实际情况进行选择和优化。

长尾关键词。除了常见的热门关键词外，广告主还可以考虑选择长尾关键词。

长尾关键词指的是搜索量较低但更具有针对性和特殊需求的关键词。选择长尾关键词可以提高广告的点击率和转化率，并降低点击成本。

2. 广告创意设计

广告创意设计也是网页广告投放中至关重要的一环。一个吸引人的广告创意可以吸引用户的注意力，提高广告的点击率和转化率。以下是一些广告创意设计的要点：

广告标题。广告标题是用户最先看到的内容，应该简洁明了、突出亮点，并能激发用户的兴趣。可以使用促销词语、形象词语和独特的卖点来吸引用户点击。

广告描述。广告描述是进一步展示产品或服务特点的地方，应该突出广告主的优势和差异化，并传达清晰的价值主张。同时，广告描述应该具备说服力和可信度，以增加用户点击的动机。

图片和视频。如果广告平台支持图片或视频的展示，可以通过精心选择和设计的图片或视频来吸引用户的目光。图片和视频可以生动展示产品的特点和使用场景，并提高广告的吸引力和点击率。

呼叫到行动。广告中需要明确告知用户下一步的行动，如"立即购买""免费试用""查看更多"等。通过呼叫到行动，可以增加用户的互动和转化机会。

3. 出价竞拍

出价竞拍是网页广告投放中的一项重要策略。广告主需要设置每次点击广告时愿意支付的最高价格，在竞争激烈的广告市场中获得优质的广告展示位置。而搜索引擎会根据广告质量和出价进行排序，以决定广告的展示顺序。在进行出价竞拍时，广告主可以考虑以下因素：

广告预算。广告主需要设定一个合理的广告预算，根据自身的营销目标和资金状况，确定每次点击广告的最高价格。同时，还需要密切关注广告的点击率和转化率，进行成本效益的评估和调整。

竞争对手情况。了解竞争对手的出价情况、广告质量和展现效果，可以帮助广告主做出更准确的出价策略。如果竞争对手的出价较高，广告主可以考虑选择其他关键词或调整广告创意，以寻找更有性价比的机会。

广告质量评估。搜索引擎会根据广告质量进行排序，因此，广告主需要注意优化广告的质量得分。提高广告的相关性、点击率和转化率，可以提高广告的质量得分，从而在出价竞争中获得更好的展示位置。

4. 点击流量转化

点击流量转化是指广告点击后是否能够转化为实际的销售或目标行为。广告主需要关注广告的点击流量转化情况，通过对数据进行分析和优化，提高广告的转化率和投资回报率。在进行点击流量转化优化时，广告主可以考虑以下策略：

目标设置。明确广告的转化目标，并设置相应的转化标记。例如，通过购买按钮、注册表单或电话号码等方式，跟踪广告点击后的转化行为。

数据分析。通过数据分析工具，追踪广告的点击流量和转化情况。关注广告的点击率、转化率和转化成本等指标，找出优化的空间。在进行数据分析时，广告主可以采取以下措施，见表3-2所列：

表 3-2　广告主进行数据分析时采取的措施

采取措施	具体措施分析
排除无效点击	排除无效点击可以帮助广告主减少不必要的广告费用,并提高广告的转化率。通过设置屏蔽关键词、地理位置过滤等手段,过滤掉与广告主产品或服务无关的点击流量
分析用户行为	通过分析用户的行为路径和停留时间,了解广告点击后用户的访问行为。可以通过网站统计工具或者数据分析软件来获取这些信息。根据这些数据,广告主可以优化广告落地页的布局和内容,提高用户的转化率
进行A/B测试	通过A/B测试,对比不同的广告创意、落地页设计、按钮文案等因素对广告转化率的影响。通过对比和分析测试结果,找到最优的广告策略和优化方向

定期优化。点击流量转化并非一成不变，广告主需要定期进行优化和调整。分析广告的数据趋势和变化，及时调整关键词选择、出价策略和广告创意，以适应市场和用户需求的变化。在进行点击流量转化优化时，广告主还需注意以下注意事项：

第一，数据隐私保护在进行数据分析和优化时，广告主需要遵守相关的隐私法规和政策，保护用户的个人信息和隐私不被滥用。第二，监控广告平台变化。广告平台的算法和规则可能会不断变化，广告主需要密切关注平台的更新和变化，及时进行调整和优化。第三，综合考虑多项指标。除了转化率和点击成本，广告主还应综合考虑其他指标，如 ROI（投资回报率）、注册率、销售额等，从整体效果来评估广告的点击流量转化情况。

通过关键词选择、广告创意设计、出价竞拍和点击流量转化优化，广告主可以提升网页广告的曝光度、点击率和转化率，从而获得更好的广告效果和投资回报。同时，定期监测和优化广告表现，也有助于持续改进广告策略，应对市场和竞争的变化。

（三）品牌推广和合作

1.品牌推广活动

品牌推广活动是现代企业营销中非常重要的一环，门户网站作为信息传播的主要渠道之一，具有丰富的用户群体和广泛的覆盖面，成为企业进行品牌推广的理想平台。

联合营销活动是门户网站与企业合作的一种常见形式。通过与其他企业合作，共同推广产品或服务，可以实现资源共享、受众扩大和提升宣传效果的目的。例如，门户网站可以与某品牌合作，推出限时优惠活动，吸引用户关注和购买；或者与其他行业相关企业合作，打造跨界合作活动，增加品牌曝光度和知名度。

赞助活动也是门户网站与企业合作的一种常见方式。企业可以选择赞助特定的活动或项目，在活动中获得广告曝光和品牌宣传机会。门户网站可以根据赞助企业的需求，安排特定位置的广告展示，以及在活动中加入企业品牌元素，通过活动的吸引力和影响力，提高品牌知名度和用户认知度。

抽奖活动也是一种常见的品牌推广方式。门户网站可以与企业合作，共同举办抽奖活动，通过参与抽奖的用户获取品牌相关的奖品或优惠，吸引用户参与和关注。抽奖活动可以结合社交分享要求，增加活动的传播范围和影响力，同时也为企业收集用户信息提供了机会。

在进行品牌推广活动时，门户网站需要与企业进行合作协商，明确合作方式、活动形式、目标受众以及投放预算等方面的信息。门户网站可以根据企业的需求和预期效果，提供相关推广策略和方案，并利用自身的资源和技术优势，使品牌推广活动更加精准、有效。

2. 广告合作

广告合作是门户网站与企业之间的一种合作方式，旨在展示企业的广告内容，以达到品牌推广的目的。广告合作的具体细节通常包括合作方式、广告位置、广告形式和收费方式等方面的协商。下面将详细介绍这些方面。

合作方式。广告合作的方式可以有多种选择，例如直接购买广告位、按照点击量或展示次数进行付费（CPM 或 CPC）、与门户网站共同参与联合营销活动等。合作方式的选择要根据企业的实际需求和预算来决定，以确保广告投放能够达到最佳效果。

广告位置。广告在门户网站上的位置对于广告的传递效果非常重要。通常来说，门户网站会提供不同的广告位置供企业选择，例如首页顶部横幅广告、侧边栏广告、文章内嵌广告等。选择合适的广告位置取决于企业的目标受众群体和广告内容的特点，以确保广告能够吸引用户的注意力并获得更多的曝光。

广告形式。广告形式是指广告的呈现方式和内容形式。在门户网站上，常见的广告形式包括图像广告、视频广告、文字链广告等。选择合适的广告形式要考虑到目标受众群体的兴趣和门户网站的特点，以确保广告能够与用户的内容浏览体验相协调，并且能够有效地传递广告主的信息。

收费方式。广告合作的收费方式是广告投放必须考虑的一个重要因素。常见的收费方式包括按照点击量、展示次数或固定时间段来计费。收费方式要根据广告的预期效果和企业的预算来进行协商确定，以确保广告投放的成本和效果之间的平衡。

3. 内容合作

内容合作是门户网站与企业之间的一种合作形式，通过共同创作或发布相关内容，以达到相互促进的效果。这种合作方式可以为企业传达其专业知识和价值观，提升品牌形象和用户忠诚度。下面将详细介绍内容合作的意义、方式和实施步骤。

内容合作对企业来说具有重要意义。首先，通过与门户网站合作进行内容创作，企业可以借助门户网站广泛的用户群体，将自身的专业知识和价值观传递给更多的人群。其次，内容合作可以提升企业的品牌形象。通过与门户网站合作，企业可以提供有价值、有深度的内容，吸引用户的关注和认可，从而建立一个积极向上的品牌形象。最后，内容合作还可以增加用户的忠诚度。通过提供有质量、有趣的内容，企业可以与用户建立更紧密的联系，增加用户对品牌的依赖和忠诚度。

内容合作可以通过多种方式实施，举例几种常见的合作方式：

第一，撰写专栏文章。企业可以与门户网站合作，共同撰写专栏文章。这种方式可以将企业的专业知识和经验分享给用户，提供有价值的行业信息和观点，同时也为企业树立了专业形象。

第二，发布品牌故事。企业可以通过与门户网站合作，发布一些与品牌相关的故事。这些故事可以包括企业的发展历程、创新成果、社会责任等方面的内容。通过讲述品牌的故事，可以增加用户对品牌的认知和好感度。

第三，举办主题活动。企业可以与门户网站合作，举办一些与企业品牌相关的主题活动。这些活动可以是线上的讨论会、座谈会，也可以是线下的展览会、公益活动等。通过主题活动，企业可以与用户进行互动，增加用户对品牌的参与感和认同感。

要实施内容合作，需要经过以下几个步骤，如图3-9所示：

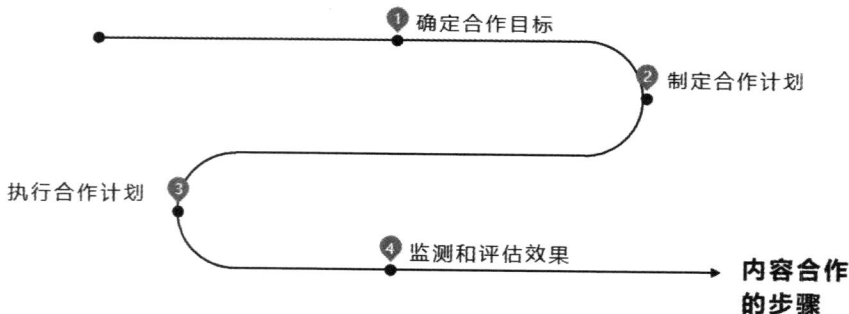

图3-9　内容合作的步骤

第一步：确定合作目标。首先，企业和门户网站需共同确定合作的目标和意义。双方应明确希望通过内容合作达到什么样的效果，为合作奠定基础。

第二步：制定合作计划。根据合作目标，双方需要制定详细的合作计划，包括内容创作的主题和形式、发布的时间和频率等。双方还需商议好内容的版权、署名等相关事宜。

第三步：执行合作计划。按照合作计划的安排，双方开始执行内容合作。企业可以提供专业知识和资源，门户网站负责撰写、编辑和发布内容。

第四步：监测和评估效果。实施内容合作后，双方需要进行效果的监测和评估。可以通过数据分析、用户反馈等方式，了解合作的成效，并对合作策略进行调整和优化。

4. 社交媒体推广

社交媒体推广是门户网站与企业之间的一种合作形式，通过在社交媒体平台上共同推送品牌相关的内容和活动，吸引更多的用户关注和参与。这种合作方式可以为企业扩大曝光度，增加品牌知名度，提升用户互动和忠诚度。下面将详细介绍社交媒体推广的意义、方式和实施步骤。

社交媒体推广的意义。社交媒体已经成为人们日常生活中不可或缺的一部分，拥有庞大的用户群体和强大的传播力。因此，通过与门户网站在社交媒体平台上展开合作推广，对企业来说具有重要意义。首先，社交媒体推广可以扩大企业的曝光度。通过在社交媒体上发布品牌相关的内容，将企业的信息传播给更多的人群，提高企业的知名度和影响力。其次，社交媒体推广可以增加用户互动和参与。社交媒体平台提供了丰富的互动功能，企业可以通过与用户的互动，了解用户需求和意见，并促进用户对品牌的参与和忠诚度。

社交媒体推广的方式。社交媒体推广可以通过多种方式实施，列举几种常见的社交媒体推广方式：

第一，品牌宣传。企业可以与门户网站合作，在社交媒体上进行品牌宣传。这包括发布品牌故事、产品介绍、品牌文化等内容，以吸引用户的关注和认可。第二，活动推广。企业可以与门户网站合作，在社交媒体上推广企业举办的相关活动。这包括线上线下的活动，如抽奖、打卡、分享等，通过社交媒体的互动功能，吸引用户参与，并增加品牌曝光度。第三，用户互动。企业可以与门户网站合作，通过问答、调查等形式，在社交媒体上与用户进行互动。这不仅可以增加用户参与和忠诚度，还可以获取用户反馈和需求，为品牌提供改进和优化的方向。

社交媒体推广的实施步骤。要实施社交媒体推广，需要经过以下几个步骤，如图 3-10 所示：

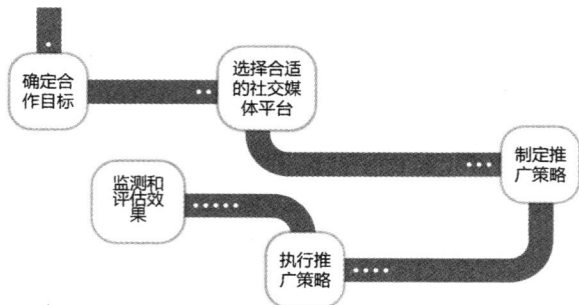

图3-10　社交媒体推广实施步骤

确定合作目标。企业和门户网站需共同确定合作的目标和意义。双方应明确希望通过社交媒体推广达到什么样的效果，为合作奠定基础。

选择合适的社交媒体平台。根据目标受众和推广内容，双方需要选择合适的社交媒体平台。不同的社交媒体平台有各自独特的用户群体和特点，选择适合的平台可以提高推广效果。

制定推广策略。根据合作目标和选择的社交媒体平台，双方需要制定详细的推广策略。策略包括内容创作、发布时间和频率、互动方式等，还需商议好内容的版权、署名等相关事宜。

执行推广策略。按照推广策略的安排，双方开始执行社交媒体推广。企业可以提供品牌相关的内容，门户网站负责撰写、编辑和发布内容，双方共同推送。

监测和评估效果。实施社交媒体推广后，双方需要进行效果的监测和评估。可以通过数据分析、用户反馈等方式，了解推广的成效，并对推广策略进行调整和优化。

三、门户网站的其他盈利方式和创新模式

（一）数据挖掘和分析

门户网站数据处理的流程主要包括数据收集、清洗和整理、数据分析和挖掘，以及个性化推荐等环节。

1. 数据收集

门户网站可以通过多种方式收集用户的行为数据。其中，最常用的方式是通过用户登录、浏览记录、搜索记录等来获取用户的行为数据。这些数据可以

包括用户的点击行为、访问时长、搜索关键词等。此外，门户网站还可以利用第三方工具和 API 获取用户在其他平台上的数据，以扩展数据来源。

2. 数据清洗和整理

获取的原始数据通常包含噪音和冗余信息，需要进行清洗和整理。数据清洗的过程主要包括去除重复数据、纠正错误数据等，以确保数据的准确性和完整性。在数据整理的过程中，可以对数据进行格式转换、归一化处理等操作，以便后续的数据分析和挖掘。

3. 数据分析和挖掘

通过使用数据分析和挖掘技术，可以从大量的数据中发现潜在的模式、趋势和规律，从而为门户网站提供有价值的洞察和决策支持。常用的数据分析和挖掘方法包括统计分析、机器学习、数据挖掘算法等。例如，可以使用关联规则挖掘用户的购买行为，以发现不同商品之间的关联性；可以使用聚类分析将用户分组为不同的兴趣群体，以提供更精准的服务和内容推荐。

4. 个性化推荐

根据用户的兴趣和行为数据，门户网站可以采用个性化推荐算法为用户提供定制化的内容和服务推荐。常用的推荐算法包括协同过滤、内容过滤和深度学习等。个性化推荐的目标是根据用户的个人特征和偏好，预测用户可能感兴趣的内容，并将其呈现给用户。通过不断优化算法和反馈机制，可以提高个性化推荐的精准度和效果，增强用户的满意度和忠诚度。

（二）内容付费

门户网站实施付费内容模式的关键步骤包括内容策划和制作、定价和订阅方式、会员权益和服务，以及营销和推广。

1. 内容策划和制作

内容策划和制作是门户网站成功吸引用户付费访问的关键步骤。下面将从目标受众需求和兴趣、独特价值和吸引力以及挖掘和分析需求等方面详细介绍。

针对目标受众的需求和兴趣来进行内容策划和制作。了解目标受众的特点、喜好和需求是让他们产生付费欲望的重要前提。通过市场调研、用户反馈和数据分析等方式，可以了解到目标受众的具体需求和兴趣点。比如，如果目标受众是年轻人群,可能对时尚、娱乐和科技等话题更感兴趣;而如果是职场人士,则可能对职业发展、行业动态等内容更有需求。根据这些信息,可以有针对性地制定内容策略,满足目标受众的需求。

制作具有独特价值和吸引力的内容是吸引用户付费访问的关键。门户网站需要提供与众不同的、高质量的内容,才能吸引用户愿意为之付费。这可以通过以下几个方面来实现。

专家访谈是提供独特价值的重要手段之一。通过邀请行业内的专家、学者或知名人士进行深入访谈,可以为用户提供权威和有深度的信息,并与其他平台形成差异化竞争。

深度报道是制作吸引人的内容的另一个途径。门户网站可以投入更多的资源进行深度调查和报道,挖掘出用户关心的话题并提供全面、专业的报道,给用户带来新鲜感和启发。

独家新闻也是吸引用户的重要因素之一。门户网站可以与记者或合作伙伴建立紧密合作关系,获取第一手的独家新闻线索,并及时发布相关报道,吸引用户通过付费方式获取更多独家信息。

为了确保制作的内容能够真正满足用户需求,门户网站需要深入挖掘和分析受众的需求。可以通过用户调研、数据分析和用户反馈等方式,了解用户对已有内容的评价和需求,及时调整和优化内容策略。同时,定期进行市场调研,关注行业动态和用户变化,及时调整内容策略,保持领先优势。

2. 定价和订阅方式

门户网站定价和订阅方式的制定对于其商业模式和用户体验都至关重要。以下是关于定价和订阅方式的详细解释。定价策略的制定主要有四种,见表3-3所列:

表3-3 门户网站定价和订阅方式的四种策略

定价策略	定价策略的阐释
根据受众支付能力确定价格	门户网站的定价需要考虑到目标受众的支付能力。通过市场调研和用户分析,了解目标受众的收入水平、消费观念以及对于相关内容的需求程度,从而制定出符合受众支付能力的合理价格

续表

定价策略	定价策略的阐释
竞争对手的定价策略	了解竞争对手的定价策略也是定价过程的重要一环。通过对竞争对手的产品定价进行比较和分析,可以找到一个在市场中具有竞争力的价格水平
内容的独特性和付费价值	门户网站所提供的内容是否具有独特性和付费价值也是定价决策的重要因素。如果门户网站能够提供独特且高品质的内容,用户更愿意为之付费
引入不同的定价策略	除了单一定价之外,门户网站还可以引入不同的定价策略,如打包销售、分层定价、折扣优惠等,以满足不同用户群体的需求和支付能力

门户网站的订阅方式灵活性,主要有四种常用的订阅方式:第一,按时间段的订阅方式。门户网站可以提供按月、按季度、按年等不同时间段的订阅方式。这样用户可以根据自己的需求和预算选择最适合自己的订阅方式。第二,多样化的付费模式。除了传统的单次付费订阅模式,门户网站还可以考虑引入其他付费模式,比如包月、包年、按需付费等。这样可以更好地满足用户的个性化需求,提高用户满意度和留存率。第三,免费试用和退订政策。为了给予用户更好的体验和选择权,门户网站可以提供免费试用期,让用户在决定是否继续订阅前有足够的时间了解内容和服务质量。同时,需要设立明确的退订政策,方便用户在任何时候取消订阅并退还未使用的费用。第四,会员特权和增值服务。为了吸引用户订阅,并增加用户黏性,门户网站可以提供会员特权和增值服务,例如独家内容、优先观看权、福利折扣等,使得订阅会员能够享受到额外的价值和体验。

3. 会员权益和服务

门户网站作为提供信息服务的平台,为了吸引更多用户付费成为会员,需要提供独特的会员权益和服务。这些会员权益和服务可以帮助提高用户的付费意愿,并增加用户对门户网站的黏性和忠诚度。会员权益和服务具体包括:

门户网站可以提供会员专属内容。会员专属内容是指只有会员才能够访问和阅读的特殊内容。这些内容可以是精品原创文章、深度报告、专业观点等,通过提供独家内容,可以吸引用户成为会员并保持其对门户网站的关注。

门户网站可以为会员提供特权活动。特权活动是指只有会员才能够参与的特殊活动或福利。这些活动可以是线上线下的交流会议、论坛、讲座等，也可以是会员专属的折扣优惠、礼品赠送等。通过提供特权活动，可以增加会员的参与感和归属感，进一步激发他们的付费意愿。

门户网站还可以为会员提供优先购票的权益。对于门户网站所涉及的相关领域，比如体育赛事、音乐会、演出等，可以为会员提供提前购票、预订座位等优先权益。这样不仅满足了会员的需求，也增加了他们对门户网站的信任和依赖。

除了上述会员权益外，门户网站还应建立用户反馈机制，积极倾听用户的需求和反馈，并及时做出相应的改进和调整。通过与会员的互动，了解他们的需求和期望，门户网站可以不断优化内容和服务，提升用户体验。比如，可以开设专门的意见反馈渠道，定期进行用户调研，或者举办会员座谈会等形式，与会员进行面对面的交流和沟通。

4. 营销和推广

门户网站在实施付费内容模式时，需要进行有效的营销和推广活动，以提高付费内容的曝光度和用户认知度，吸引更多用户愿意付费订阅。以下是一些常见的营销和推广策略，可以帮助门户网站实现这一目标。

社交媒体是一个重要的营销和推广渠道。门户网站可以利用各大社交媒体平台，如微博、微信公众号、知乎、贴吧等，开展有针对性的营销活动。通过发布精彩的付费内容片段、推送优惠活动信息、与用户互动等方式，吸引用户点击进入门户网站，并了解付费内容的价值和优势。

邮件营销也是一种常用的推广方式。门户网站可以利用已有的用户数据库，通过发送个性化的电子邮件，向用户介绍付费内容的特点和优势，同时提供优惠折扣或试用码等激励措施，引导用户订阅付费内容。在设计邮件内容时，需要注重提炼出付费内容的核心卖点，以及针对用户需求的个性化推荐，增加用户购买的决策力。

与合作伙伴进行联合推广也是一种有效的策略。门户网站可以与相关行业的合作伙伴合作，在其渠道上推广自己的付费内容，以互惠互利的方式扩大用户群体和市场影响力。比如，可以与媒体机构、专业领域的协会或组织进行合作，共同举办线上线下的活动，共享资源和受众，相互引流。

在营销和推广过程中，关键是要精准定位受众群体，了解他们的需求和兴趣，并针对性地传达付费内容的独特价值和优势。为此，门户网站可以进行市场调研，分析用户画像和行为特征，从而更好地制定营销策略和推广计划。同时，也需要不断优化营销手段和方式，根据数据分析和用户反馈，调整营销方案，提高推广效果。

（三）创新模式

门户网站可以通过以下几个方面来加强运营和提供更好的用户体验：

1. 社区化运营

社区化运营是门户网站的一种重要运营策略，通过创建一个互动交流的社区平台，可以增强用户黏性和忠诚度，提升用户体验，促进用户参与和用户生成内容。以下是关于社区化运营的一些具体措施和建议。

门户网站可以开设用户论坛。论坛是一个用户交流、讨论和分享的平台，用户可以在论坛上发表帖子、回复他人的帖子，互相交流经验、观点和问题。论坛可以根据不同的主题或领域划分板块，以便用户更好地找到自己感兴趣的内容和话题。为了激发用户的积极参与，门户网站可以设置积分制度、优秀会员认证等机制，奖励活跃用户，增加社区互动。

门户网站可以提供博客功能。用户可以在自己的博客上发布原创文章、观点和见解，展示自己的专业知识和才华。博客可以是一个个人的创作空间，也可以是用户之间相互学习和交流的平台。网站可以设置博客推荐、热门博客排行等功能，增加博客的曝光度，鼓励更多用户参与创作和分享。

评论区也是社区化运营的重要组成部分。在门户网站的各类内容页面，用户可以发表评论、提出问题或者对其他用户的评论进行回复。评论区是用户交流和互动的场所，在合理管理的前提下，可以促进用户之间的互动和交流，增加用户黏性。门户网站可以设置点赞、回复通知等功能，提供良好的用户体验，鼓励用户积极参与评论讨论。

为了进一步促进社区化运营，门户网站可以举办线上线下的活动。例如，可以组织线上讲座、专题分享、问答活动等，邀请行业内专家和用户共同参与。也可以组织线下见面会、沙龙等活动，让用户有机会面对面交流和互动。活动的举办可以增加用户之间的联系和交流，加强用户对门户网站的认同感和归属感。

在社区化运营过程中，门户网站需要注重用户体验和内容质量的提升。必须保持良好的社区氛围，防止恶意攻击、广告刷屏等行为的发生。同时，网站需要建立专业的内容审核机制，确保用户生成的内容质量高，不侵犯他人权益。门户网站还需定期监测社区运营效果，通过数据分析和用户反馈，及时调整运营策略和优化用户体验。

2. 移动应用开发

移动应用开发是门户网站拓展用户渠道、提升用户体验的重要途径。以下是关于移动应用开发的一些具体措施和建议。

门户网站可以基于不同的移动操作系统（如 iOS 和 Android）开发相应的移动应用程序。根据用户的使用习惯和设备分布情况，选择合适的平台进行开发。开发过程中需要注重用户界面的友好性和易用性，保证应用在各平台上的兼容性和稳定性。同时，还需设计符合移动设备特点的交互方式，比如利用手势、滑动等方式增加用户操作的便捷性。

移动应用可以提供更流畅、便捷的用户体验。与响应式网站相比，移动应用更具优势。它可以在手机上离线使用，减少对网络的依赖，提高用户的访问效率。此外，移动应用还可以融入手机的硬件功能，例如摄像头、传感器等，提供更多的增值服务和交互体验。

除了基本的浏览功能，移动应用还可以提供一些个性化的增值功能以增强用户体验。例如，可以支持离线阅读，将热门的网站内容缓存到本地，用户在没有网络连接的情况下依然可以浏览。应用也可以根据用户的兴趣和偏好，提供个性化推荐功能，向用户推送感兴趣的内容和信息。此外，利用手机的位置服务，应用还可以提供附近的信息，例如附近的商家、景点等，为用户提供更具价值的服务。

移动应用的用户体验也需要考虑社交分享的功能。通过集成社交媒体的API，用户可以方便地将网站内容分享到各个社交平台，扩大网站的传播范围。

同时，移动应用也可以集成评论和点赞功能，促进用户之间的交流和互动。

在移动应用开发过程中，门户网站需要注重安全性和隐私保护。应用需要采取措施保护用户的个人信息，避免用户数据泄露和滥用。同时，需要定期更新应用程序，修复漏洞和改进功能，确保应用的安全性和稳定性。

为了提升移动应用的用户体验和价值，门户网站还需关注用户反馈和数据分析。通过收集用户的反馈意见和使用数据，了解用户需求和行为习惯，及时调整应用的功能和界面设计。数据分析也可以帮助门户网站了解应用的使用情况，并提供优化的方向。

3. 增值服务

增值服务是门户网站为用户提供的一系列附加功能和个性化服务，旨在满足用户多样化的需求，提升用户体验。以下是关于增值服务的一些具体措施和建议。

门户网站可以考虑提供在线学习课程。通过与专业教育机构或专业人士合作，门户网站可以提供各类在线课程，涵盖不同领域的知识和技能。这些课程可以以视频、音频、文字等形式呈现，用户可以根据自己的兴趣和需求进行选择和学习。同时，网站可以提供学习进度记录和学习社区等功能，方便用户与其他学习者交流和分享经验。

门户网站可以推出会员活动。通过设立会员制度，给予会员特权和福利，如专属优惠、提前参与抢购、独享内容等。会员活动可以增加用户的黏性和忠诚度，同时也为门户网站带来额外的收入来源。为了吸引更多用户成为会员，门户网站可以定期推出新的会员活动，并及时关注用户反馈，不断完善会员服务。

门户网站可以提供投资理财工具和服务。通过与金融机构合作，提供财经分析、投资建议等工具和服务，帮助用户进行理财规划和决策。这些工具可以包括实时行情、财经新闻、股票分析等，用户可以通过门户网站获取最新的市场信息和专业的理财建议。为了保证投资理财工具的可靠性和准确性，门户网站需要选择有信誉和专业的合作伙伴，并定期更新数据和分析报告。

除了以上提到的增值服务，门户网站还可以根据用户需求和行为习惯，灵活推出其他具有个性化特点的增值服务。例如，可以提供个性化推荐功能，根据用户的兴趣和偏好，向其推荐相关的内容和服务；可以提供定制化的新闻订阅服务，让用户可以根据自己的需求选择和订阅感兴趣的新闻源和主题；可以提供虚拟社交功能，让用户可以与其他用户进行交流和互动。

在提供增值服务的过程中，门户网站需要注重服务的质量和安全性。需要保证提供的服务具有专业性和可靠性，提供准确、及时的信息和建议。同时，也需要关注用户的隐私保护和数据安全，妥善处理用户的个人信息，避免信息泄露和滥用。

第三节　门户网站的新闻传播实践与影响力分析

一、门户网站在新闻报道中的角色和地位

（一）门户网站作为信息聚合和传播平台的重要地位

门户网站作为互联网时代的重要媒体形式之一，在新闻传播中，有信息聚合、传播平台的功能，品牌认可度高，具有举足轻重的地位，其具体表现为：

1. 信息聚合

门户网站通过整合各种新闻来源和内容，为用户提供全面、多样化的信息。它们汇集了众多媒体机构和自身产生的新闻报道、专栏文章、博客等内容，在一个平台上呈现给用户。用户可以通过门户网站获取到来自不同方面、不同领域的信息，满足他们对各类信息的需求。

2. 信息传播

门户网站拥有庞大的用户群体和广泛的影响力，通过其平台传播的信息能够快速覆盖广大用户。它们通过搜索引擎优化、社交媒体推广等手段，使得用户更容易找到并浏览相关信息。门户网站还可以通过推送系统和订阅功能将信息直接发送给用户，确保信息能够迅速传递到目标受众。

3. 品牌认可度

门户网站作为媒体机构的代表，具有较高的品牌认可度和公信力。用户在选择获取信息的渠道时，常常会优先考虑门户网站。这是因为门户网站通常有稳定

的内容生产和编辑团队，能够提供相对准确、及时的新闻报道和深度分析。用户习惯性地将门户网站视为权威媒体，并愿意接受其发布的信息。

此外，门户网站作为流量大、用户多的平台，吸引了众多广告主的关注。它们通过广告投放和推广合作等方式，为企业和品牌提供了有效的营销渠道。同时，门户网站也依靠广告收入来支持自身的运营和内容生产，维持其信息聚合和传播的功能。

（二）门户网站在新闻报道中的两大角色

门户网站在新闻报道中扮演着内容选取和编辑观点的重要角色。这些决策和操作直接影响着用户获得的信息和他们对事件的理解。以下是门户网站在内容选取和编辑观点方面的具体表现：

1. 内容选取

门户网站根据新闻事件的时效性、重要性、热度等因素，进行内容选取。它们会优先选择那些具有广泛关注和社会影响力的事件进行报道，以满足用户的需求。然而，这也意味着一些较为冷门或次要的新闻事件可能会被忽略或缺乏充分报道，从而影响了用户获取全面信息的能力。

2. 编辑观点

门户网站在编辑新闻报道时，会根据自身价值观、商业利益等考虑因素，对内容进行编辑和加工。编辑观点可以体现在标题、导语、选题、配图、引用等方面。这种编辑观点的存在，可能会对用户的信息获取和事件理解产生一定的影响。

门户网站的标题和导语可以通过选取特定的词汇、表述方式等，影响用户对新闻事件的第一印象和认知。不同的标题和导语可能强调不同的方面，给用户传递不同的信息和情绪。

门户网站在选择报道的角度和深度上也存在编辑观点。它们可以选择突出某些事件的某一方面，或者注重提供全面而深入的报道。这种选择会影响用户对事件的了解程度和多元性。

门户网站在配图和引用等方面也可以体现编辑观点。合适的配图和引用可以加强报道的可信度和说服力，但若使用不当，可能会引发误导和片面的理解。

（三）门户网站对新闻事件解读和舆论引导的影响

门户网站作为主要的信息传播渠道之一，对于新闻事件的解读和舆论引导具有一定的影响力。以下是门户网站对新闻事件解读和舆论引导的影响：

1. 解读角度

门户网站通过报道的选择和编辑方式，呈现出对新闻事件的解读角度。不同的解读角度可能会对用户产生不同的影响和理解。门户网站可以通过深度分析、专栏文章等形式，对事件进行解读，引导公众形成自己的观点和判断。

2. 舆论引导

门户网站作为信息传播平台，具有广大用户群体和强大的影响力。它们的报道和评论往往能够引发公众的讨论和关注。门户网站在报道新闻事件时，可以选择性地突出某些观点、声音或消息，影响公众的舆论倾向。这种舆论引导的方式可能会对事件的社会反应和决策产生一定的影响。

3. 信息过滤

门户网站在编辑新闻报道的过程中，也会对信息进行一定的过滤和筛选。他们可以选择性地报道、强调或忽略某些事件和观点。这种过滤和筛选可能会导致用户只接触到特定来源或特定观点的信息，影响了其对事件的全面了解和客观判断。

二、门户网站的新闻传播策略与创新实践

（一）用户参与和社交化传播的创新实践

用户参与新闻生产和社交化传播是新闻生产的两大创新实践，有助于克服传统新闻生产的固有缺陷，代表着未来发展趋势。用户参与和社交化传播的创新层面具体包括：

1. 用户生成内容

传统媒体机构通过引入用户生成内容的方式，让用户成为新闻报道的参与者和创作者。例如，在一些新闻网站和移动应用上，媒体机构允许用户提交新闻线索、照片、视频等素材，甚至可以直接参与新闻报道的采编工作。这样做不仅能够提供更多的新闻资源，丰富报道的角度和内容，还能够增加用户对媒体的依赖

感和认同感。

2. 社交分享功能

媒体机构在新闻报道中加入社交分享功能，使得用户可以将自己感兴趣的新闻内容分享到社交媒体平台上。这种方式可以扩大报道的影响范围，吸引更多的读者和观众，同时也可以通过用户的分享行为进行传播效果的评估和优化。此外，社交分享功能还能够促进用户之间的互动和讨论，拉近用户与媒体之间的关系。

3. 互动性的表达方式

为了增强用户与媒体之间的互动性，传统媒体机构开始探索使用更多的表达方式。例如，在新闻报道中增加投票调查、在线问答、评论互动等功能，让用户可以直接参与到新闻事件的讨论和解读中。这种互动性的表达方式能够提高用户的参与度和忠诚度，同时也有助于媒体机构收集用户反馈和意见，进行报道效果的改进和优化。

4. 社区建设与维护

为了更好地与用户交流和互动，传统媒体机构开始积极建设和维护社区平台。这些社区平台可以是独立的媒体社区网站，也可以是在社交媒体平台上建立的专属社群。通过社区的建设和维护，媒体机构可以与用户建立更加紧密的联系，提供更加个性化的服务和内容，并且通过社区的互动和共享，形成用户之间的互相影响和共同认同。

因此，用户参与和社交化传播的创新实践对于传统媒体机构来说具有重要的意义。它不仅能够增强用户与媒体之间的互动和参与度，丰富新闻报道的内容和形式，还有助于媒体机构与用户建立长期的合作关系，提高报道的影响力和可持续发展能力。

（二）数据驱动和个性化推荐的新闻传播实践

在信息爆炸的时代，传统媒体机构为了更好地满足用户多样化的需求，开始采用数据驱动和个性化推荐的新闻传播实践。这种实践基于对用户行为数据的收集和分析，通过算法和技术手段，向用户推荐符合其兴趣和偏好的新闻内容。数据驱动和个性化推荐的新闻传播实践具有以下四个方面的意义，如图3-11

所示：

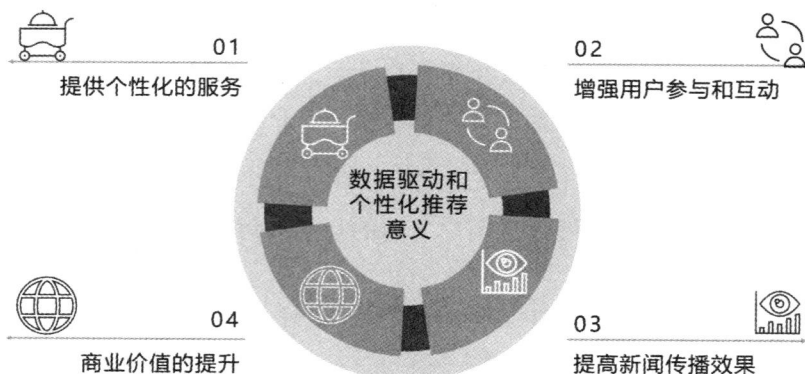

01 提供个性化的服务

02 增强用户参与和互动

数据驱动和个性化推荐意义

04 商业价值的提升

03 提高新闻传播效果

图 3-11　数据驱动和个性化推荐意义

1. 提供个性化的服务

通过数据驱动和个性化推荐的方式，传统媒体机构能够更好地了解用户的兴趣爱好、阅读习惯等特点，从而向用户提供更加个性化的新闻服务。不同用户对于新闻内容的需求和关注点是不同的，通过个性化推荐，媒体机构能够根据用户的偏好和需求，为其提供更相关、更有价值的新闻内容，提升用户的阅读体验和满意度。

2. 增强用户参与和互动

数据驱动和个性化推荐的新闻传播实践还能够增强用户与媒体之间的参与和互动。通过对用户行为数据的分析，媒体机构可以了解用户的偏好，进而提供针对性的推荐和建议。用户在阅读过程中可以对推荐结果进行反馈和评价，从而让个性化推荐算法不断优化和学习，为用户提供更加符合其需求和兴趣的新闻内容。

3. 提高新闻传播效果

通过数据驱动和个性化推荐的新闻传播实践，媒体机构能够更准确地把握用户需求和市场趋势，推出更有针对性的报道和专题，提高新闻传播的效果和影响力。同时，个性化推荐还可以促进用户的信息获取和参与度，提高新闻内容的点击率和分享度，进一步扩大报道的影响范围。

4. 商业价值的提升

数据驱动和个性化推荐的新闻传播实践不仅有助于提升媒体机构的声誉和影

响力，还能够增加其商业价值。通过个性化推荐，媒体机构能够更好地了解用户的消费偏好和购买行为，根据这些数据开展精准广告投放，提高广告收入。同时，个性化推荐还可以为媒体机构提供更多的商业合作机会，例如与电商平台合作进行产品推广等。

因此，数据驱动和个性化推荐的新闻传播实践对于传统媒体机构来说具有重要的意义。它能够提供个性化的新闻服务，增强用户参与和互动，提高新闻传播的效果和商业价值。同时，也需要媒体机构合理应用和管理用户数据，保护用户隐私，并遵循相关法律法规，确保数据驱动和个性化推荐的实践符合道德和伦理标准。

三、门户网站的社会影响力和舆论引导能力分析

（一）门户网站在公众议题和社会话题上的影响力

门户网站作为互联网上的重要信息平台，对公众议题和社会话题的影响力不可忽视。它们通过新闻报道、专栏文章、社区讨论等方式，广泛传播和引导舆论，对社会舆论形成产生着重要影响。

门户网站可以迅速传递新闻信息，对公众议题的引导起到重要作用。门户网站通常拥有庞大的新闻编辑团队和全方位的新闻采编网络，能够及时、准确地报道各类新闻事件。这些新闻报道往往被广大用户所关注，从而迅速引起公众的关注和讨论。门户网站报道的新闻事件往往具有一定的选择性和导向性，对于公众舆论的形成和引导具有一定的影响力。

门户网站的专栏文章也可以对公众议题的讨论和引导产生重要影响。门户网站的专栏作者通常有较高的知名度和影响力，在特定领域具有专业性和权威性。他们的观点和评论往往能够引起公众的共鸣和思考，对公众议题的认知和评价产生重要影响。此外，门户网站还会邀请相关领域的专家学者撰写专栏文章，进一步提升公众对该议题的关注度和认知水平。

门户网站的社区讨论平台为公众参与议题讨论提供了便利条件。门户网站通常拥有庞大的用户基础和活跃的社区氛围，用户可以通过评论、点赞、分享等方式参与到公众话题的讨论中。这种互动性能够为公众提供广泛的意见和观点，更

好地理解公众对于议题的看法和态度。门户网站的社区讨论也具有一定的监督作用，能够监督和引导政府和社会的行为，促进问题的解决和进步。

（二）门户网站对舆论形成和意见引导的作用

门户网站在舆论形成和意见引导方面发挥着重要作用。下面将详细介绍门户网站在选题和报道、编辑和评论以及社交网络传播等方面的具体作用。

1. 选题和报道

门户网站具有选择和报道特定议题的权力，这可以直接影响公众对相关议题的关注度和看法。门户网站可以选择热点话题、重大事件或社会问题进行深入报道，通过频繁的报道和信息更新来引起公众的关注，并逐渐塑造相关议题的舆论导向。通过筛选报道角度、侧重点和故事情节等因素，门户网站能够引导公众对特定议题的关注程度和态度。

2. 编辑和评论

门户网站的编辑和评论人员在舆论形成和意见引导中扮演着重要角色。他们通过撰写新闻、发表观点和评论等方式，能够对公众意见的形成和引导产生影响。编辑和评论人员的观点通常具有一定的权威性和可信度，公众倾向于接受并参考他们的意见。他们的言论能够影响公众对特定议题的看法和态度，进而在舆论形成和意见引导中发挥重要作用。

3. 社交网络传播

门户网站作为信息聚合和传播平台，通过社交网络传播和分享机制，能够将新闻和信息迅速传播给更广泛的受众，形成更大范围的舆论影响。公众可以通过分享、转发和评论的方式参与舆论形成和意见引导的过程。当一个新闻或观点在门户网站上得到广泛的分享和评论时，其影响力往往会进一步扩大，更多人会关注和参与相关议题的讨论。

（三）门户网站的社会责任和社会影响评估

门户网站在新闻传播中扮演着重要的角色，其社会责任和社会影响评估变得至关重要。对其评估可通过定期审核发布的新闻内容、用户的反馈、第三方机构评估报告等方式进行。评估门户网站的社会责任和社会影响需要考虑以下几个方面：

1. 信息真实性和客观性

门户网站作为新闻媒体，应确保所报道的信息真实、准确，并遵循客观公正的原则。评估门户网站的社会责任，需要关注其新闻报道的真实性和客观性。门户网站应该依据严谨的新闻采编流程，核实信息来源，尽量避免错误和误导，以提供可信的新闻内容。

2. 舆论引导和平衡

门户网站在选题和评论上应当主张公正、客观，避免片面倾向和舆论偏颇。他们应该提供多元化的观点和意见，平衡不同声音的呈现，鼓励公众参与讨论，并发表各种意见和看法。评估时需要关注门户网站对舆论的引导程度，以及是否充分尊重和代表了不同群体和利益的声音。

3. 用户互动和社交评论管理

门户网站应提供良好的用户互动和社交评论管理机制，确保公众能够自由表达意见和观点，但同时也需要进行适当的内容监管，防止虚假信息、恶意攻击等不良行为的发生。评估时可以考察门户网站对用户留言和评论的管理方式，以及是否采取措施促进积极、理性的讨论。

4. 用户隐私数据的保护

门户网站应遵守相关的隐私和数据保护法律法规，在收集、存储和使用用户数据时，要确保用户的个人信息安全。评估应关注门户网站是否存在数据泄露、滥用或未经允许的信息收集等行为。

5. 社会责任倡导

门户网站可以通过相关活动或倡议，推动社会责任的履行。例如，开展主题宣传、参与公益活动、促进社会和谐等，以积极影响社会发展和舆论引导。评估时可以关注门户网站在社会责任方面的具体行动和效果，以及是否能够为社会可持续发展做出积极贡献。

第四章　移动新闻客户端的传播效果

第一节　移动新闻客户端的发展与特点

一、移动新闻客户端的历史演变和发展趋势分析

（一）移动新闻客户端的起源和发展历程回顾

移动新闻客户端是指在移动设备上提供新闻内容的应用程序。以下是对移动新闻客户端的起源和发展历程的回顾：

1. 起源阶段

移动新闻客户端的起源可以追溯到智能手机的普及和移动互联网的发展。2007 年，苹果公司推出了第一代 iPhone，引领了智能手机的革命，为移动新闻客户端的发展提供了基础设施。随着智能手机越来越普及，人们对移动新闻的需求也逐渐增加，这促使媒体机构和技术公司开始开发移动新闻客户端。

2. 发展阶段

随着移动设备的更新换代和移动网络的不断发展，移动新闻客户端得以快速发展。早期的移动新闻客户端主要提供新闻浏览功能，用户可以通过客户端阅读新闻文章、图片和视频等内容。随着技术的进步，移动新闻客户端逐渐引入了个性化推荐、用户评论、社交分享等功能，以提供更好的用户体验。

与此同时，移动新闻客户端的数量也迅速增加。媒体机构、互联网公司和创业者纷纷推出自己的移动新闻客户端，竞争变得日益激烈。在这种竞争中，一些具有特色和优势的移动新闻客户端逐渐崭露头角，成为用户首选。

目前，移动新闻客户端已经成为人们获取新闻的主要方式之一。大多数传统媒体机构都拥有自己的移动新闻客户端，并与线上、线下内容相互关联。与此同

时，一些新兴的移动新闻客户端也因其独特的内容策略和用户体验而获得用户的青睐。

（二）移动新闻客户端市场规模和用户增长趋势分析

移动新闻客户端市场规模及用户增长趋势分析如下：

1. 市场规模

移动新闻客户端市场规模随着智能手机的普及不断扩大。根据数据统计，截至 2022 年底，全球移动新闻客户端用户规模已达数十亿人。预计未来几年，由于智能手机用户的继续增加以及新兴市场的发展，移动新闻客户端市场规模将进一步扩大。

2. 用户增长趋势

移动新闻用户增长趋势呈现三方面特征：用户朝着多样化和个性化发展，视频和直播的形式成为主流趋势，社交分享和用户互动推动了移动新闻短的功能拓展。具体来说：

用户多样化和个性化。随着用户需求的多样化，移动新闻客户端不仅需要提供丰富的新闻内容，还需要根据用户的兴趣和喜好进行个性化推荐。未来，移动新闻客户端将更加注重用户体验，提供更加细分和精准的内容推荐。

视频和直播趋势。随着高速移动网络的普及，视频和直播等多媒体形式的新闻内容在移动新闻客户端中的比例将不断增加。用户愈发倾向于通过直播或者短视频来获取新闻信息，因此移动新闻客户端将加大对视频和直播功能的支持和开发。

社交化分享和用户互动。用户之间的社交分享和互动已经成为移动新闻客户端的重要特征。用户希望能够与他人分享自己关注的新闻，参与讨论并对新闻事件表达观点。因此，移动新闻客户端应该注重社交化功能的设计和用户体验的提升。

（三）移动新闻客户端未来发展方向和趋势预测

未来，移动新闻客户端的发展将呈现以下几个方向和趋势：

1. AI 技术的应用

人工智能技术的发展将为移动新闻客户端带来更多创新。通过 AI 技术的支持，移动新闻客户端可以实现更精准的个性化推荐、情感分析和内容生成等功能，提升用户体验和满意度。

2. 多媒体内容呈现

由于用户对图文信息的需求逐渐增加，未来移动新闻客户端将进一步增强对多媒体内容的支持，包括照片、视频、音频等形式的内容呈现，并提供更丰富的交互方式。

3. 数据安全和隐私保护

随着个人数据泄露和滥用问题的日益突出，移动新闻客户端将加强对用户数据的安全保护和隐私管理。未来的移动新闻客户端需要遵循相关法规和标准，确保用户数据的合法使用和保密性。

4. 区块链技术的应用

区块链技术的发展将为移动新闻客户端带来更多的信任和透明度。区块链技术可以用于验证新闻来源的真实性，确保新闻内容的可信度，并提供去中心化的存储和传播方式，减少信息篡改的可能性。

5. 跨平台整合和无缝体验

为了满足用户的多样化需求，移动新闻客户端将更加注重跨平台的整合和无缝体验。用户可以通过不同的设备（如智能手机、平板电脑、智能电视）在不同的场景中无缝切换，享受一致的内容和服务。

6. 智能助手和个人化服务

未来的移动新闻客户端将进一步引入智能助手和个人化服务，通过语音识别、自然语言处理等技术，为用户提供更智能、便捷的新闻阅读和信息获取方式。用户可以通过语音交互进行新闻浏览、收藏、评论等操作，实现更加个性化的新闻体验。

二、移动新闻客户端的平台特点和用户行为特征研究

（一）移动新闻客户端的多平台适配和响应式设计特点探讨

随着移动设备的普及和发展，移动新闻客户端已成为人们获取新闻资讯的主要途径之一。为了满足用户在不同设备上的需求，移动新闻客户端需要具备多平

台适配和响应式设计的特点。

1. 多平台适配

移动新闻客户端应能适配各类移动设备的不同操作系统，如 Android、iOS 等，以保证用户在不同平台上都能正常使用。针对不同平台的特点和限制，开发团队需要进行相应的优化和适配工作，确保在各个平台上都能提供流畅、稳定的用户体验。

2. 响应式设计

移动新闻客户端需要采用响应式设计，即能够根据不同设备的屏幕尺寸和分辨率进行自适应布局和内容展示。通过灵活的布局和自动调整，使得新闻内容在不同设备上都能够合理地呈现，避免出现内容被裁剪或显示不完整的情况。

3. 界面统一性

在多平台适配的基础上，移动新闻客户端还需要保持界面的统一性，即不论在哪个平台上使用，用户都能感受到一致的界面风格和交互方式。这可以增强用户的使用习惯和黏性，提高用户对移动新闻客户端的信任感和满意度。

4. 功能兼容性

移动新闻客户端在多平台适配时，需要确保各个平台上的功能能够正常运行，并保持一致性。例如，新闻浏览、评论、收藏等基本功能在各个平台上都应该能够实现，并保持相同或类似的操作方式，以方便用户的使用和转换。

（二）移动新闻客户端用户群体特征和使用习惯分析

移动新闻客户端的用户群体涵盖了广大的移动设备用户，从年龄、性别、地域、职业等多个维度来看，用户群体特征各异。以下是对移动新闻客户端用户群体特征和使用习惯的分析：

1. 年龄分布

移动新闻客户端的用户年龄分布广泛，包括年轻人、中年人和老年人。年轻人更喜欢通过移动新闻客户端获取即时、多样化的新闻信息；中年人则更关注商业、科技和财经等领域的新闻；而老年人则更关注社会、健康和养生等方面的新闻。

2. 性别分布

移动新闻客户端的用户中男性和女性都有一定比例，但在具体的新闻类别上可能存在差异。例如，男性用户更倾向于阅读体育、科技、汽车等相关新闻，而女性用户更关注时尚、美容、家居等方面的新闻。

3. 地域分布

移动新闻客户端的用户地域分布广泛，涵盖了城市和乡村的用户。不同地域的用户可能对新闻事件的关注程度和新闻内容的需求有所不同，需要针对不同地域的用户进行个性化推荐和地域相关的新闻报道。

4. 职业特征

移动新闻客户端的用户包括学生、职场人士、自由职业者等不同职业的人群。不同职业的用户对新闻类别的需求和关注点也有所不同。例如，学生更关注教育、娱乐和时尚等方面的新闻，职场人士更关注商业、金融和科技等方面的新闻。

5. 使用习惯

移动新闻客户端的用户通常喜欢即时和快速获取新闻信息。他们使用移动新闻客户端主要是为了随时随地获取最新的新闻资讯，并倾向于浏览多样化的新闻内容。同时，用户在使用过程中也会根据自己的兴趣进行收藏、评论和分享等互动操作，与其他用户交流和互动。

（三）移动新闻客户端社交分享、个性化推荐等功能的研究

移动新闻客户端有多种功能，诸如个性化推荐、社交分享、可视化呈现、多渠道推送等，具体如下：

1. 个性化推荐

通过分析用户的浏览历史、点赞、评论等行为数据，建立用户画像，可以向用户提供个性化的新闻推荐。这样可以增加用户对内容的兴趣和关注度，提高用户留存率。

2. 社交分享功能

移动新闻客户端与社交分享功能的关系密切，用户可以通过客户端将自己感兴趣的新闻内容分享到朋友圈、微博等社交媒体上，增加新闻的传播力度，也能促进用户之间的互动和讨论。

3. 可视化呈现

移动新闻客户端可以采用富媒体技术，将新闻内容以图文、视频等形式进行呈现。这种方式可以吸引用户的眼球，增加用户的阅读欲望和体验感，从而提高用户的留存率和使用频次。

4. 多渠道推送

移动新闻客户端可以通过多种渠道向用户推送新闻资讯，如手机通知、消息推送等。这样可以增加用户获取新闻的便捷性和及时性，提高用户的黏性和留存率。

5. 智能化搜索

移动新闻客户端可以引入智能化的搜索技术，通过分析用户的搜索关键词和历史记录，为用户提供更准确的搜索结果和相关的新闻推荐。这样可以提高用户对新闻客户端的黏性和满意度。

三、移动新闻客户端的技术创新和用户体验优化

（一）移动新闻客户端技术创新带来的新闻内容呈现方式研究

移动新闻客户端技术的不断创新为新闻内容的呈现方式提供了更多的可能性。以下是几个可以进行研究的方向：

1. 富媒体呈现

移动设备拥有丰富的屏幕显示和多媒体功能，可以将新闻内容以富媒体的形式进行展示，包括图文、音频、视频等。通过融合不同的媒体元素，可以更生动地传递新闻信息，提升用户的视听享受。

2. 虚拟现实与增强现实技术

利用虚拟现实（VR）和增强现实（AR）技术，可以将用户置身于新闻场景中，提供更加身临其境的体验。例如，用户可以通过 VR 眼镜参观远在他处的实地新闻报道，或者通过 AR 技术将实时新闻信息叠加在真实场景中。

3. 数据可视化

新闻客户端可以将统计数据、调查结果等以图表、图形等形式进行可视化呈现。这样可以使用户更轻松地理解复杂的数据信息，提高新闻报道的可读性和可

理解性。

4. 交互式呈现

移动新闻客户端可以提供用户与新闻内容进行互动的功能，例如用户可以在新闻中进行滑动、轻点、长按等操作，与新闻进行互动并获取更多的信息。这样可以增加用户的参与度和体验感。

5. 异步加载与离线缓存

移动新闻客户端可以通过异步加载和离线缓存技术，提高新闻内容的加载速度和可访问性。这样用户无论在网络环境好坏的情况下，都能够顺畅地阅读新闻内容，提升用户体验。

（二）移动新闻客户端界面设计和交互方式的改进与优化

移动新闻客户端的界面设计和交互方式关乎用户的使用体验和操作效率。以下是一些改进和优化的策略，见表4-1所列：

表 4-1　移动新闻客户界面的改进和优化策略

1. 简洁直观的界面设计
界面设计应尽量简洁明了，减少干扰和复杂的元素。通过合理的布局、颜色搭配和图标设计，使用户能够迅速找到所需的功能和内容
2. 手势操作
利用触摸屏幕的手势操作，如滑动、缩放等，来实现交互。这样可以增加用户的参与度和操作的灵活性
3. 个性化设置
提供用户自定义界面、字体大小、配色方案等个性化设置选项，让用户根据自己的喜好调整界面显示，提升用户的满意度和使用体验
4. 搜索和筛选功能
新闻客户端应提供便捷的搜索和筛选功能，让用户能够快速找到感兴趣的内容，提高用户的使用效率和满意度
5. 反馈与建议
提供用户反馈和建议的渠道，及时回应用户的问题和需求，改进和优化界面设计和交互方式，使其更符合用户的期望和习惯

（三）移动新闻客户端用户体验评估和改善策略探讨

移动新闻客户端的用户体验评估是为了发现问题和改进的重要手段。以下是一些评估和改善策略：

1. 用户调研

通过定期的用户调研，了解用户的需求、偏好和使用习惯，发现问题和改进的方向。可以采用问卷调查、用户访谈等方式进行调研。

2. 用户行为分析

通过用户行为数据分析，了解用户的使用路径、停留时间、点击热点等信息，找出用户使用过程中的问题和瓶颈。可以利用数据分析工具进行用户行为分析。

3. A/B 测试

利用 A/B 测试方法，将不同版本的界面设计和交互方式投放给不同用户群体，比较各个版本的用户反馈和使用效果，选择最优方案。

4. 用户反馈管理

建立完善的用户反馈管理机制，及时回应用户的反馈和建议，解决用户遇到的问题，并持续改进产品和服务。

5. 迭代更新

根据用户反馈和数据分析的结果，定期进行产品迭代更新，修复 Bug、优化性能、提升用户体验，保持产品的竞争力和用户满意度。

第二节　移动新闻客户端的隐私问题与用户权益保护

一、移动新闻客户端对用户数据的收集和利用方式分析

移动新闻客户端作为一个数字化产品，通常会采集用户的数据以提供更加个性化和精准的服务。以下是对移动新闻客户端对用户数据收集和利用方式的分析：

（一）数据收集方式

1. 注册信息

当用户注册移动新闻客户端时，通常需要提供基本的注册信息，如用户名、密码、手机号码等。这些信息可以帮助客户端建立用户账号，并实现相关功能，如登录、身份验证等。

2. 外部账号绑定

移动新闻客户端可支持通过其他平台账号登录或绑定账号，如微信、QQ、微博等。用户可以选择将其在其他平台上的账号信息与移动新闻客户端关联，便于快速登录和信息同步。

3. 设备信息

移动新闻客户端可能会收集用户设备的相关信息，如设备型号、操作系统版本、唯一设备识别码（IMEI/IDFA）等。这些信息可用于统计分析、设备适配和系统优化等目的。

4. 日志信息

移动新闻客户端可能会记录用户的行为日志，包括点击、浏览、搜索、评论、收藏等操作。这些日志信息有助于了解用户的兴趣偏好、使用习惯和行为路径，用于个性化推荐和提供更精准的新闻内容。

5. 地理位置信息

移动新闻客户端可能会获取用户的地理位置信息，以便提供与所在地相关的新闻和服务。但通常需要用户明确授权才能获取地理位置信息，并严格遵循隐私保护政策。

6.用户反馈

移动新闻客户端可能会收集用户的反馈和建议，如通过意见反馈、评分等功能提交的数据。这些反馈信息有助于改进产品功能、优化用户体验和解决问题。

（二）数据利用方式

1.个性化推荐

移动新闻客户端可以根据用户的浏览记录、兴趣偏好和行为模式，利用数据分析和机器学习技术实现个性化推荐功能。通过分析用户的喜好，将相关的新闻内容、主题或推荐相关的用户感兴趣的内容呈现给用户，提高用户体验和满意度。

2.目标广告投放

移动新闻客户端可以根据用户的兴趣、地理位置等信息，进行精准的广告投放。通过分析用户的兴趣偏好和行为特征，将相关的广告内容展示给感兴趣的用户群体，提高广告投放效果和投资回报率。

3.数据分析和产品优化

移动新闻客户端可以通过对用户数据的分析，了解用户行为和使用情况，发现用户需求和痛点，优化产品功能和用户体验。通过分析用户数据，改进产品设计、界面交互和性能优化，提供更好的产品和服务。

4.用户服务和个性化设置

移动新闻客户端可以根据用户的数据信息，提供个性化的服务和设置选项。例如，基于用户的兴趣偏好推荐相关的新闻内容、定制用户偏好的主题频道、语言选择等。

5.用户安全和账号管理

移动新闻客户端可以利用用户数据进行账号安全验证和风险控制，防止恶意攻击、账号盗取等安全问题。例如，根据用户的登录信息、设备识别码和行为模式，判断账号是否存在异常操作。

二、移动新闻客户端隐私政策和用户知情权保护探讨

（一）隐私政策内容

隐私政策是移动新闻客户端为明确数据收集和利用方式，保护用户隐私而制定的一项规范。以下是移动新闻客户端隐私政策可能包含的内容：

1. 数据收集目的

明确说明移动新闻客户端收集用户数据的目的，并与用户进行沟通和交流。例如，提供个性化服务、改进产品和功能、展示相关广告等。

2. 收集的数据类型

详细列举移动新闻客户端收集的用户数据类型，如注册信息、设备信息、地理位置信息、日志信息等。用户可以清楚了解哪些数据将被收集。

3. 数据使用方式

具体说明移动新闻客户端如何使用用户数据，例如个性化推荐、目标广告投放、数据分析与产品优化、用户服务和个性化设置等。

4. 数据共享与转让

说明移动新闻客户端是否会与第三方共享用户数据，以及转让给其他机构或个人。同时指明共享的目的、范围和保护措施。

5. 数据安全保护措施

明确移动新闻客户端对用户数据安全保护的措施，包括技术手段、管理制度、安全审计等，以保障用户数据的安全性和保密性。

6. 用户权利保护

明确用户在隐私政策下享有的权利，如访问、更正、删除个人信息等，并告知用户如何行使这些权利。

7. 隐私政策更新与通知

说明移动新闻客户端对隐私政策进行更新的情况，并告知用户如何获取最新的隐私政策内容。

8. 隐私政策版本

标明隐私政策的版本号和生效日期，方便用户对比和查阅。

（二）用户知情权保护

用户知情权是指用户对移动新闻客户端收集和使用其个人数据的过程充分了解，并明确同意或选择不同意的权利。以下是保护用户知情权的措施：

1. 明确告知

移动新闻客户端在注册、登录或使用功能之前应明确告知用户相关的隐私政策内容，同时提供用户勾选同意或不同意的选项。

2. 明确目的和范围

在隐私政策中，详细说明移动新闻客户端收集和利用用户数据的目的和范围，让用户清楚了解自己的数据将被用于何种用途。

3. 主动权和选择权

用户应有主动权和选择权，可以自主决定是否同意移动新闻客户端收集和利用其个人数据。如果用户选择不同意，则移动新闻客户端不能强制收集相关数据。

4. 透明度和可控性

移动新闻客户端应提供用户数据的透明度和可控性，让用户能够随时查看、修改或删除自己的个人数据。

5. 提供选择机会

移动新闻客户端可以为用户提供选择机会，例如将某些功能或服务设置为可选项，用户可以根据自身需求和隐私偏好选择是否开启。

6. 更新与通知

移动新闻客户端应及时更新隐私政策并通知用户，告知用户对隐私政策的变更内容，并明确告知用户可以随时撤回或修改自己的同意选择。

7. 保护用户权益

移动新闻客户端应保护用户的合法权益，不得过度收集和使用用户个人数据，同时要确保用户的数据安全和保密。

三、移动新闻客户端隐私安全和用户权益保护措施

（一）移动新闻客户端隐私安全措施

互联网技术的快速发展，使得移动客户端用户的隐私权安全面临着越发严峻

的挑战。移动新闻客户端一般会采取这样一些隐私安全措施：

1. 数据加密和传输安全

移动新闻客户端应采取加密技术，对用户的个人数据进行加密存储和传输，确保数据在传输过程中不被非法获取或篡改。

2. 访问控制和权限管理

移动新闻客户端应建立严格的访问控制机制，限制用户数据的访问权限，只允许授权人员或系统进行必要的数据操作。

3. 安全审计和监控

移动新闻客户端应建立安全审计和监控机制，对系统和数据进行实时监测，及时发现异常行为和漏洞，并采取相应措施进行修复和防范。

4. 数据备份与恢复

移动新闻客户端应定期对用户数据进行备份，以防止数据丢失或损坏，并能够及时恢复用户数据，保证用户数据的完整性和可靠性。

5. 安全培训和意识提升

移动新闻客户端应对员工进行安全培训，增强其安全意识和技能，减少内部人员对用户数据的滥用或泄露风险。

6. 漏洞修复和安全更新

移动新闻客户端应及时跟踪和修复系统漏洞，并提供及时的安全更新，确保移动新闻客户端的软件和系统能够抵御最新的安全威胁。

7. 第三方合作风险管理

移动新闻客户端与第三方合作时，应建立相应的风险评估和管理机制，明确合作方对用户数据的处理方式，确保第三方不会滥用或泄露用户数据。

（二）用户权益保护措施

作为移动新闻客户端，保护用户的权益是重中之重。移动新闻客户端一般会采取这样一些措施来保护用户权益：

1. 透明的隐私政策

移动新闻客户端应提供清晰、易懂的隐私政策，让用户清楚了解个人数据的收集和使用方式，并保证用户知情权得到有效保护。

2. 合法合规运营

移动新闻客户端应遵守相关的法律法规，如《中华人民共和国个人信息保护法》等，确保用户权益得到法律保护。

3. 用户明示同意

移动新闻客户端应在收集用户个人数据前，明确征得用户的明示同意，确保用户主动参与和选择。

4. 用户选择权

移动新闻客户端应尊重用户的选择权，允许用户选择是否同意数据收集和使用，并提供简便的操作方式，让用户随时取消或修改授权。

5. 用户数据安全保护

移动新闻客户端应采取有效措施保护用户个人数据的安全性和机密性，避免数据泄露、损坏或滥用的风险。

6. 用户访问和修改权

移动新闻客户端应向用户提供访问和修改个人数据的渠道，确保用户能够随时查看、纠正或删除自己的个人数据。

7. 用户投诉和申诉途径

移动新闻客户端应建立用户投诉和申诉处理机制，及时回应用户的反馈和意见，解决用户的问题和困扰。

8. 用户教育和引导

移动新闻客户端可以通过用户教育和引导，提高用户对隐私保护的认知和理解，增强用户对移动新闻客户端的信任感。

通过以上隐私安全和用户权益保护措施的评估，移动新闻客户端可以建立一个全面、健全的数据安全管理体系，提高用户隐私和个人数据的保护水平，增加用户对移动新闻客户端的信任和黏性。同时，移动新闻客户端也需要根据不断变化的技术和法律环境，持续优化和完善隐私安全和用户权益保护措施，以适应用户需求和法规要求的不断变化。

第三节 移动新闻客户端的商业模式与可持续发展

一、移动新闻客户端的广告变现和付费模式研究

(一)广告变现方式

移动新闻客户端中的广告形式和合作方式可以多样化,以满足广告主的需求并最大限度地保护用户体验。以下是几种常见的广告形式和合作方式:

1. 横幅广告

横幅广告是一种常见的广告形式,在移动新闻客户端界面的顶部或底部展示,通常以图像、文字或图文混排的形式呈现。横幅广告可以吸引用户的注意力,并且对用户浏览新闻内容影响较小。广告主可以通过点击次数(CPC)或展示次数(CPM)等方式向广告平台付费。

2. 插屏广告

插屏广告是在移动新闻客户端的文章或页面之间插入的全屏广告,通常以图片、视频或富媒体等形式呈现。插屏广告能够吸引用户的高度关注,并且点击率相对较高。然而,插屏广告可能会中断用户的浏览体验,需要谨慎平衡广告数量和频率,以避免给用户带来不良体验。

3. 原生广告

原生广告是与移动新闻客户端内容风格相符的广告形式,以更好地融入用户的浏览体验中。原生广告通常以与新闻内容相似的形式呈现,例如,以文章、图片或视频的方式展示。通过保持一致的界面风格和用户交互方式,原生广告能够提供更高的点击率和转化率。然而,需要确保广告内容与新闻内容相互区分,避免给用户带来困惑或误导。

4. 合作方式

移动新闻客户端可以与广告平台进行合作,选择合适的广告投放方式。常见的合作方式包括:

每次点击付费(CPC):广告主根据用户的点击次数向广告平台支付费用。

这种合作方式相对灵活，广告主只需为实际点击付费，但同时也要求广告平台提供精确的点击统计和追踪系统。

每千次展示付费（CPM）：广告主根据广告在移动新闻客户端上的展示次数向广告平台支付费用。每千次展示付费合作方式适用于品牌推广和广告曝光量较大的情况，但并不能保证广告获得实际点击或转化。

按效果付费（CPA）：广告主根据广告的实际转化效果向广告平台支付费用。这种合作方式需要建立有效的转化追踪和统计机制，以确保广告商仅为实际有效的转化支付费用。

移动新闻客户端需要平衡广告收益和用户体验，确保广告内容的质量和合理的投放频率。同时，需要遵守相关法律法规，保护用户隐私和个人信息安全，避免过度侵害用户的隐私权。对于合作方式，可以根据广告主的需求和广告平台的规则进行选择，并建立透明、公正的合作机制，维护良好的合作关系。

（二）广告效果评估

移动新闻客户端在广告投放和管理方面可以采取以下策略来提升用户体验和广告效果：

1. 用户影响和接受程度评估

定期进行用户调研和反馈收集数据，分析广告对用户体验的影响和接受程度。通过问卷调查、用户访谈等方式了解用户对不同类型广告的态度和偏好，以便优化广告内容和投放方式。同时，也要考虑用户的广告容忍度和对广告的期望，避免过度干扰用户的浏览体验。

2. 点击率和转化率提升策略

为了提高广告的点击率和转化率，可以采取以下策略：

优化广告设计：设计吸引人的广告内容，包括有趣的图片、引人注目的标题和吸引眼球的视觉效果。

精准定向广告受众：根据用户的兴趣、地理位置、年龄等信息进行精准定向，将广告投放给最相关的用户群体。

提供有吸引力的广告内容：根据用户需求和偏好，提供符合其兴趣的广告内容，增加用户的点击意愿和转化率。

合理选择广告位置：将广告放置在用户浏览习惯和注意力集中的位置，提高广告的曝光度和点击率。

3. 广告个性化推荐

根据用户的浏览行为、兴趣爱好等信息，向用户推荐符合其偏好的个性化广告内容。通过分析用户的历史浏览记录和点击行为，可以精确理解用户的兴趣，并根据这些信息进行广告内容的推荐。个性化广告推荐可以提高广告的相关性和用户的点击率。

4. 广告屏蔽和拦截管理

为了保护用户免受恶意广告、欺诈广告和低质量广告的干扰和欺骗，移动新闻客户端需要采取有效的屏蔽和拦截管理措施。可以使用广告过滤技术、反欺诈算法等手段来检测和屏蔽不良广告。同时，也需要建立投诉机制，让用户可以举报不良广告，及时进行处理。

（三）付费模式研究

移动新闻客户端在广告变现和付费模式方面可以考虑以下策略：

1. 单篇文章购买

为了提供更多精细化和有针对性的内容，移动新闻客户端可以在重要、独家或特定的文章上设置付费阅读选项。用户可以根据个人需求选择是否购买该篇文章的阅读权限。这种模式可以通过提供高质量、独家的内容吸引用户进行付费，但需要注意平衡付费内容与免费内容之间的比例，避免限制用户对其他内容的访问而导致用户流失。

2. 整体订阅

移动新闻客户端可以提供整体订阅服务，让用户通过支付一定费用获得对全部或部分内容的访问权限。通过整体订阅模式，用户可以享受更全面的内容服务，并且可以根据自己的兴趣选择是否进行订阅。在确定订阅价格时，需要考虑市场竞争情况、用户接受能力以及内容提供的价值，保持合理定价并持续提供高质量和更新频率的内容。

3. 免费与付费结合模式

移动新闻客户端可以将免费和付费内容结合起来，通过提供部分免费内容和精品付费内容的混合模式，满足不同用户的需求。免费内容可以吸引更多的用户流量，同时通过提供付费内容来实现收益增长。在确定免费和付费内容的比例时，需要综合考虑用户需求、市场竞争情况和内容提供的价值。

4. 广告与付费结合模式

移动新闻客户端可以将广告和付费结合起来，通过广告变现和付费模式相结合，实现多元化的收入来源。除了提供传统的广告展示方式外，可以探索更多创新的广告形式，如原生广告、品牌合作、定制化广告等。同时，也可以设置免费广告和付费广告两种形式，让用户根据自己的需求和接受程度进行选择。

二、移动新闻客户端的订阅制度和会员服务分析

（一）订阅制度分析

移动新闻客户端的订阅制度设计需要考虑以下几个方面：

1. 订阅内容设计

移动新闻客户端应该提供多样化且有吸引力的订阅内容，例如独家报道、深度分析、专题报道等。这些内容应该具备高质量、独特性和实用性，能够满足用户对于高质量资讯的需求。同时，要根据不同用户的兴趣和需求，提供多样化的订阅选项，让用户可以根据自己的喜好选择订阅内容。

2. 价格策略确定

订阅制度中的价格策略需要在市场需求和竞争情况的基础上进行合理确定。可以考虑提供不同档次的会员套餐，如基础套餐、高级套餐等，给用户更多选择，并根据内容的独特性、定位以及市场反馈来定价。在确定价格时，需要综合考虑用户付费意愿、竞争对手的价格策略和市场的消费水平，确保价格具有合理性和竞争力。

3. 订阅期限设置

订阅制度中的订阅期限应该根据用户需求和使用习惯进行灵活设置。可以提供包年、季度、月度、周度等不同订阅期限，给用户更多选择的自由度。对于长期忠实用户，可以提供更多优惠和特殊权益，以增强用户的黏性和持续订阅的动力。

4. 用户权益保障

订阅制度中应明确用户的权益和服务承诺，例如提供不满意退款、VIP专属客服等服务。这样可以增强用户的信任感和满意度，并提高用户对订阅的认可度和参与度。同时，要确保用户的个人信息和隐私安全，建立健全的数据保护机制，提高用户使用移动新闻客户端的信心和安心感。

（二）会员服务分析

移动新闻客户端的会员服务设计应该考虑以下几个方面：

1. 独家内容

会员服务应该提供独家内容，例如专访、深度报道、精选文章等。这些独家内容应该具备高品质、高价值，并且无法在免费版中获取。通过提供独家内容，可以吸引用户通过付费订阅来获取更有价值的资讯，增加会员服务的吸引力。

2. 福利权益

会员服务可以提供一系列福利权益，例如去广告特权、优先阅读权、线下活动参与权、优惠购买权等。这些福利权益可以提升用户的使用体验和归属感，使用户感受到会员服务的独特价值。同时，还可以根据会员等级或持续订阅时间给予不同的福利待遇，以激励用户长期订阅。

3. 个性化推荐

会员服务应该提供个性化的内容推荐功能。通过分析用户的偏好和浏览行为，可以为每位会员定制个性化的内容推送，确保所推荐的内容与用户的兴趣相匹配，提高内容的相关性和用户的满意度。个性化推荐还可以帮助用户发现更多感兴趣的内容，提升用户的用户黏性和参与度。

4. 社区互动

会员服务可以设立会员专属的社区或讨论群组。通过社区互动，用户可以与其他会员进行交流、互动和分享。在社区中，用户可以分享自己的观点、提出问题、寻求建议等，增加用户之间的互动和黏性。此外，还可以邀请专家或名人参与社区，提供更丰富和有深度的讨论话题，进一步增强会员的参与感和忠诚度。

（三）会员服务优化策略

1. 不断优化订阅制度

会员服务应根据用户反馈和市场需求，持续优化订阅制度中的内容和定价策略。通过调查问卷、用户反馈、市场调研等方式，了解用户的需求和偏好，并基于这些数据进行精细化地调整。可以考虑引入不同层级的会员套餐，以满足不同用户的需求，同时应确保订阅价格合理且可以提供足够的增值内容。

2. 定期更新独家内容

会员服务中的独家内容应定期更新，以吸引用户的持续订阅并留存。可以建立专门的团队负责独家内容的策划、采编和发布工作，并设立明确的时间节点和产出目标。此外，还可以与行业内的权威人士、专家学者等建立合作关系，确保能够获取到独特、有深度的内容资源。

3. 个性化推荐算法优化

个性化推荐是会员服务的一个重要环节，可以通过不断改进和优化个性化推荐算法来提高推荐的准确性和用户满意度。可以采用机器学习和数据分析的方法，分析用户的历史行为数据，了解用户的兴趣和喜好，并根据这些数据进行个性化推荐。同时，可以通过用户反馈和评价来优化算法，提高推荐的质量和用户体验。

4. 多样化的福利权益

会员服务应提供多样化的福利权益，以增强用户对会员服务的价值感和归属感。除去广告特权、优先阅读权外，还可以考虑为会员提供线下活动参与权、优惠购买权、赠送精美礼品等福利。还可以根据用户的使用行为和订阅时长给予不同级别的会员不同的福利待遇，以激励用户的持续订阅和活跃参与。

三、移动新闻客户端可持续发展策略和盈利模式探讨

（一）可持续发展策略

可持续发展策略是指在满足当前需求的同时，保护和提升未来资源和环境的能力。移动新闻端可从增加客户黏性、扩大用户基础、拓展新兴市场这三方面入手，见表4-2所列：

表 4-2　移动新闻端的可持续发展策略

1. 增加用户黏性	
个性化推荐算法	通过分析用户浏览历史、兴趣偏好等数据,提供符合用户口味的个性化内容推荐,以增加用户对移动新闻客户端的依赖性
提供高质量内容	注重内容的准确性、权威性和独特性,在新闻报道、专业分析等方面做到精益求精,提供用户难以替代的价值
用户参与活动	引入用户参与的互动模式,如投票、评论、分享等,促进用户与移动新闻客户端之间的互动,增加用户黏性,并建立一个积极互动的社区
2. 扩大用户基础	
市场推广	通过广告、宣传、口碑传播等手段,提升移动新闻客户端的知名度和影响力,吸引更多用户下载和使用
营销促销	推出优惠活动、赠送礼品等方式,吸引潜在用户试用移动新闻客户端,并留存下来,形成用户基础
合作伙伴联合营销	与其他相关行业的合作伙伴进行联合营销,如与手机厂商合作预装、与电信运营商合作推广等,扩大用户覆盖面
3. 拓展新兴市场	
地方化内容	深入了解不同地区用户的兴趣和需求,提供与当地相关的新闻报道、文化娱乐等内容,满足用户的地方化需求
服务本地化	提供与当地相关的服务,如天气预报、交通信息、本地活动推荐等,增加用户对移动新闻客户端的实用性和依赖性
建立地方合作伙伴关系	与当地的内容提供商、媒体机构等建立合作伙伴关系,共同推广移动新闻客户端,并获取更多用户资源

（二）盈利模式探讨

移动新闻客户端可以通过广告收入、付费订阅和品牌合作等方式实现盈利。

1. 广告收入

广告是移动新闻客户端主要的盈利来源之一。通过在客户端中投放广告,可以吸引广告主的投放,并获得广告费用。为了提高广告效果和吸引更多广告主,可以采取以下策略:

用户画像和数据分析。通过对用户的浏览行为、兴趣偏好等数据进行分析,建立用户画像,为广告主提供精准的投放目标人群,提高广告的效果和转化率。

定制化广告。根据广告主的需求,提供个性化、定制化的广告形式,如原生广告、视频广告等,以增加用户对广告的接受度和点击率。

展示广告价值。通过数据统计、案例分析等方式，向广告主说明广告在移动新闻客户端上的价值和效果，增加广告主对广告投放的认可度和信心。

2. 付费订阅

付费订阅是一种直接从用户那里获取收入的方式。通过提供订阅制度和会员服务，向用户收取一定的费用，以获取持续的收入来源。为了吸引用户付费订阅并提升用户价值感，可以考虑以下策略，如图 4-1 所示：

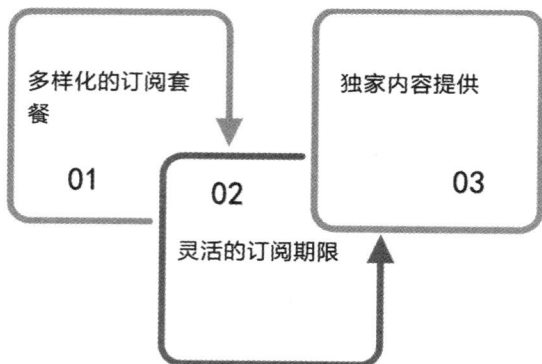

图4-1　付费订阅策略

多样化的订阅套餐。设置不同档次的订阅套餐，根据用户需求和消费能力，提供不同级别的服务和权益。例如，基础订阅、高级订阅、VIP 订阅等，让用户选择适合自己的订阅模式。

独家内容提供。为付费订阅用户提供独家、高品质的内容，如深度报道、专家解读等，增加用户的付费意愿和价值感。

灵活的订阅期限。根据用户需求和消费习惯，提供不同的订阅期限，如月度订阅、季度订阅、年度订阅等，让用户选择灵活的付费方式。

3. 品牌合作

通过与知名品牌的合作，可以实现品牌曝光和收入共享。合作方式包括但不限于以下几种形式：

新闻机构合作。与知名新闻机构进行合作，共享新闻资源、报道权威性等，提高移动新闻客户端的品牌价值和用户依赖度。

企业合作。与企业进行合作，推出定制化的企业资讯、产品推广等，实现品牌曝光和收入共享。

娱乐公司合作。与娱乐公司合作，提供独家娱乐内容、明星专访等，增加用户对移动新闻客户端的关注度和使用频率。

（三）商业创新与变革

移动新闻客户端可以通过数据驱动决策、多元化内容发布、社交化互动功能和科技创新应用等方式增强用户体验和提升用户黏性。

1. 数据驱动决策

数据驱动决策在移动新闻客户端的发展中扮演着重要的角色。通过利用大数据分析和人工智能技术，可以深入挖掘用户行为和偏好，从而获取关键的信息以制定商业策略和改进产品。以下是具体的应用场景和实施方法。

通过对用户行为的深度挖掘，可以了解用户的兴趣爱好、偏好，甚至是用户的心理特征。这可以通过分析用户的浏览记录、搜索历史、点击行为等来实现。通过这些数据的分析，可以得到用户的画像和不同用户群体的特征，从而为商业策略的制定提供依据。

通过数据驱动的个性化推荐系统，可以根据用户的喜好和行为模式，精确地推送符合其兴趣的新闻内容。这可以提高用户的满意度和忠诚度，并增加用户黏性。个性化推荐系统的实现需要依赖机器学习和深度学习等人工智能技术，通过对大量数据的学习和模式识别，为每个用户提供最适合的内容推荐。

数据驱动决策还可以帮助移动新闻客户端优化产品体验。通过监测用户在使用过程中的行为和反馈，可以及时发现和解决问题，提高产品的稳定性和用户满意度。例如，通过分析用户的使用习惯，了解用户对产品界面的偏好，进行相应的界面设计和功能调整，使用户更加容易上手并提高用户体验。

通过数据驱动决策，还可以进行市场和竞争分析。通过分析用户的喜好和需求，了解市场的需求趋势和竞争对手的优势和劣势，以制定更有针对性的市场营销策略。

在实施数据驱动决策过程中，需要注意以下几点。首先，确保数据的质量和准确性。只有准确的数据才能支持有效地分析和决策。其次，要注重用户隐私保护，合法合规地获取和使用用户数据。最后，建立完善的数据分析团队，具备数据科学和人工智能技术的专业能力，从而能够充分发挥数据驱动决策的价值。

2. 多元化内容发布

移动新闻客户端的内容发布可以通过多元化的形式来满足用户的多样化需求。除了传统的新闻报道，可以考虑扩展为一个内容平台，提供音频、视频、图文等多种形式的内容，以吸引不同类型的用户，并增加用户黏性和使用时长。以下是具体的应用场景和实施方法。

推出独家专访的视频内容。通过与各个领域的专家、名人进行深度访谈，并将其制作成视频内容，为用户呈现有声有色的视听盛宴。这种形式的内容有助于提升用户的参与感和互动性，让用户更加沉浸其中。例如，可以邀请科技界的专家分享最新的科技趋势，让用户了解行业动态并学习相关知识。

精心编辑的图文报道也是一种多元化的内容形式。通过图文的结合，可以更好地传达信息，使用户更加直观地了解新闻事件。在编辑图文报道时，可以采用富媒体的形式，如插图、图表、动画等，以提升用户阅读的体验和吸引力。例如，在报道财经新闻时，可以通过图表的形式展示数据，让用户更加清晰地了解市场动态。

在移动新闻客户端上提供有声书籍等音频内容。有声书籍的受众群体较广，各年龄段的用户都可以通过听书的方式获取知识和娱乐。例如，可以邀请知名演员或声优为经典文学作品进行配音，使用户能够随时随地享受阅读的乐趣。同时，有声书籍也可以提供各类知识类的节目，如心理学、历史文化等，满足用户的学习需求。

移动新闻客户端还可以推出互动性强的内容形式，如语音直播、在线问答等。通过这种方式，用户可以与嘉宾进行实时互动，提问、评论，增加用户的参与感和互动性。例如，在新闻直播中，用户可以通过语音的方式提出问题或发表意见，与主持人和嘉宾进行互动。

在实施多元化内容发布过程中，需要注意以下几点。首先，要根据用户的兴趣和需求，精确定位不同类型的内容，并提供个性化推荐。其次，要注重内容的质量和原创性，以保证用户得到有价值的信息和观点。最后，要加强内容的版权保护，遵守相关法律法规，确保合法合规的内容分发。

3. 社交化互动功能

为了加强与用户之间的互动，可以在移动新闻客户端上提供评论、点赞、转发等社交化功能。通过这些功能，用户可以分享自己的观点、参与讨论，还可以与其他用户进行互动。这种社交化互动功能能够增加用户的参与感和忠诚度，促进用户对移动新闻客户端的依赖和用户黏性的提升。

提供评论功能是增强用户互动的重要手段之一。用户可以在新闻文章下方进行评论，表达自己的观点和看法。这样不仅有助于用户表达自己的意见，还可以促进用户之间的交流和互动。同时，可以设置评论的点赞功能，让用户可以支持或反对其他用户的评论，进一步加深用户之间的互动。

点赞功能是用户互动的另一个重要方式。用户可以通过点赞按钮来表达对某篇新闻、某个评论或某个用户的喜爱和认同。这种形式的互动可以为用户提供快速而直观的表达方式，同时也会激发用户的积极性。例如，在新闻文章下面设置点赞按钮，用户可以通过点击按钮来为自己喜欢的新闻文章点赞，并可以看到其他用户的点赞数量，进一步增加互动的趣味性。

转发功能也是社交化互动中的重要环节之一。用户可以将自己喜欢的新闻内容、评论或观点转发到自己的社交媒体账号上，与自己的朋友、关注者进行分享。这种形式的互动不仅可以扩大新闻内容的传播范围，还可以增加用户对移动新闻客户端的宣传和推广力度。例如，在新闻文章旁边设置转发按钮，用户可以一键将新闻内容转发到微博、微信等社交媒体平台，与自己的社交圈进行分享。

在实施社交化互动功能时，需要注意以下几点。首先，要确保用户的隐私和信息安全，建立健全的用户信息保护机制，防止用户信息被滥用。其次，要设置合理的管理规则和审核机制，及时处理用户的举报和投诉，维护良好的互动环境。最后，要充分利用用户生成内容，如优秀评论、热门话题等，为用户提供更好的互动体验和参与感。

4. 科技创新应用

利用新兴技术如虚拟现实（VR）、增强现实（AR）等，为移动新闻客户端提供更富有沉浸感和互动性的新闻体验，是一种科技创新应用的方式。这样的应用可以为用户带来更真实、更生动的新闻体验，让他们有机会参与到新闻场景中。

虚拟现实技术可以将用户完全沉浸到一个虚拟的环境中。通过佩戴 VR 设备，用户可以进入一个逼真的虚拟世界，就像置身其中一样。在移动新闻客户端上，可以利用虚拟现实技术为用户呈现新闻事件的现场场景，让用户感受到真实的氛围和紧张感。例如，在报道火灾事故时，用户可以通过 VR 设备，看到烟雾弥漫的现场、消防员的救援行动等，使用户对新闻事件有更深入的理解和感受。

增强现实技术可以将虚拟元素与现实环境相结合，为用户提供更丰富的交互体验。通过移动设备上的摄像头和 AR 技术，可以在现实场景中叠加虚拟物体或信息，使用户可以通过手机屏幕或 AR 眼镜看到增强的内容。在移动新闻客户端上，可以利用增强现实技术为用户提供更多的补充信息和交互功能。例如，在报道博物馆展览时，用户可以通过扫描展品上的二维码，看到该展品的介绍、历史背景等详细信息，还可以与其他用户进行互动交流。

结合人工智能技术，为移动新闻客户端提供更个性化和智能化的新闻推荐和服务。通过分析用户的阅读偏好和行为习惯，利用机器学习算法和推荐系统，可以向用户推荐更符合其兴趣和需求的新闻内容。同时，利用自然语言处理技术和语音识别技术，可以实现语音助手的功能，帮助用户进行新闻搜索、内容浏览等操作。这样的应用能够提高用户的使用体验，提升移动新闻客户端的用户留存率和用户活跃度。

在实施科技创新应用时，需要注意以下几点。首先，要确保技术的稳定性和可靠性，避免出现用户体验不佳的情况。其次，要考虑用户的使用场景和设备兼容性，确保应用能够在不同的设备上正常运行。最后，要关注用户的隐私和信息安全，建立健全的数据保护机制，防止用户数据被滥用。

第四节　移动新闻客户端的跨界合作与创新应用

一、移动新闻客户端和社交平台的整合与合作研究

（一）社交平台数据集成

社交平台数据集成对于移动新闻客户端的发展具有重要意义。通过与社交平台的数据接入与整合，可以实现以下几个方面的优化和提升。

数据接入与整合是社交平台数据集成的关键步骤。移动新闻客户端需要与社交平台进行合作并获取相关数据，可以通过 API 接口或合作协议等渠道实现数据的接入和整合。通过与社交平台数据的整合，可以将社交平台上的内容和用户数据导入到移动新闻客户端中，从而为用户提供更丰富多元的信息和服务。

社交平台的内容也可以为移动新闻客户端带来丰富化。除了传统的新闻报道，社交平台上的热门话题、用户分享的内容、名人专栏等都可以成为移动新闻客户端的内容来源。通过整合社交平台的内容，可以满足用户多样化的阅读需求，提供更加全面和多角度的信息。

通过社交平台数据集成，可以建立更全面、准确的用户画像。社交平台上的用户行为、兴趣、互动等数据可以为移动新闻客户端提供更深入的用户洞察。通过分析这些数据，可以了解用户的兴趣偏好、阅读习惯等，为用户提供个性化的推荐服务。通过精准地推荐，移动新闻客户端可以提高用户的参与度和留存率。

社交平台数据集成还可以提升用户社交化交流的体验。通过整合社交平台的用户数据，可以实现用户之间的互相关注、点赞、评论等社交功能。这样的社交化交流可以增加用户的互动性和参与感，使用户更愿意在移动新闻客户端上进行交流和分享。

在实施社交平台数据集成时，需要注意以下几点。首先，要确保数据的安全和隐私保护。合作的社交平台需要严格遵守相关法律法规，并保护用户的个人隐私和信息安全。其次，要考虑用户体验和界面设计。社交平台数据的集成应该

以用户为中心，简化用户操作流程，提供友好的用户界面。最后，要与社交平台保持良好的合作关系，及时跟进社交平台的变化和更新，保证数据的持续接入和整合。

（二）用户行为分析

用户行为分析是移动新闻客户端发展中的重要环节，通过对用户在移动新闻客户端和社交平台上的行为进行分析，可以深入了解用户的需求、兴趣和偏好，从而优化内容推荐和社交功能，提升用户体验和参与度。

用户分享新闻行为分析是用户行为分析的重要方面之一。通过整合社交平台数据，可以了解用户在移动新闻客户端上的新闻分享行为。具体可以关注以下几个方面：用户分享的新闻类型、分享的渠道、分享的频率等。这些信息可以为新闻客户端的内容推荐和社交功能优化提供依据。例如，如果发现用户更倾向于分享某一类型的新闻，则可以加大对该类型新闻的推荐力度或者设计相应的社交分享功能，以满足用户的需求。

评论互动行为分析也是用户行为分析的重要环节。通过分析用户在移动新闻客户端和社交平台上的评论互动行为，可以了解用户对新闻内容的喜好、偏好和评价。可以进一步分析用户对不同类型新闻的评论行为，包括评论频率、评论内容、评论的情感倾向等。这些信息对于新闻客户端的内容编辑和运营团队来说具有重要参考价值。通过对评论互动行为的分析，可以了解用户对新闻的态度和观点，进而进行相应的内容改进和优化。

用户兴趣和话题发现也是用户行为分析中的重要一环。通过对用户社交平台数据的挖掘和分析，可以识别用户关注的兴趣点和热门话题。例如，可以分析用户在社交平台上关注的人物、参与的话题讨论等。这些信息可以应用于移动新闻客户端的个性化推荐和内容策划中。通过根据用户的兴趣点和关注话题推送相关内容，可以提高用户的关注度和参与度，增加用户的黏性和活跃度。

在进行用户行为分析时，需要注意以下几点。首先，保护用户隐私和数据安全是至关重要的。在进行数据分析和挖掘时，必须遵循相关的法律法规，并保证用户的个人信息不被泄露和滥用。其次，数据分析和挖掘需要具备专业的技术和工具支持。需要借助数据分析工具和算法模型来处理大量的用户数据，从而得出准确、可靠的分析结果。最后，用户行为分析需要与用户体验和产品设计相结合。分析结果应该能够为改进产品功能、优化用户体验提供有价值的建议和指导。

（三）合作模式与效果评估

合作模式与效果评估对于移动新闻客户端发展的成功至关重要。以下是几种常见的合作模式和相应的效果评估方法：

1. 合作推广

与社交平台进行合作推广是一种常见的合作模式。通过社交平台渠道向用户推送移动新闻客户端的内容和服务，提高新闻客户端的曝光度和用户增长效果。在合作推广过程中，可以采用付费推广、共享资源等方式。合作推广的效果评估可以通过以下指标进行监测和分析：合作期间的用户增长情况、合作推广活动带来的下载和安装量、新用户的留存率等。同时，还可以通过用户调研和满意度调查，了解用户对合作推广的感知和满意度。

2. 共享用户资源

与社交平台进行用户资源共享，双方共同分享用户数据和流量，可以实现用户之间的无缝跳转和信息传递，提升用户体验和使用黏性。这种合作模式可以通过共享用户登录、授权等方式来实现。效果评估可以从用户转化率、共享用户的活跃度、跨平台使用的频率等方面进行监测和分析。同时，需要紧密关注用户隐私保护，确保用户数据的安全和合规操作。

3. 效果评估

对合作模式的效果进行定期评估非常重要。在移动新闻客户端与社交平台的合作中，可以通过数据分析来监测合作后的用户增长、活跃度、留存率等指标的变化情况。同时，还可以进行用户调研和满意度调查，了解用户对合作模式的感知和满意度，从而及时发现问题和改进策略。效果评估不仅要关注客观指标的变化，还要关注用户体验和用户满意度等主观指标的变化。

在进行合作模式和效果评估时，需要注意以下几点。首先，确保合作模式符合相关法规和政策，保护用户隐私和数据安全。其次，在合作模式的选择和评估过程中，需要进行充分的市场调研和竞争分析，确保选择的合作对象具有良好的口碑和合作资源。最后，合作模式和效果评估应该与产品策略和用户需求相结合，既要关注数字化指标的变化，也要关注用户体验和用户满意度等主观指标的变化。

二、移动新闻客户端和智能技术的创新应用实践

（一）语音识别与推送

语音识别技术在移动新闻客户端中的应用可以提供更加智能化和个性化的服务。以下是几种常见的应用方式：

1. 语音输入转文字

通过语音识别技术，将用户的语音输入实时转化为文字内容。移动新闻客户端可以利用开源的语音识别引擎如百度语音识别、讯飞语音识别等，来实现对用户语音的快速准确识别。这样一来，用户无须手动输入文字，可以通过语音直接进行操作和交流，提高用户体验。

2. 新闻内容自动识别

通过语音识别技术将用户的语音输入转化为文字后，可以应用自然语言处理技术对新闻内容进行自动分类和标签提取。基于机器学习算法和文本挖掘技术，可以对新闻进行主题分类、情感分析等，以便更好地理解用户的兴趣和需求。这样一来，移动新闻客户端可以根据用户的语音输入，智能地推荐相关的新闻内容，并分析用户的偏好，提供个性化的新闻服务。

3. 个性化推送服务

基于语音识别和内容自动识别的结果，移动新闻客户端可以实现个性化的新闻推送服务。通过分析用户的语音输入和浏览历史等，可以了解用户的兴趣领域和偏好，提供与用户兴趣相关的新闻内容推荐。这样一来，用户可以更快捷、便利地获取到感兴趣的内容，并且移动新闻客户端可以根据用户的反馈和行为进行实时调整和优化，提高用户满意度和黏性。

在应用语音识别技术的过程中，需要注意以下几点。首先，要确保语音识别的准确性和稳定性，选择合适的语音识别引擎，并根据实际情况进行模型训练和优化。其次，要注意用户隐私保护，在将用户的语音转化为文字之前，需要明确

告知用户并获得授权。同时，还要确保用户的语音数据在存储和传输过程中的安全性和保密性。最后，要不断跟进语音识别技术的最新发展，及时引入新的算法和模型，提高语音识别的性能和用户体验。

（二）智能推荐系统

移动新闻客户端可以通过多种方式实现个性化的新闻推荐服务。以下是几种常见的应用方式：

1. 用户兴趣建模

移动新闻客户端可以通过分析用户的点击、收藏、评论等行为数据，建立用户兴趣模型。通过机器学习算法，发现用户的偏好、兴趣点和阅读习惯，从而实现个性化的新闻推荐。例如，可以根据用户的历史阅读记录和行为数据，了解用户喜欢的新闻主题、关注的作者或频道，从而为用户提供更加符合其兴趣的内容推荐。

2. 相似用户推荐

基于用户兴趣建模，移动新闻客户端可以探索相似用户之间的兴趣相关性，并将这种关联性应用于推荐系统中。通过分析用户社交关系和行为数据，寻找与当前用户兴趣相似的其他用户，并推荐这些用户喜欢的新闻内容。例如，可以根据用户所关注的人或群体，推荐他们感兴趣的新闻内容，或者根据用户与其他用户的行为相似度，推荐他们也喜欢的新闻内容。

3. 内容特征提取

移动新闻客户端可以通过分析新闻内容的文本特征，如关键词、主题、情感等，进行内容相似度计算。基于这些特征，利用机器学习算法构建内容推荐模型，为用户提供更加精准的个性化推荐服务。例如，可以根据用户的阅读历史和喜好，找出与其喜欢的新闻内容相似的其他新闻，或者根据新闻内容的情感色彩，推荐符合用户当前情绪的新闻。

在应用个性化推荐技术的过程中，需要注意以下几点。首先，需要保护用户隐私，确保用户数据的安全和合法使用，并获得用户的明确授权。其次，要不断优化算法和模型，提高推荐的准确性和个性化程度，以满足用户的需求。同时，还要考虑平衡推荐的多样性和用户满意度之间的关系，避免出现过度重复推荐或推荐无关内容的情况。

（三）虚拟现实与增强现实

1. 新闻内容的虚拟展示

通过虚拟现实技术，移动新闻客户端可以将新闻内容以虚拟的形式展现给用户。例如，通过虚拟场景和虚拟人物，将新闻事件还原并呈现给用户，增加用户的沉浸感和参与感。

2. 新闻场景的增强体验

利用增强现实技术，移动新闻客户端可以为用户提供更加丰富、互动的新闻阅读体验。例如，用户可以通过扫描二维码或使用 AR 眼镜，获取与新闻相关的实时信息、图片、视频等，以增强对新闻事件的理解和感知。

3. 虚拟社交互动

在移动新闻客户端中应用虚拟现实和增强现实技术，可以让用户参与到新闻事件中。例如，用户可以在虚拟现实场景中与其他用户进行互动、讨论，分享自己的观点和评论，增加新闻阅读的社交性和趣味性。

通过应用语音识别与推送、智能推荐系统以及虚拟现实与增强现实技术，移动新闻客户端可以为用户提供更加个性化、便捷和沉浸式的新闻阅读体验。同时，需要注重技术的稳定性和用户隐私的保护，确保服务质量和信息安全。

三、移动新闻客户端在教育、健康等领域的拓展与创新

（一）移动学习平台

1. 在线课程和学习资源

移动新闻客户端可以通过整合在线教育平台的资源，提供丰富多样的在线课程和学习资源，包括文字、音频、视频等形式的教学内容。用户可以通过移动设备随时随地进行学习，提高学习效率和灵活性。

2. 个性化学习推荐

基于用户的学习历史和兴趣偏好，移动新闻客户端可以利用智能算法和机器学习技术，为用户提供个性化的学习推荐服务。根据用户的学习目标、兴趣爱好等特征，推荐适合用户的学习内容和学习路径，提升学习体验和效果。

3. 学习社交互动

移动新闻客户端可以通过社交功能和互动机制，促进用户之间的学习交流和互动。例如，用户可以在学习过程中与其他学员进行讨论、共享笔记、参与在线小组等，提高学习的互动性和参与度。

（二）健康资讯服务

1. 可信赖的健康资讯

移动新闻客户端可以与医疗机构、专业医生等合作，提供可信赖的健康资讯服务。通过与权威机构的合作和内容审核，确保所提供的健康资讯准确可靠，满足用户对健康信息的需求。

2. 医疗服务指引

移动新闻客户端可以整合医疗资源和医疗服务，提供用户就医指南、医院预约、挂号服务等功能。通过与医疗机构的合作，为用户提供方便快捷的医疗服务，提高就医效率和用户体验。

3. 健康管理工具

移动新闻客户端可以提供健康管理工具，如健康记录、健康测量等功能，帮助用户管理自己的健康状态。通过记录健康数据和提供个性化的健康建议，引导用户养成健康的生活习惯。

（三）用户在健康、教育等领域的参与和互动

1. 社交功能

移动新闻客户端可以提供社交功能，让用户之间进行交流、分享和互动。例如，用户可以在新闻评论区进行讨论、发表观点，与其他用户交流和互动，增加用户参与感和社交性。

2. 用户生成内容

移动新闻客户端可以鼓励用户生成内容，如发表博客、撰写评论、发布文章等。通过提供用户生成内容的平台和机制，促进用户在教育、健康等领域的主动参与和贡献。

3. 活动互动

移动新闻客户端可以举办线上或线下的活动，如主题讲座、专家访谈、在线

问答等，邀请用户参与和互动。通过举办各类活动，促进用户之间、用户与平台的互动，增强用户黏性和参与度。

通过在移动新闻客户端中应用移动学习平台、健康资讯服务和用户参与和互动机制，可以满足用户在教育、健康等领域的需求，丰富用户的学习和生活体验。同时，需要关注用户隐私保护和信息安全，确保服务的可靠性和用户的权益。

第五章　社交媒体平台上的新闻生态研究

第一节　社交媒体平台的特点与功能

一、多媒体交互性

（一）多样化的发布形式

社交媒体平台是人们日常生活中不可或缺的重要工具，它不仅提供了信息传播的渠道，还为用户提供了丰富多样的发布形式以及多媒体交互功能。这些特点使得社交媒体平台成为人们表达自己、分享生活和观点的重要平台。

社交媒体平台提供了文字发布的功能。用户可以通过输入文字来表达自己的想法、感受和观点。文字是最基本的发布形式之一，它简洁明了，能够准确传达用户的意思。用户可以通过发布文字内容与他人交流、讨论话题、表达情感等。此外，社交媒体平台也支持用户使用富文本编辑器，可以对文字进行加粗、斜体、引用等操作，使得发布的内容更加丰富多样。

社交媒体平台支持图片的上传和分享。图片作为一种直观、生动的媒介形式，能够更好地展示事物、场景和情感。用户可以通过发布图片来展示自己的生活、旅行经历、美食享受等。图片的发布不仅可以给用户带来视觉上的享受，还能够引起其他用户的兴趣和共鸣。同时，社交媒体平台也提供了编辑图片的功能，用户可以对图片进行滤镜处理、裁剪和添加文字等操作，使得发布的图片更具个性化和创意性。

社交媒体平台还支持视频的上传和分享。视频作为一种更加直观、生动的媒体形式，能够更好地传达情感、讲述故事和展示技能。用户可以通过发布视频来展示自己的才艺、经验分享、旅游记录等。视频的发布不仅可以给用户带来视听上的享受，还能够吸引更多的用户关注和参与。社交媒体平台通过提供视频编辑工具，使得用户可以对视频进行剪辑、添加字幕、音乐等操作，进一步提升视频的质量和观赏性。

社交媒体平台还支持其他多媒体形式的发布，例如音频、动画和表情包等。音频可以让用户通过录制和发布声音来表达自己的情感和内容，例如音乐创作、广播节目、语音留言等。动画和表情包则可以让用户通过图像和动态表情来传达自己的情感和调侃他人。

（二）丰富的互动方式

社交媒体平台作为信息传播和社交交流的重要工具，不仅提供了多种发布形式，还提供了丰富的互动方式，使用户之间能够更加活跃地参与其中。这些互动方式包括点赞、评论、分享等，这些互动方式的使用不仅丰富了用户的社交体验，还增加了用户之间的交流和互动，进一步促进了社交媒体平台的发展。

点赞是社交媒体平台上最常见的一种互动方式之一。当用户看到其他用户发布的内容觉得喜欢或赞同时，可以通过点赞来表达自己的支持和认可。点赞是一种简单而直接的互动方式，不需要用户进行过多的文字表述，但能够让发布者感受到其他用户对其内容的认可和关注。同时，点赞也具有互动性，因为被点赞的用户可以看到点赞的人数和具体点赞者的身份，从而引发更多用户之间的关注和互动。

评论是社交媒体平台上另一种重要的互动方式。用户可以在其他用户发布的内容下方进行评论，表达自己对内容的看法、观点或提出问题。评论不仅是一种互动的形式，还可以促进用户之间的交流和讨论，拉近彼此的距离。通过评论，用户可以与其他发表相似或不同观点的用户进行互动，扩大自己的社交圈子，获取更多的反馈和意见。此外，社交媒体平台也提供了回复功能，使得评论者和文章作者能够直接进行对话，进一步加深了用户之间的互动。

分享是社交媒体平台上的重要互动方式之一。当用户看到其他用户发布的内容觉得有价值或感兴趣时，可以选择将该内容分享到自己的个人空间或其他社交媒体平台上，让更多的人看到。分享不仅是一种传递信息和资源的方式，还可以扩大内容的覆盖范围，增加内容的曝光率。通过分享，用户可以向自己的关注者推荐优质的内容，引发更多的讨论和互动。同时，分享也可以为被分享的用户带来更多的关注和认可，提升其在社交媒体平台上的影响力和知名度。

除了点赞、评论和分享，社交媒体平台还提供了其他形式的互动方式，例如私信、@提及等。私信可以让用户之间进行一对一的交流，更加私密和直接。@提及则可以让用户在发布内容时直接引用其他用户的名字，使得被引用的用户能够收到通知，进一步增加了用户之间的互动和联结。

（三）增强内容表达能力

随着社交媒体的快速发展和普及，多媒体交互性对信息传播效果产生了重要的影响。图像和视频作为重要的多媒体形式，相较于纯文本内容具有更直观、生动的特点，能够更好地传达信息，增强内容的吸引力和表达能力。

图像作为一种多媒体形式，能够通过形象直观的视觉效果来传达信息，大幅提升了内容的表达能力。相比起纯文字，图像可以更容易引起用户的注意，让信息更易于被浏览和理解。图像不仅可以用来展示产品、描绘场景，还可以用来表达情感、传递思想。例如，在社交媒体上发布一张精美的图片，能够迅速吸引用户的眼球，激发他们的兴趣，进而了解和分享相关内容。此外，图像还能够帮助用户建立更深入的记忆，有效地提升内容的传播效果。

视频是另一种极具表达力的多媒体形式。视频不仅可以通过图像的呈现方式来传达信息，还能够融合声音、表演和剪辑等元素，将信息更加生动地呈现出来。相比于纯文字或静态图像，视频能够更好地捕捉用户的注意力，具有更强的沉浸感和情感共鸣。通过视频，用户可以更全面地了解产品、参与故事，深入体验内容所传递的信息。同时，视频还可以通过剪辑、音效等手段来营造节奏感和悬念，进一步提升内容的吸引力和影响力。

多媒体交互性对信息传播效果的影响不仅体现在表达能力上，还体现在用户参与和互动方面。社交平台上的新闻传播通过使用图像和视频等多媒体形式，用户更容易理解和接受内容，减少了信息传达的障碍。而且，用户在社交媒体平台上更愿意与多媒体内容进行互动和分享。用户可以通过点赞、评论和分享等方式与多媒体内容进行互动，使得内容的传播范围更广，影响力更大。例如，用户在观看一段精彩的视频后，可能会通过转发、评论等方式将其分享给更多的人，促进内容的传播，增强传播效果。

多媒体交互性还可以增强用户对内容的参与感。在社交媒体平台上，用户可以通过与多媒体内容的互动来表达自己的意见和观点。例如，在观看一段视频后，用户可以通过评论的方式对视频中的内容进行评价或提问，与其他用户展开讨论和交流。这种参与感让用户更加投入社交媒体的使用过程，增强了他们对内容的重视和关注度。

二、即时性与实时性

（一）即时消息传递

社交媒体平台作为信息传播和社交交流的重要工具，提供了即时消息传递的特点，使用户能够快速获取实时信息并与他人进行即时交流。即时消息传递的特点主要包括实时性、便捷性和多样性。

即时消息传递具有实时性。社交媒体平台通过在线聊天、即时通信等功能，使用户能够实时收发消息。用户可以立即收到来自他人的消息，并能够即时回复。这种实时性的特点使得用户能够迅速获取最新的信息，及时了解朋友、家人和关注对象的动态。无论是生活中的琐事还是重要的事件，用户都能够第一时间获知，并能够及时进行沟通和交流。这种实时消息传递的特点大幅缩短了信息传递的时间和距离，提高了沟通的效率和及时性。

即时消息传递具有便捷性。社交媒体平台提供了用户友好的界面和便捷的操作方式，使得用户能够轻松地发送和接收消息。用户只需打开平台的消息功能，就能够直接与其他用户进行即时交流。无论是文字消息、语音消息还是图片、视频等多媒体消息，用户都可以方便地发送和接收。同时，社交媒体平台还提供了消息通知功能，用户可以通过推送通知、消息提醒等方式及时知晓新消息的到达。这种便捷性使得用户能够在随时随地进行交流，无论是在家中、工作场所还是外出旅行等情境下，都能够方便地与他人进行即时消息传递。

即时消息传递具有多样性。社交媒体平台为用户提供了丰富多样的消息形式和表达方式。除了传统的文字消息外，用户还可以发送语音消息、图片、表情等多种形式的消息，使得沟通更加生动有趣。此外，社交媒体平台还支持群聊功能，使得用户能够一次性向多个人发送消息，方便进行群组讨论和协作。同时，社交媒体平台还提供了消息撤回、消息转发、消息保存等功能，使用户能够更加灵活地处理和管理消息。这种多样性的特点满足了用户不同的信息传递需求，提供了更多元化的交流方式。

（二）实时更新特点

社交媒体平台的实时更新功能是其重要特点之一，通过动态消息流、实时推送通知等方式，使用户能够快速获取最新的信息和动态。这种迅捷性的特点对用户的信息获取和社交交流产生了积极的影响。

社交媒体平台通过动态消息流的形式实现了实时更新。用户可以在社交媒体平台的主页或个人页面上看到动态消息流，其中包含了他们关注的人或组织的最新动态。这些动态消息包括朋友的分享、文章的发布、图片的上传等，涵盖了各种各样的内容。社交媒体平台根据用户的兴趣和关注偏好，将相关的动态消息进行筛选和排序，使用户能够快速浏览到自己感兴趣的内容。这种实时更新的机制使得用户能够第一时间了解到朋友、明星、品牌等关注对象的最新动态，保持与他们的即时联系。

社交媒体平台通过实时推送通知的方式实现了信息的迅捷更新。用户可以在手机端或电脑端接收到社交媒体平台发送的推送通知，及时了解到新消息的到达和事件的发生。这些推送通知涵盖了各种类型的信息，如私信、评论回复、点赞等。用户可以根据自己的需求和设置，对接收推送通知进行个性化的配置，选择关注对象或特定类型的事件进行通知。这种实时推送通知的功能，使用户能够第一时间知晓重要的消息和事件，及时与他人进行交流和互动。无论是工作中的紧急事务还是朋友圈的热门话题，用户都能够及时获取到相关信息，并能够即时参与到讨论和分享中。

社交媒体平台还通过实时更新功能提供了其他形式的信息展示。例如，用户可以在社交媒体平台上查看热门话题、热门搜索词等，了解当前热门的事件和话题。这些信息通常会在短时间内进行实时更新，使用户能够了解到热门事件的最新进展和舆论动向。同时，一些社交媒体平台还提供了实时直播的功能，用户可以观看到实时发生的活动、演出、比赛等现场情景，增强了用户对真实场景的感知和参与感。

（三）信息获取与传播的影响

即时性和实时性对用户获取信息和信息传播速度产生了显著的影响，它们提高了信息获取效率并加速了信息的传播范围。以下将从用户角度和信息传播角度进行详细分析。

即时性和实时性提高了用户获取信息的效率。在过去，人们获取信息主要依赖于传统媒体（如电视、广播、报纸等）或者通过不太及时的通信方式（如信件、传真等）。而随着社交媒体平台的兴起，用户可以通过动态消息流、实时推送通知等功能迅速获取最新的信息。这种机制使得用户能够减少主动搜索信息的时间和精力，只需要在社交媒体平台上滚动浏览动态消息流，就能获取到个人关注的人物、组织或话题的最新动态。此外，实时推送通知还能第一时间通知用户重要信息的到达，让用户不再错过任何重要的事情。因此，即时性和实时性显著提高了用户获取信息的效率，让人们能够更快速、更方便地了解到各种信息。

即时性和实时性加速了信息的传播范围。社交媒体平台具有高度的联网性和互动性，可以迅速传播信息到更广泛的受众。以微博、微信朋友圈等为例，当一个用户发布一条动态时，它会在其关注者的动态消息流中显示出来，进而可以通过评论、转发等方式将这条信息传播给更多的人。这种信息传播的速度和范围往往比传统媒体和通信方式更快、更广。此外，在重大事件发生时，社交媒体平台也成为人们即刻了解事件详情、表达观点和情感的重要渠道。因此，即时性和实时性使得人们能够更迅速地将信息传播给更广泛的受众，扩大了信息的影响范围。

即时性和实时性也带来了一些问题和挑战。首先，信息的即时更新可能导致信息过载和碎片化。由于社交媒体平台上发布的信息量庞大且持续增长，用户可能会遇到信息过载的困扰，难以筛选和处理大量的信息。此外，用户只能通过有限的字数或图片来表达自己的观点和思想，导致信息的碎片化和简化。这可能降低了信息的深度和质量，使得人们更容易受到虚假信息和谣言的影响。其次，即时性和实时性也给用户带来了压力和焦虑。社交媒体平台上的实时更新功能使得信息传播速度更快，用户可能会感到需要时刻保持对信息的关注，以免错过重要事件或信息。这种压力和焦虑可能对个人的生活、工作和心理健康产生负面影响，需要用户合理调控自己的使用行为，避免沉迷于社交媒体并注意信息的真实性和可靠性。

三、用户生成内容

（一）个人动态发布

社交媒体平台为用户提供了发布个人动态的便利和多样性，用户可以通过文本、图片、视频等方式分享自己的生活、观点表达等内容。以下将从动态类型、特点和作用进行详细介绍。

社交媒体平台上的个人动态可以分为多种类型。最常见的是分享生活动态，用户可以通过发布文字、照片或视频来展示自己的生活琐事、旅行经历、美食感受等。此外，用户还可以通过发布观点动态来表达自己对时事、社会问题、文化艺术等的看法和观点，这种动态往往涉及用户的思考和创造力。除此之外，个人动态还包括分享学习心得、发布活动通知、表达情感等，这些动态能够更好地展示一个人的个性和生活状态。

社交媒体平台上个人动态的特点也值得关注。首先，个人动态具有即时性，用户可以随时发布自己的动态信息，并且可以通过实时推送和动态消息流等功能迅速传达给关注者。此外，个人动态还具有互动性，其他用户可以通过评论、点赞、分享等方式对动态进行反馈和互动。这种互动能够促进用户之间的交流和连接，增强社交媒体平台的社交性质。此外，个人动态还具有多样性，用户可以根据自己的需求和喜好选择不同的动态形式和内容类型，以充分展现自己的个性化。

社交媒体平台上个人动态的作用也是多方面的。首先，个人动态成为用户展示自我的窗口，通过分享生活、观点表达等方式，用户能够呈现真实的自我和独特的个性。这种展示能够让用户获得他人的关注和认同，增强自尊和满足感。其次，个人动态也是社交媒体平台上的社交媒介，用户可以通过发布动态与他人进行交流、分享和互动，从而建立起更广泛的社交网络和关系。同时，个人动态还可以传递信息，例如发布活动通知、推广产品等，帮助用户与其他人进行有效的沟通和商业交流。

虽然个人动态在社交媒体平台上具有重要的作用和意义，但我们也需要注意其中存在的一些问题和挑战。首先，个人动态的公开性可能导致隐私泄露和信息安全问题，用户需要注意合理控制动态的可见范围，保护个人隐私。此外，社交媒体平台上存在信息过载和虚假信息的问题，用户需要辨别真实与虚假，避免受到误导或欺骗。

（二）链接分享与评论

在社交媒体平台上，用户通过分享链接和进行评论的行为发挥着重要的参与和互动作用。通过分享链接，用户可以将感兴趣的内容传播给更多的人群，从而促进信息的传递和流通。而通过进行评论，则可以表达对内容的观点和看法，参与到新闻生产中，影响公众舆论的形成。以下将详细探讨用户在分享链接和进行评论中的行为及其作用。

用户在社交媒体平台上分享链接的行为具有重要的意义。通过分享链接，用户能够将自己关注的内容、新闻报道、科技资讯等有价值的信息与他人进行分享。这种分享不仅能够扩大信息的传播范围，还能够丰富用户的社交圈子和人际关系。同时，分享链接还能够帮助用户建立自己的专业形象和品牌，展示自己的知识水平和见解，增加自身在特定领域的影响力。此外，通过分享链接，用户还可以参与到社会议题的讨论和关注当下热点话题，培养公民意识和社会责任感。

用户在社交媒体平台上进行评论的行为也具有重要的作用。通过评论，用户能够表达自己对内容的看法、意见和观点，参与到新闻生产中，影响公众舆论的形成。评论不仅是对已有信息的回应和评价，还能够推动讨论的深入和拓宽，促进不同观点的碰撞和交流。这种评论互动的过程能够帮助用户加深对问题的理解和思考，增进个人知识和见解的积累。同时，评论也是社交媒体平台上用户之间互动和连接的重要方式，用户可以通过评论与其他用户交流、分享经验和建立联系。

用户在分享链接和进行评论的过程中，还需要注意一些问题和挑战。首先，用户需具备媒体素养，要善于筛选和辨别信息的真实性和可信度，在分享时要慎重选择来源，避免传播不实信息。其次，用户在进行评论时需要遵守社交媒体平台的规则和良好的网络礼仪，避免散布谣言、恶意攻击他人或涉及违法内容。同时，用户也应该尊重他人的意见和观点，保持理性和友善的态度，建立健康的讨论环境。

（三）用户在新闻生产中的角色

用户在新闻生产中扮演着重要的角色，他们不仅是信息的消费者，还是信息的传播者和评价者。用户生成的内容在新闻生产中具有重要的意义，它能够促进信息的多样性和丰富性，推动媒体的发展与进步。以下将详细分析用户在新闻生产中的角色及其重要性。

作为信息消费者，用户对于新闻的选择和关注直接影响了新闻的生产和传播。在传统媒体时代，新闻机构通过编辑和筛选决定了公众可以获取到的信息，而现在，随着互联网和社交媒体的普及，用户可以自由选择、获取和消费自己感兴趣的信息。用户的需求和兴趣成为新闻源头的重要参考，媒体机构需要根据用户的反馈和需求调整发布内容的形式和内容，以更好地满足用户的信息需求。

作为信息传播者，用户通过社交媒体平台等渠道将自己感兴趣的新闻和信息分享给他人，从而推动信息在社会中的传播和流通。用户生成的内容可以是转载、评论、摘录等形式，通过个人的社交网络和关系链将信息传播给更大的受众群体。这种用户传播的过程能够实现信息的多样化和分散化，打破了传统媒体对信息的垄断，提高了信息的自由度和透明度。

作为信息评价者，用户通过评论、点赞、转发等方式表达对于新闻内容的观点和意见，参与到新闻的生产和评价中。用户的评论和反馈可以提供新的视角和思考，对于新闻报道的客观性和准确性起到监督和纠错的作用。同时，用户的评价和反馈也会影响其他用户的观点和态度，推动讨论的深入和拓宽，促进新闻报道的完善和进步。

用户在新闻生产中的角色也面临一些挑战和问题。首先，信息的信任度和真实性是一个持续的难题，用户需要具备辨识和筛选信息的能力，以避免传播不实信息和谣言。其次，用户的评价和评论也需要遵循事实、合理和文明的原则，避免恶意攻击和造谣传谣。此外，用户还需要注意个人信息的保护和隐私权的尊重，不随意散播他人的个人信息和隐私。

第二节　社交媒体平台上的新闻内容生产与传播

一、新闻生产方式变革

（一）多元化的新闻来源

在社交媒体平台上，新闻内容生产方式正在发生重大变革。过去，传统媒体机构是主要的新闻来源，而如今，个人发布以及媒体机构参与等多元化的来源正在兴起。

个人发布已经成为社交媒体上新闻内容的一个重要来源。随着社交媒体的普及和用户数量的增加，越来越多的普通人开始在社交媒体上分享自己的观点、见解和消息。这些个人发布的内容可以是实时的、真实的，并且通常更加直接和有趣。例如，一些热门事件发生后，用户可以通过社交媒体平台上发布的照片、视频或文字来第一时间获取信息。这些个人发布的内容被广泛传播和分享，成为社会公众了解事件的重要渠道。

媒体机构也积极参与社交媒体平台，成为新闻内容的另一来源。传统媒体机构意识到社交媒体的影响力，开始在这些平台上开设账号，发布自己的新闻报道和分析评论。这样做的目的是扩大媒体机构的品牌影响力，同时也能够更好地与用户进行互动和反馈。媒体机构的参与不仅丰富了社交媒体上的新闻内容，也提高了新闻报道的权威性和可信度。

除了个人发布和媒体机构参与外，社交媒体平台还引入了其他形式的多元化新闻来源。比如，一些新闻聚合网站和智能推荐算法会根据用户的兴趣和偏好推送相关的新闻内容。这些算法通过分析用户的浏览记录、点赞、评论等行为数据，精准地预测用户的需求，并向其推荐符合其兴趣的新闻内容。这种方式可以帮助用户更加高效地获取感兴趣的新闻，并且能够避免信息过载问题。

社交媒体平台上新闻内容的多元化来源给用户带来了更多的选择和便利。个人发布、媒体机构参与以及智能推荐算法的引入，都为用户提供了更加丰富、实时和个性化的新闻内容。然而，随之而来的是信息真实性和可信度的问题。因此，社交媒体平台需要加强审核机制，确保发布的新闻内容来源准确可信，保护用户的权益和利益。同时，用户也应该培养批判性思维，对社交媒体上的新闻内容进行合理甄别，防止被误导或者虚假信息的影响。

（二）用户参与的角色

在新闻生产过程中，用户扮演着越来越重要的角色。他们不再只是被动接收新闻内容，而是积极参与其中，提供信息、分享观点、评论和互动。这种用户参与的增加，对新闻报道产生了深远的影响。

用户可以通过社交媒体平台向媒体机构提供新闻线索和信息。随着社交媒体的普及，越来越多的人成为新闻事件的见证者。当发生重大事件或突发事件时，用户可以通过发布照片、视频、文字描述等方式第一时间将信息传递给媒体机构。这些由用户提供的线索和信息可以帮助媒体机构更快地获得新闻素材，提高新闻报道的时效性和准确性。

用户通过社交媒体平台分享自己的观点和意见，对新闻报道产生影响。社交媒体的特点是用户之间的互动和分享，用户可以通过点赞、转发、评论等方式表达对新闻报道的态度和观点。这些评论和互动不仅是对新闻内容的补充，也是对媒体机构和记者的反馈和监督。用户的观点和意见可以影响其他用户对新闻事件的看法，甚至对媒体机构的报道进行质疑和批评。

用户还可以通过社交媒体平台参与新闻报道的整个过程。一些新闻机构开设了互动平台，邀请用户参与新闻采访、报道和策划。用户可以通过在社交媒体上发布相关问题或意见，参与到新闻报道的决策和执行过程中。这种用户参与的形式可以增加新闻报道的广度和深度，更好地体现社会多样性和民众意见。

用户参与的增加也带来了一些挑战和问题。首先是信息真实性和可信度的问题。由于社交媒体的开放性和信息传播速度的快速，虚假信息和谣言有可能迅速传播，影响新闻报道的准确性和可信度。因此，社交媒体平台需要加强内容审核和信息筛查，减少虚假信息的传播。其次是用户参与的不均衡问题。并不是所有用户都具备专业的新闻素养和判断能力，他们的观点和评论可能带有主观偏见，甚至是错误的。这就需要媒体机构加强对用户参与的引导和规范，提供专业的解读和评估，确保新闻报道的客观性和权威性。

二、群体传播与扩散效应

（一）快速信息传播

社交媒体平台的出现和迅速发展，极大地改变了信息传播的方式和速度。相比于传统媒体，社交媒体的快速性使新闻内容能够在短时间内迅速传播和扩散。

社交媒体平台具有广泛的用户群体和高度互联性。众所周知，社交媒体平台如微博、微信、Facebook等拥有庞大的用户数量，每天都有数以亿计的用户在上面活跃。这意味着在社交媒体平台上发布的新闻内容可以通过用户之间的转发、分享和评论迅速传播开来。而且，社交媒体平台的用户之间存在高度的互联性，在用户之间形成了庞大的社交网络，这就进一步加快了新闻内容的传播速度。

社交媒体平台上的新闻内容传播是实时性的。社交媒体平台的特点之一就是实时性，用户可以随时随地获取最新的信息。当有重大事件发生时，用户可以立即在社交媒体平台上发布相关信息，这样其他关注该事件的用户可以及时获得最新的新闻内容。此外，社交媒体平台还提供了实时的讨论和评论功能，用户可以即时对新闻内容进行反馈和讨论，从而进一步推动新闻内容的传播。

社交媒体平台上新闻内容的传播也得益于算法推荐。社交媒体平台通过算法推荐机制，将与用户兴趣相关的新闻内容呈现给用户，并在用户的个人主页或时间线上进行展示。这种个性化的推荐机制使得用户更容易接触到他们感兴趣的内容，从而增加了新闻内容的传播效果。此外，社交媒体平台还会根据用户之间的社交关系进行内容推荐，让用户更容易受到朋友圈内新闻内容的影响和传播。

社交媒体平台通过各种形式的互动功能促进了新闻内容的传播。例如，用户可以通过转发、分享、点赞、评论等方式参与到新闻内容的传播中去，他们的互动行为会进一步扩大新闻内容的影响范围。同时，社交媒体平台还提供了多种多样的展示形式，如图文并茂、视频播放等，使得新闻内容更加生动有趣，吸引用户的关注和参与。

（二）传播范围广泛

社交媒体平台作为新闻内容传播的重要载体，具有传播范围广泛的特点。与传统媒体相比，社交媒体的特殊性使得新闻可以迅速传播，并且不受时间和地域的限制，具有全球性的影响力。

社交媒体平台具有全球用户覆盖范围。随着互联网的普及和移动设备的普遍使用，越来越多的人通过社交媒体平台获取信息和新闻。无论是 Facebook、Twitter、Instagram 还是微信、微博等国内外社交媒体平台，都拥有庞大的用户群体。这些用户来自不同的国家和地区，具有不同的文化背景和兴趣爱好，他们通过在社交媒体上分享和传播新闻内容，使得新闻的传播范围更加广泛。

社交媒体平台具有信息快速传播的特点。传统媒体需要经过编辑、采访和排版等环节，才能将新闻内容发布出去。而社交媒体平台上的新闻传播是实时的，只需用户点击发布按钮，消息就可以在瞬间传播到全球各个角落。这种实时性使得社交媒体成为重要的新闻传播渠道，迅速将重大事件、突发新闻推送给全球用户，使得新闻内容传播的速度更快。

社交媒体平台提供了多样化的传播方式。在社交媒体上，用户可以通过文字、图片、视频等多种形式来分享和传播新闻内容。这种多样化的传播方式能够满足不同用户的需求，使得新闻内容更加丰富多样。同时，社交媒体平台还支持用户之间的互动和评论，用户可以对新闻内容进行讨论和交流，增加了新闻传播的参与度和深度。

社交媒体平台通过算法推荐功能也扩大了新闻内容的传播范围。社交媒体平台根据用户的兴趣、关注和历史行为等信息，利用算法技术为用户推荐他们可能感兴趣的新闻内容。这种个性化推荐能够将新闻内容精准地传递给用户，提高了新闻内容的传播效果。

（三）群体行为与影响力

社交媒体平台作为信息传播的重要渠道，不仅可以实现个体之间的互动和交流，还能够通过群体行为扩大新闻内容的影响力。在社交媒体平台上，用户可以通过分享、点赞、评论等行为参与到新闻传播中，这些群体行为不仅能够迅速扩散新闻内容，还能够影响其他用户的认知和态度。

社交媒体平台上的用户分享行为有助于扩大新闻内容的影响力。在社交媒体上，用户可以一键将感兴趣或认为有价值的新闻内容分享给自己的好友、粉丝或关注者。这种分享行为与传统媒体的转发和转载类似，但社交媒体平台具有更广泛的传播范围和更高的效率。当一个用户将新闻内容分享给自己的社交网络，其他用户也可以通过点赞、评论等行为进一步扩散这个信息，使得新闻内容在社交媒体上快速传播。分享行为的特点在于它具有社交性和连锁反应的效果，一个用户的分享行为往往会涉及多个用户，通过群体行为来实现新闻内容的传播和影响力的扩大。

社交媒体平台上的点赞行为对新闻传播产生积极影响。在社交媒体上，用户可以通过点赞按钮表达对新闻内容的认可和支持。当一个新闻内容获得大量点赞，说明这个内容受到了用户的关注和认可，也会吸引其他用户的注意。点赞行为可以看作是用户主动选择对新闻内容进行评价的一种方式，它不仅可以提高新闻内容的曝光度，还能够影响其他用户对该内容的看法和态度。同时，在社交媒体平台上，点赞行为也被视为一种社交礼仪，用户往往会选择点赞那些具有正能量和社会价值的新闻内容，从而形成了对新闻传播影响力的扩大。

社交媒体平台上的评论行为对新闻传播产生重要影响。在社交媒体上，用户可以通过评论功能对新闻内容进行讨论和交流。评论行为使得新闻传播从单向的信息传递变成了双向的互动和交流。当一个新闻内容引发了用户的讨论和评论，不仅可以吸引更多的关注，还能够形成一种社交效应，吸引更多用户参与到讨论中，从而扩大新闻内容的影响力。此外，用户的评论也可以提供对新闻内容的补充和解读，对其他用户的认知和理解产生影响，使得新闻内容的传播变得更加多元化和多样化。

三、虚假与真实的挑战

（一）虚假新闻和信息

虚假新闻和错误信息在社交媒体平台上的广泛传播是一个严重的问题，对公众认知和舆论形成产生了深远影响。虚假新闻指的是故意制造或传播虚假、错误或误导性信息的行为。这些信息可能涉及政治、经济、科技、环境等各个领域，它们以迅猛的速度在互联网上传播，并可能引发公众的误解、困惑和恐慌。

1. 虚假新闻和信息对公众的影响

虚假新闻和错误信息对公众的影响主要体现在以下三个方面，见表5-1所列：

表 5-1　虚假新闻和错误信息的负面影响

负面影响	负面影响详解
误导公众	虚假新闻和错误信息可能误导公众对特定事件或问题的理解。例如，在选举期间，虚假的政治新闻可能会影响公众对候选人的判断，从而影响选民的选择
破坏社会稳定	虚假新闻和错误信息可能引发社会恐慌、仇恨和冲突。一些恶意的组织或个人可能利用虚假新闻来挑起社会纷争
影响公共政策	虚假新闻和错误信息可能干扰公共政策的制定和执行。政府根据虚假信息采取的政策可能是无效的，从而浪费资源并损害公众利益

2. 虚假新闻传播特点

社交媒体平台对于虚假新闻和错误信息的传播起到了重要作用。由于社交媒体平台具有广泛的用户覆盖和信息传播能力，虚假新闻可以快速扩散，并在短时间内影响大量的用户。以下是一些社交媒体平台上虚假新闻和错误信息传播的特点：

算法推荐。社交媒体平台通常通过算法来决定用户看到的内容。这些算法可能会优先向用户推荐点击率高、争议性强的内容，而不考虑其真实性和可信度。

用户分享与传播。用户在社交媒体平台上的转发和分享行为也是虚假新闻传播的重要因素。用户往往倾向于分享激起情绪或兴趣的内容，而不太关注其真实性。

匿名和虚拟身份。社交媒体平台提供了匿名和虚拟身份的环境，这使得恶意用户更容易制造和传播虚假新闻，同时难以追究责任。

（二）提高新闻可信度

社交媒体平台在提高新闻可信度方面可以采取多种措施，以下是一些具体的建议：

1. 加强事实核查

社交媒体平台可以与独立的事实核查机构合作，对用户发布的新闻进行事实核查。这样可以及时辨别虚假和错误信息，并标记或删除不准确的内容。通过加强事实核查，平台可以帮助用户获取更真实和可信的新闻信息。

2. 提供来源和背景信息

社交媒体平台可以要求用户提供新闻报道的来源和背景信息。这样可以让用户了解新闻报道的出处和可信度，并有助于他们进行自主判断。同时，平台也可以通过验证来源和背景信息的真实性来筛选和排除虚假新闻。

3. 增强转发警示

社交媒体平台可以在用户转发消息时提供警示，提示用户该消息的可信度。例如，标注转发的消息为未经核实的信息，并提示用户谨慎对待。这样可以提醒用户注意信息的真实性，并降低虚假新闻传播的风险。

4. 优化推荐算法

社交媒体平台可以调整推荐算法，减少对虚假新闻和错误信息的推荐。通过考虑新闻来源的质量和可信度，平台可以提供更加准确和可靠的新闻推荐。同时，平台也要避免算法倾向于推荐点击率高、争议性强的内容，而不考虑其真实性。

5. 加强用户教育

社交媒体平台可以通过提供用户教育和培训来增加用户对新闻可信度的认识和意识。例如，平台可以发布关于辨别虚假新闻的指南和提示，帮助用户学会质疑和审视新闻报道。这样可以提高用户的辨别能力，减少对虚假新闻的传播。

6. 合作与追责

社交媒体平台可以与媒体机构、政府和民间组织合作，共同打击虚假新闻和错误信息。平台可以建立举报渠道，鼓励用户主动报告虚假信息，并采取相应措施处理。同时，平台也应配合相关法律法规，对恶意传播虚假信息的行为进行追责。

7. 透明度和公开化

社交媒体平台应该提高运营的透明度和公开化程度。这包括公开算法的运作原理、新闻审核和核查机制等。通过透明度和公开化，平台可以增加用户对平台运营的信任感，并提高新闻的可信度。

（三）媒体与用户的责任

随着信息技术的迅猛发展，媒体对于传递新闻信息的作用变得愈加重要。然而，虚假信息的泛滥给人们的判断和决策带来了挑战。因此，媒体机构和用户都应当承担起责任，共同努力辨别虚假与真实新闻，注重事实验证和多方面权威来源。

媒体机构在辨别虚假与真实新闻方面有着巨大的责任。以下是一些媒体机构应该采取的措施：

1. 强化事实验证

媒体机构在发布新闻之前应当进行充分的事实验证。他们应当认真核实信息的来源，并通过多个渠道获取信息以增加准确性。特别是涉及重大事件或敏感话题时，更应当加倍谨慎，以避免误导读者。

2. 多方面权威来源

媒体机构应当注重使用多方面的权威来源来支持其报道。这样可以提供更全面、客观和准确的信息。通过引用不同机构和专家的意见，可以避免片面或偏颇的报道，提供更加客观的视角。

3. 加强编辑审核

媒体机构应当加强对新闻报道的编辑审核工作。编辑们应该具备较高的专业素养和判断力，能够筛选出真实可靠的报道，并排除虚假信息。他们应该注意逻辑严谨性和事实基础，以确保所发布的新闻质量和可信度。

4. 提供公开透明的来源信息

媒体机构应当尽可能在新闻报道中提供清晰明确的来源信息。读者有权了解信息的来源，并自主判断其可信度。如果是转载或引用其他媒体的报道，应当明确标注来源，以便读者进行进一步核实和验证。

5. 建立纠错机制

媒体机构应当设立有效的纠错机制，及时处理读者的投诉和指正。如果发现之前发布的新闻存在错误或失实之处，应当勇于公开致歉和修正，以维护媒体机构的声誉和公信力。

与此同时，用户在社交媒体平台上也扮演着重要角色，在辨别虚假与真实新闻方面，应当有责任意识，发挥积极作用。以下是一些建议：

1. 培养批判性思维

用户应当培养批判性思维能力，不盲目相信和传播信息。在阅读和分享新闻时，应当保持怀疑的态度，对信息进行深入分析和评估。质疑来源、核实事实，了解报道中的论据和证据是否充分。

2. 多方面权威来源

用户应当主动寻找来自多个权威来源的新闻报道。通过比较不同媒体机构的观点和报道，可以获取更全面和客观的信息。避免只接受单一渠道或特定立场的报道，以免受到偏见和误导。

3. 查验信息可信度

用户在分享新闻之前，应当查验信息的可信度。他们可以通过查看媒体机构的声誉和信誉，评估其报道的可靠性。同时，也要留意是否有足够的证据和事实支持新闻报道，避免因为缺乏确凿证据而传播虚假信息。

4. 提高媒体素养

用户应当提高对于媒体的素养，了解新闻报道的基本规范和标准。他们应当学会辨别新闻报道中的主观倾向和夸大渲染，理解报道方式对信息表达的影响。只有具备一定的媒体素养，才能更好地辨别虚假与真实新闻。

5. 责任性地分享信息

作为社交媒体平台的用户，应当负责任地分享信息。在转发或评论新闻时，应当先核实信息的准确性，并谨慎判断其对公众的影响。避免盲目转发未经核实的信息，以免扩散虚假新闻或误导他人。

第三节　社交媒体平台对新闻生态的塑造与影响

一、新闻门户转变

（一）冲击传统新闻门户网站

社交媒体平台的兴起和发展对传统新闻门户网站带来了巨大的冲击。长期以来，传统新闻门户网站是人们获取新闻和资讯的重要渠道，但随着社交媒体的普及和用户习惯的改变，越来越多的用户开始转向社交媒体平台获取新闻。这种转变涉及用户获取新闻的习惯、渠道和内容的改变，对传统新闻门户网站提出了新的挑战。

社交媒体平台改变了用户获取新闻的习惯。传统新闻门户网站通常采用的是门户网站的形式，用户需要主动打开特定网站，浏览新闻内容。而社交媒体平台则将新闻推送到用户的个人主页或者信息流中，用户只需要在社交媒体平台上浏览自己关注的内容，新闻信息就会呈现在眼前。这种被动获取新闻的习惯改变了用户的阅读方式，使得用户更容易接触到感兴趣和相关的新闻内容。

社交媒体平台改变了用户获取新闻的渠道。传统新闻门户网站通常是通过自身的网站和 App 等渠道来提供新闻信息。而社交媒体平台则是通过用户之间的分享、转发和互动来传播新闻信息。在社交媒体平台上，用户可以通过关注公众号、专家账号、社群等方式获取新闻信息，并通过社交媒体的分享功能将感兴趣的新闻链接推送给自己的社交圈。这种用户引导传播的模式使得新闻更容易传播和扩散，同时也扩大了新闻的受众范围。

社交媒体平台对传统新闻门户网站的冲击也带来了一些问题和挑战。首先，社交媒体平台上的新闻内容往往缺乏客观性和可信度。相比传统新闻门户网站的编辑审核，社交媒体上的新闻信息通常由用户自主发布，存在着不准确、夸大和偏颇的情况。用户需要增强信息辨别能力，判断新闻的真实性和可靠性。其次，社交媒体平台上的新闻获取往往依赖算法推荐,用户容易陷入信息的"筛选泡泡"，只接触到自己喜好和偏好的新闻，忽视了其他领域的重要信息。这种信息过滤的问题可能导致用户获取新闻的局限性和信息碎片化。

为了应对社交媒体平台对传统新闻门户网站的冲击，传统新闻门户网站需要进行相应的转型和创新。首先，传统新闻门户网站可以加强与社交媒体平台的合作，通过在社交媒体平台上建立官方账号、推送新闻信息等方式扩大新闻的传播范围。其次，传统新闻门户网站可以加强自身的内容创新和精准推荐能力，提供更有深度和专业性的新闻报道和分析评论，以吸引用户的关注和留存。此外，传统新闻门户网站还可以加强与用户的互动和参与，开展读者调查、在线讨论和社区活动等，增强用户的参与感和忠诚度。

（二）新闻内容多样化

社交媒体平台的出现和快速发展，极大地改变了新闻传播的格局和形式。传统媒体的单向传播模式被打破，个人用户成为信息的创造者和传播者。在社交媒体平台上，人们可以通过不同形式的内容表达自己的观点、分享新闻信息，并参与到社群讨论中。这种多样化的新闻内容在一定程度上满足了用户个性化需求，但也存在一些问题和挑战。

社交媒体平台带来的新闻内容多样化主要体现在个人动态、分享链接和社群讨论等形式上。个人动态是用户通过发布文字、图片、视频等形式来表达自己的观点、感受和经历。用户可以发布自己的见解、新闻评论或者调查报告等，从而通过个人动态为社交媒体平台增加了更多的新闻内容。同时，用户也可以通过分享链接的方式将自己感兴趣的新闻文章、报道等分享给其他用户，扩大信息的传播范围。此外，社群讨论也是社交媒体平台带来的新闻内容多样化的重要形式。用户可以加入各种社群、小组，通过与其他用户的互动和讨论来获取更多的新闻信息和观点。

社交媒体平台的新闻内容多样化在一定程度上满足了用户个性化需求。传统媒体的新闻内容通常是面向大众的，无法满足每个用户的个性化需求。而社交媒体平台的出现使得用户可以根据自己的兴趣和需求选择感兴趣的新闻内容，从而获得更加个性化的信息服务。用户可以根据自己的喜好关注特定领域的专家、意见领袖或者公众号，获取与自身相关的新闻内容。例如，对于某个特定领域的专业人士来说，他们可以通过社交媒体平台关注该领域的专家账号，获取权威的新闻报道和分析评论，提高信息获取的效率。

社交媒体平台带来的新闻内容多样化也存在一些问题和挑战。首先，个人动态和分享链接形式的新闻内容往往缺乏专业性和客观性。相比传统媒体的新闻报道，个人动态和分享链接更容易受到个人观点、情绪和偏见的影响，导致信息的真实性和客观性不够。其次，社交媒体平台上的社群讨论往往存在信息过载和谣言传播的问题。社群讨论通常是基于用户之间的互动和碎片化信息，缺乏权威性和可靠性的指导，容易引发谣言和虚假信息的传播。此外，社交媒体平台的算法推荐也存在信息过滤的问题，很容易使用户陷入信息的"筛选泡泡"，只接触到自己喜好的信息，忽视了其他领域的重要新闻。

（三）移动端发展

在移动互联网时代，社交媒体平台在移动端展现出了巨大的优势，并且移动设备已成为主要的新闻获取工具。移动端的社交媒体平台优势体现在使用便捷性、个性化推荐和社交互动三个方面。

社交媒体平台在移动端具有较强的使用便捷性。相对于传统的电脑端，移动设备具备了更加便携、随时随地使用的特点。用户可以通过手机或平板等移动终端在任何时间、任何地点浏览社交媒体平台上的新闻内容。这种便携性使得用户不再受到时间和空间的限制，可以更加自由地选择想要获取的新闻信息，满足了用户的即时性需求。

移动端的社交媒体平台能够通过个性化推荐满足用户更精准的新闻获取需求。社交媒体平台通过用户的历史行为、兴趣爱好、关注信息等数据进行分析，精确地推送用户感兴趣的新闻内容。用户可以根据自己的喜好和需求，在社交媒体平台上关注感兴趣的领域、账号或话题，获取相关的新闻信息。这种个性化推荐机制使用户能够更快捷地找到感兴趣的内容，提高了用户的满意度和忠诚度。

移动端的社交媒体平台通过社交互动功能激发了用户参与和互动的欲望。用户可以通过点赞、评论、转发等方式对新闻内容进行互动和分享，与其他用户进行交流和讨论。这种社交互动的特点增强了用户的参与感和社交需求，使用户在获取新闻的同时也能够参与到新闻事件中去。这种社交互动的机制使得新闻不再是单向的传播，而是构建了一个互动性更强的信息生态系统。

移动设备的发展也成为主要的新闻获取工具。移动设备的普及和技术进步使得用户通过手机、平板等移动终端可以随时随地访问社交媒体平台获取新闻，无须依赖庞大的电脑设备和网络连接。移动设备的触摸屏、多媒体功能和应用程序丰富多样的特点提供了更加直观、便捷和多元化的新闻呈现方式。用户可以通过手势操作、语音识别等方式更加直观地浏览和阅读新闻，同时也可以通过视频、图片等多媒体形式获取更加生动和丰富的信息。移动设备的应用程序也为用户提供了更多样化的新闻获取方式，例如新闻客户端、短视频平台等，满足用户个性化和多样化的需求。

尽管移动端的社交媒体平台在新闻获取方面具有众多优势，但也存在一些挑战。首先，信息过载和真假信息难以辨别成为一个问题。由于社交媒体平台上信息发布的自由性，许多虚假信息和谣言往往也会出现在用户的信息流中，用户需要增强信息辨别能力以避免被误导。此外，移动设备的屏幕尺寸和处理能力相对有限，对于某些内容形式如长文本、复杂图表等的展示效果可能不如电脑端。另外，移动设备使用场景的多样性，也给新闻媒体的用户体验和界面设计带来了一定挑战。

二、公众参与和互动

（一）提供公众参与机会

社交媒体平台的兴起为公众参与新闻事件讨论和表达意见提供了全新的机会。通过点赞、评论、分享等功能，人们可以迅速获取最新的新闻信息，并且对其进行交流和互动。

社交媒体平台具有信息传播的快速性和广泛性。相比传统媒体，社交媒体平台上的新闻信息可以在短时间内被大量用户传播。只需一条消息的转发或分享，就能够迅速将信息传递给更多的人。这使得公众能够在第一时间获取到最新的新闻资讯，并且可以对其进行及时评论和讨论。

社交媒体平台为公众提供了广泛的参与渠道。通过点赞、评论和分享等功能，公众可以根据自己的兴趣和观点参与到新闻事件的讨论中。点赞可以表达对某一观点或行为的认同和支持，评论则可以进一步展开讨论，分享则能够引导更多人参与到该话题的讨论中来。这种参与的方式使得公众能够直接表达自己的意见和看法，而不再被动地接受媒体的报道。

社交媒体平台提供了便捷的交流和互动方式。公众可以通过评论功能与其他用户进行直接的互动和辩论。这种即时的互动让人们能够更加深入地了解不同观点的存在，并且可以通过辩论来澄清误解和扩大自己的视野。此外，社交媒体平台上的私信功能也为公众提供了与新闻事件相关人士进行一对一交流的机会，进一步增加了公众参与的渠道和方式。

社交媒体平台促进了信息的多样性和公众参与的民主化。因为社交媒体平台上的信息来源多样化，公众可以通过关注不同的媒体机构和个人账号来获取更多不同角度的报道和分析。这种多样性使得公众能够接触到更加全面和多元的观点，从而有助于培养独立思考和判断的能力。同时，社交媒体平台上的公众参与机制也为普通人提供了发声和表达意见的平台，使得传统媒体的话语权不再是唯一的。

尽管社交媒体平台为公众参与新闻事件讨论和表达意见提供了机会，但也存在一些问题和挑战。首先，社交媒体平台上信息的真实性和可信度存在一定的问题，因为任何人都可以发布信息，而且缺乏专业的审核和筛选机制。其次，社交媒体上的言论自由也容易导致虚假信息和谣言的传播，给公众带来困惑和误导。此外，社交媒体平台上的讨论往往存在极化和激进化的倾向，容易形成"信息茧房"，使得公众只接触到与自己观点相符合的信息，而忽视其他观点的存在。

（二）互动评论和意见反馈

互动评论和意见反馈是社交媒体平台的重要功能之一，它不仅可以促进信息的流通和传播，还能够形成多方对话和交流的机会。本文将从互动评论和意见反馈的重要性、促进信息流通的机制以及对多方对话的影响等方面进行分析。

互动评论和意见反馈在社交媒体平台上的重要性不言而喻。通过评论功能，用户可以对新闻、文章、图片、视频等内容进行评价、讨论和补充。这为公众提供了直接表达自己观点和意见的机会，并且还能够与其他用户进行交流和互动。互动评论和意见反馈不仅可以帮助用户更好地理解和解读信息，还能够促进信息的共享和传播。

互动评论和意见反馈在社交媒体平台上形成了信息流通的机制。通过评论，用户可以对所发布的内容进行补充、修正和批评，从而使得信息更加全面和准确。用户之间的讨论和互动也能够帮助消除信息的偏见和误解，提供不同的观点和看法。这种信息流通的机制有助于公众获取更多的信息，提高信息消化和理解的能力。

互动评论和意见反馈促进了多方对话的形成。社交媒体平台上的评论功能为用户提供了交流和争论的平台。用户可以通过评论来表达自己的立场和观点，并且与其他用户进行互动和辩论。这种多方对话的机制有助于促进不同观点之间的交流和沟通，打破信息孤岛，增加信息多样性。在多方对话中，用户可以从其他人的意见和观点中获得启发和思考，拓宽自己的视野。

互动评论和意见反馈也存在一些问题和挑战。首先，社交媒体平台上的评论往往容易陷入情绪化和偏激的状态。由于社交媒体的特性，许多用户发表评论时往往会受到情绪、个人观点和认知偏差的影响，从而导致讨论变得极端化和不理性。其次，社交媒体平台上的评论也面临虚假信息和谣言的传播问题。由于评论功能的开放性，任何人都可以发表评论，而缺乏专业的审核和筛选机制，这就给虚假信息和谣言传播提供了温床。

（三）公众舆论影响力

随着社交媒体的普及和发展，公众舆论的影响力也日益增强。社交媒体平台如 Facebook、Twitter、Instagram 等成为人们获取信息、表达观点和参与讨论的重要渠道。在这个信息爆炸的时代，社交媒体的兴起给公众意见的形成和传播带来了新的机遇和挑战。

社交媒体平台扩大了公众参与的范围。相比传统媒体，社交媒体更具互动性，使得公众能够直接参与到信息的生产和传播中。任何一个拥有社交媒体账号的个人或组织都可以通过发布内容、评论、分享等方式表达自己的观点，并且可以与其他用户进行互动和交流。这种开放性和互动性为公众提供了一个广泛的平台，使得他们能够更加方便地参与到公共事务的讨论和决策中。

社交媒体平台加速了信息的传播速度和范围。通过社交媒体，信息可以迅速传播到全球各个角落，不受时间和空间的限制。当某个重要事件发生时，新闻报道往往会被迅速地在社交媒体上分享和评论，引发广泛的关注和讨论。这种信息传播的快速性使得公众能够更加及时地了解到最新的动态和情况，从而对相关议题形成自己的观点。

社交媒体平台也为公众提供了多元化的信息来源。传统媒体往往受到时间、空间和资源等限制，报道的内容和观点可能会受到一定的局限。而在社交媒体上，任何人都可以发布和分享信息，使得公众可以接触到更多不同来源的信息和观点。这种多样性的信息来源有助于公众更全面地了解问题，并形成独立思考和判断的能力。

社交媒体平台也带来了一些挑战和问题。首先是信息真实性的难题。由于社交媒体的开放性和互动性，任何人都可以发布和传播信息，包括虚假和误导性的内容。这可能会导致公众对于信息的真实性产生怀疑，甚至造成误导和混淆。其次是信息过载的困扰。社交媒体上的信息源源不断，公众往往面临大量信息的筛选和处理压力，容易产生疲劳和焦虑。

三、持续监管与应对措施

（一）挑战与责任

社交媒体平台在新闻内容管理方面面临诸多挑战，其中包括虚假信息和恶意传播等问题。这些挑战不仅对社交媒体平台的信誉和用户体验造成影响，也对社会的信息生态环境带来负面影响。因此，社交媒体平台有责任积极应对这些挑战，并承担起相关的责任。

虚假信息是社交媒体平台在新闻内容管理中的一大挑战。由于信息的快速传播和大量用户参与，社交媒体平台很容易成为虚假信息的传播渠道。虚假信息不仅会误导用户，还可能引发社会舆论的波动，甚至对个人和社会造成实际的伤害。社交媒体平台需要设立一套有效的机制来检测和限制虚假信息的传播，例如利用人工智能算法进行自动监测和过滤，或者依靠专业的编辑团队进行审查和核实。

恶意传播也是社交媒体平台在新闻内容管理中的另一个重要挑战。恶意传播包括谣言、骚扰、辱骂和诽谤等行为，这些行为不仅会侵犯他人的权益，也会破坏社交媒体平台的健康发展。社交媒体平台应该建立明确的规则和准则，禁止恶意传播行为，并加强对用户的监督和管理。同时，社交媒体平台还可以通过技术手段加强信息的审核和过滤，以减少恶意传播的可能性。

社交媒体平台在新闻内容管理中应承担的责任包括两个方面：一是保护用户权益，二是促进信息的真实和公正。

保护用户权益是社交媒体平台的基本责任之一。平台应提供安全的环境，防止用户受到谣言、骚扰和侵犯等行为的伤害。同时，社交媒体平台还应建立完善的投诉和举报机制，及时处理用户的投诉和举报，并对侵犯用户权益的行为进行惩罚和制裁。此外，社交媒体平台还应加强对用户信息的保护，确保用户的隐私得到尊重和保护。

促进信息的真实和公正也是社交媒体平台应承担的重要责任。社交媒体平台应该建立起一套完善的信息审核机制，确保用户发布的信息真实可信。这可以通过建立专业编辑团队、利用人工智能算法进行自动审核等方式来实现。此外，社交媒体平台还应提供多元化的信息来源，促进信息的公正和多样性，避免信息的单一化和偏颇化。

（二）监管措施

政府和相关机构对社交媒体平台进行监管是确保社会信息秩序和保护公众利益的重要手段。在社交媒体平台上，信息审核和用户隐私保护是政府和相关机构监管的两个重要方面。

信息审核是社交媒体平台监管的重要内容之一。社交媒体平台作为信息传播渠道，对传播的内容负有责任。政府和相关机构可以通过制定相关法律法规，要求社交媒体平台建立信息审核机制，并对发布的信息进行审核。这包括对新闻内容的真实性、准确性和合法性进行审核，防止虚假信息和违法内容的传播。此外，政府和相关机构还可以加强对社交媒体平台的监督检查，定期抽查社交媒体平台的信息审核情况，并对审核不合格的平台进行惩罚和制裁。

用户隐私保护也是社交媒体平台监管的重点之一。社交媒体平台收集和使用大量用户个人信息，对用户隐私构成潜在威胁。政府和相关机构可以通过立法和相关政策要求社交媒体平台保护用户隐私。具体而言，政府和相关机构可以要求社交媒体平台明确告知用户个人信息的收集和使用目的，并取得用户的明示同意。此外，政府和相关机构还可以要求社交媒体平台建立安全的用户信息管理系统，加强用户信息的安全保护，防止用户个人信息被泄露或滥用。

除了信息审核和用户隐私保护，政府和相关机构还可以采取其他监管措施，以进一步规范社交媒体平台的运营。例如，政府可以建立社交媒体平台的注册和备案制度，要求平台提供真实有效的身份信息，确保平台的合法运营。政府还可以要求社交媒体平台公开透明，包括公开平台的算法原理、信息过滤机制等，以增加平台的可信度和透明度。此外，政府还可以加强对社交媒体平台的市场监管，防止垄断和不正当竞争行为的发生，促进市场的健康发展。

需要注意的是，政府和相关机构在对社交媒体平台进行监管时，应该权衡平台的自主创新和用户需求。监管措施不仅要保护公众利益，同时也要避免对社交媒体平台的创新和发展造成过度约束。因此，在制定监管措施时，政府和相关机构应充分考虑社交媒体平台的特点和运营模式，并与平台方进行充分的沟通和协商。

（三）平台自身改进

社交媒体平台作为信息传播的主要渠道之一，在新闻质量和可信度方面承担着重要责任。社交媒体平台为了提升新闻质量和可信度，应主动采取一系列措施来加强平台自身的内容管理。

社交媒体平台应加强事实核查，以确保发布的新闻和信息真实、准确、可信。平台可以通过建立专门的事实核查团队或合作伙伴，对用户发布的内容进行事实核查。这包括对新闻报道的真实性、准确性和来源进行核实，确保没有虚假信息和误导性内容的传播。此外，社交媒体平台还可以借助现代技术手段，如人工智能和大数据分析，对用户发布的内容进行自动识别和筛查，及时发现和删除虚假信息。

社交媒体平台应推广可信来源，鼓励用户获取和分享来自可信媒体机构的新闻和信息。平台可以与媒体机构建立合作关系，提供专门的信任指标或认证机制，以区分可信来源和非可信来源。同时，社交媒体平台可以优先推荐和展示可信来源的新闻内容，提高用户获取可信信息的概率。此外，社交媒体平台还可以加强对用户生成内容的管理，鼓励用户分享有价值的、可信的内容，限制或删除虚假信息和低质量内容。

　　除了加强事实核查和推广可信来源，社交媒体平台还可以采取其他改进自身的措施来提升新闻质量和可信度。例如，平台可以加强对用户的培训和教育，提高用户在发布和传播内容时的责任意识和自律性。平台可以向用户提供相关的新闻素养教育，包括如何辨别真假信息、如何判断来源的可信度等知识。此外，社交媒体平台还可以建立用户反馈机制，鼓励用户对不实信息进行举报和投诉，及时处理并采取相应措施。

　　需要注意的是，社交媒体平台在自身改进时需权衡平台运营的成本和用户体验。加强事实核查和推广可信来源需要投入大量人力、技术和资源，可能会增加平台的运营成本。同时，对用户发布内容的审核和筛查也可能对用户体验产生一定影响。因此，在自身改进时，社交媒体平台需要充分考虑平衡各方面的利益，并与政府、媒体机构以及用户进行积极合作，共同促进新闻质量和可信度的提升。

第六章　网络直播平台的新闻传播研究

第一节　网络直播平台的发展与演变

一、网络直播平台的起源和发展历程

（一）个人直播的兴起和普及

个人直播的兴起和普及，源自互联网视频技术的发展和社交媒体的兴起。最早的网络直播形式可以追溯到互联网视频的出现，用户可以通过个人电脑或手机的摄像头进行简单的实时视频传输。然而，由于当时的网络速度和设备限制，个人直播的应用范围相对较小，主要局限于技术爱好者和一些特定领域的专家。

随着移动互联网的普及和4G5G网络的发展，个人直播开始迎来了更广泛的应用和推广。智能手机的普及使得用户可以随时随地利用手机摄像头进行实时视频直播。同时，4G5G网络的高速稳定性也为个人直播提供了更好的网络环境，保证了视频的流畅传输和观看体验。

个人直播平台的兴起和普及，与社交媒体的兴起也密切相关。社交媒体如微博、微信等成为用户分享生活、表达观点的主要渠道，而个人直播平台则扩展了社交媒体的交互形式，提供了实时视频的表达和分享方式。用户可以通过个人直播平台实时展示自己的生活、分享自己的见解和经验，与观众进行互动和交流。

个人直播的兴起为用户提供了一种自由表达和分享的媒介，不受传统媒体对内容的控制和限制。通过个人直播，普通用户也可以成为内容的创造者和传播者，拥有了更多的话语权和影响力。同时，个人直播也为用户提供了一种新的社交形式，观众可以通过评论、弹幕等方式与主播进行实时互动，增加了参与感和共同体验的乐趣。

（二）网络直播平台向专业化平台的转变

随着网络直播的普及和用户需求的变化，网络直播平台正在逐渐向专业化平台的方向发展。除了个人直播之外，越来越多的专门面向特定领域的直播平台出现，如新闻、体育、音乐、游戏等。这种专业化的发展趋势可以满足不同用户群体对特定领域内容的需求，并提供更加精细化和专业化的服务。

其中，新闻直播平台是一种较为重要的专业化平台。传统媒体对于新闻报道的要求也随着信息获取速度和用户需求的变化而发生了转变。传统媒体主要通过电视、广播和报纸等渠道向观众提供新闻报道，但这些形式的报道有时无法及时更新和实时展示，无法满足用户追求即时性新闻的需求。

而新闻直播平台的出现则解决了这个问题，它可以通过网络直播的形式实时进行新闻报道，观众可以随时收看到最新的新闻信息。新闻直播平台通过网络技术，将新闻报道的全过程实时传输到用户端，不受时间和地理的限制，使用户能够第一时间得知最新的事件和新闻动态。这种实时的、即时的报道方式对于某些具有紧急性和时效性的新闻事件尤为重要，如突发事件、重大政治经济决策等。

与此同时，专门的新闻直播平台还可以提供更全面和专业的报道，增强了新闻报道的可信度和权威性。由于新闻直播平台通常通过专业的团队和资源，能够进行深入调查和采访，提供更加全面、详尽的新闻报道。相比传统的新闻报道形式，新闻直播平台能够更加客观、中立地呈现事实，并提供专业的解读和分析，为观众提供更多元化的信息和视角。

此外，专业化的网络直播平台还可以满足用户对特定领域内容的需求。例如，体育直播平台可以提供体育赛事的实时转播和解说，满足体育迷对于体育赛事的观看需求；音乐直播平台可以为音乐爱好者提供音乐会演出、音乐节目的现场直播；游戏直播平台则可以让玩家观看到游戏的实时操作和实时互动。这些专业化的直播平台通过提供专业内容和定制化的服务，让用户能够更好地满足自己对特定领域的兴趣和需求。

（三）网络直播平台在内容形式和技术手段上的改进和升级

网络直播平台在内容形式和技术手段上不断进行改进和升级，以提供更好的用户体验和更丰富的功能。

在内容形式上，网络直播平台逐渐丰富了直播内容的种类和形式。除了传统的视频直播之外，还出现了 VR 直播、全景直播等创新形式。VR 直播利用虚拟现实技术，将用户带入真实感十足的虚拟环境，让观众感受到身临其境的沉浸式体验。全景直播则通过全景摄像头将整个场景的画面呈现给观众，让观众可以360 度无死角地观看直播内容。这些新形式的直播内容使得用户可以更加亲临现场、身临其境地感受活动或场景，提供了更加丰富多样的观看体验。

在技术手段上，网络直播平台不断提高了直播的画质和稳定性。由于直播对网络带宽和稳定性的要求较高，平台方通过优化传输协议、增加服务器容量等方式提升视频的流畅传输和高质量观看。同时，网络直播平台还引入了自适应码率技术，根据用户的网络状况和设备能力，动态调整视频的码率和分辨率，以保证观看过程中的稳定性和流畅性。此外，直播平台还使用了多点分发技术，通过在全球多个节点部署服务器，降低用户与服务器之间的延迟，提高观看体验。

为了增加观看的趣味性和参与感，网络直播平台增加了互动功能。弹幕是一种用户在直播过程中发送实时评论的功能，这些评论会以滚动字幕的形式显示在视频上方，让观众可以实时交流和表达自己的情感。打赏功能则为观众提供了给主播送礼物或小额奖励的途径，增加了观看的乐趣和主播的收入来源。社交分享功能使得用户可以将自己喜欢的直播内容分享给朋友圈或社交平台上，扩大直播的影响力和传播范围。

随着人工智能技术的发展，网络直播平台开始引入相关技术，提供更个性化和智能化的服务。智能推荐技术能够根据用户的观看历史和兴趣偏好，推荐符合用户口味的直播内容，提高用户的观看满意度。语音识别技术使得用户可以通过语音指令或语音输入与直播平台进行交互，提供更便捷的操作方式。

二、网络直播平台在新闻领域的应用和影响

网络直播平台在新闻领域的应用和影响是十分显著的。随着互联网和移动设备的普及，人们获取新闻的方式已经发生了巨大的变化。网络直播平台的兴起为新闻传播带来了全新的模式和可能性，对新闻报道、新闻观众参与程度和新闻行业的发展产生了深远影响。

（一）网络直播平台极大地提升了新闻报道的即时性

网络直播平台极大地提升了新闻报道的即时性，对于观众来说，这意味着他们能够第一时间获得最新的新闻信息。传统的新闻报道通常需要经过采访、编辑、制作等烦琐的环节，这些环节耗费时间，导致新闻的发布有所延迟。而网络直播平台则能够实现实时直播，记者可以通过手机或摄像机即时将现场情况直接传递给观众。

网络直播的即时性使得观众能够感受到现场的氛围和紧张感，就像亲临现场一样。无论是重大事件的报道还是突发事件的发生，网络直播平台都能够第一时间将消息传递给观众。观众可以通过网络直播平台观看新闻报道，实时了解事件的进展，并且可以随时与其他观众进行交流和讨论，增加了新闻观看的互动性。

此外，网络直播的实时性也为新闻报道的可信度提供了保障。观众通过直播画面可以直接目睹事件的发展过程，减少了信息的中间环节，降低了信息被篡改或误传的可能性。相比传统的新闻报道，网络直播平台能够在第一时间将真实的现场情况传递给观众，使观众更加信任和依赖这种报道方式。

然而，网络直播平台的即时性也存在一些挑战和问题。首先是网络直播的延迟问题，由于网络传输的限制，直播过程中可能会出现一定的延迟，导致观众无法获得完全实时的信息。其次是信息真实性的问题，虽然网络直播能够减少信息被篡改或误传的可能性，但仍然存在着信息真实性的验证难题，观众需要对直播内容进行辨别和判断。

（二）网络直播平台改变了新闻观众的参与程度

网络直播平台的出现确实改变了新闻观众的参与程度。传统媒体的新闻报道通常是单向的，观众只能被动地接收信息。而网络直播平台则提供了互动的机会，观众可以通过弹幕、评论、点赞等方式与主播或其他观众实时交流，表达自己的意见和看法。

网络直播平台的互动性使得观众能够更加积极参与新闻报道。传统媒体的新闻报道往往是事后反馈，观众无法及时表达自己的观点或提出问题。而在网络直播中，观众可以随时发表自己的评论或提问，与主播进行实时互动。这种及时互动的方式使观众有了更多的参与感，他们不再只是被动地接收信息，而是能够积极参与到新闻报道的过程中。

网络直播平台的互动功能增强了观众的满足感。观众可以通过弹幕、点赞等方式与主播进行互动，感受到被关注和回应的满足感。与此同时，观众也可以与其他观众交流讨论，分享自己的观点和看法。这种互动性不仅增强了观众对新闻报道的参与感，也给他们带来了更好的用户体验。

网络直播平台的互动还促进了舆论的形成和传播。观众可以通过评论、转发等方式，将自己的观点和意见传达给更多的人。这样一来，一个新闻事件往往会在网络上引发广泛的讨论和辩论，形成多方意见交汇的舆论场。观众的参与使得舆论更加多元化，也促进了信息的传播和扩散。

观众的参与对新闻报道起到了监督作用。网络直播平台上的观众可以通过评论和提问向主播提出问题或质疑，促使主播和记者更加客观、准确地报道新闻。观众作为新闻报道的接受者和消费者，他们的反馈和监督能够推动媒体提供更加准确、公正的新闻报道。

（三）网络直播平台为新闻报道提供了更广泛的传播渠道

网络直播平台为新闻报道提供了更广泛的传播渠道，主要体现在以下几个方面：

网络直播平台具有覆盖面更广的特点。传统媒体的新闻报道通常依靠报纸、电视、广播等媒介进行传播，观众需要购买报纸或打开电视、收听广播才能获取新闻信息。而网络直播平台利用互联网和移动设备，可以实现随时随地观看新闻直播的便利。观众只需通过手机、平板等设备连接到网络，就可以即时收看新闻直播，不再受限于地域和时间的限制。这使得新闻报道能够更迅速、更广泛地传播，拓展了新闻的受众群体。

网络直播平台具有社交化分享的特点。观众可以通过网络直播平台将自己正在观看的新闻直播分享给朋友、家人和社交圈子。这样一来，一个新闻事件往往会在社交媒体上引发广泛的讨论和分享，进一步扩大了新闻的传播范围。观众的分享行为将新闻报道推荐给更多的人，同时也让更多的人关注和了解到这个新闻事件，进一步提高了新闻报道的影响力。

网络直播平台具有交互性和参与性。观众不仅可以通过弹幕、评论等方式与主播进行实时交流，表达自己的意见和看法，还可以通过点赞、分享等方式对新闻报道进行评价和推荐。这种互动性和参与性使得观众能够更加积极地参与到新闻报道中来，推动着新闻信息的传播和扩散。观众的参与也促使媒体更加关注观众需求，提供更加符合观众喜好的新闻内容，从而进一步吸引更多的观众关注和参与。

此外，网络直播平台还提供了多样化的新闻形式和呈现方式。除了传统的文字报道外，网络直播平台还可以通过视频直播、音频直播等方式呈现新闻内容。这种多样化的呈现方式丰富了新闻报道的形式，更加贴近观众的需求和习惯，提高了观众的参与度和参与感。

（四）网络直播平台也对传统新闻行业产生了一定的冲击和重构

网络直播平台的兴起对传统新闻行业产生了一定的冲击和重构，主要表现在以下几个方面：

网络直播平台降低了新闻报道的门槛。传统媒体进行新闻报道通常需要具备一定的资金、技术和人力资源，而网络直播平台的出现使得任何人都可以通过手机或摄像机进行直播报道。这种低门槛的报道方式为公众提供了更多参与和表达的机会，让普通人也能够成为新闻报道者。无论是大型事件还是小范围的社区新闻，都有可能通过网络直播平台得到报道和关注。这一点打破了传统新闻行业的垄断局面，增加了新闻报道的多样性。

网络直播平台促进了独立记者和自媒体的崛起。传统媒体通常由专业的记者和编辑组成，他们经过严格的职业培训和审核才能进行新闻报道。然而，在网络直播平台上，任何人都可以发布自己的新闻内容，形成了新的竞争力量。越来越多的独立记者和自媒体利用网络直播平台发布自己的独立报道，形成了一股新的声音。他们可能有着更大的新闻敏感度和灵活性，能够关注和报道传统媒体忽视的事件或观点。这种竞争和多元化的报道方式使得新闻行业更加活跃和多样化。

网络直播平台改变了新闻消费的习惯和方式。传统媒体通常采用定时发布的方式进行新闻报道，而网络直播平台则提供了即时的、实时的报道形式。观众可以在新闻事件发生的同时通过手机或电脑收看直播，了解最新的情况。这种及时性和实时性满足了观众对新闻的迫切需求，也让他们更加容易获取到全球各地的新闻信息。观众的需求和习惯的改变，促使传统媒体不断调整自己的报道方式和节奏，以适应网络直播平台带来的新格局。

此外，网络直播平台也给传统媒体带来了一些挑战和压力。传统媒体往往面临着资金、人力等方面的限制，而网络直播平台的兴起为报道提供了更为廉价和便利的方式。这使得传统媒体需要更加努力地提供高质量、独特性的报道，以吸引观众的关注和选择。传统媒体还需要与网络直播平台进行深度融合，发挥各自的优势，创造更好的新闻产品。

三、网络直播平台的技术革新和商业模式创新

（一）网络直播平台的技术革新

网络直播平台在技术方面的革新对于提升用户体验和满足用户需求起到了重要作用。

1. 画质改进

随着网络带宽的提升和视频编码技术的发展，网络直播平台能够提供更高清、更流畅的视频画质。传统的网络直播通常受制于带宽限制，画面质量有限。然而，随着网络带宽的增加，网络直播平台可以通过采用更先进的视频编码技术，如 H.264、H.265 等，提供更高质量的视频画面，使观众能够获得更清晰、更逼真的观看体验。同时，网络直播平台也开始支持高清、超高清甚至 4K 分辨率的直播内容，提升了观众对于画质的要求满足感。

2. 互动功能增加

网络直播平台通过不断创新和改进，为观众提供了更多的互动功能。观众可以通过弹幕、点赞、送礼物等方式与主播进行实时互动，增强了观众的参与感和满足感。观众可以在直播过程中发送弹幕，与其他观众进行交流，表达自己的看法和情感。此外，观众还可以通过点赞和送礼物的方式表达对主播的支持和喜爱。一些网络直播平台还引入了虚拟现实（VR）和增强现实（AR）技术，使观众能够更加身临其境地参与直播，享受沉浸式的观看体验。

3. 多摄像头拍摄技术

为了提供更加全面和多角度的观看体验，网络直播平台引入了多摄像头拍摄

技术。通过在不同位置设置多个摄像头，同时拍摄不同角度的画面，并将其融合在一起进行直播，观众可以根据自己的喜好选择不同的画面进行观看。这种多摄像头拍摄技术使得观众可以更加自由地切换视角，不再局限于一个固定的画面，增加了观看的乐趣和选择性。

4. 实时转码技术

网络直播平台需要将直播内容进行实时转码，以适应不同终端设备和网络环境的需求。由于观众设备的多样性和网络带宽的不稳定性，直播内容可能需要在不同的分辨率、码率等参数下进行传输。实时转码技术可以根据观众设备的能力和网络情况，自动调整视频的参数，以确保观众能够顺畅地观看直播内容。这种技术的应用可以有效降低直播的延迟，提高观看体验。

（二）网络直播平台在内容分发上的变化和创新

随着互联网的快速发展和用户需求的多样化，网络直播平台在内容分发方面也经历了一系列的变化和创新。

1. 多平台同步直播

多平台同步直播是网络直播平台在内容分发上的一项重要变化和创新。传统的直播平台通常只在自己的平台上进行直播，观众需要到该平台去观看直播。而如今，网络直播平台开始将直播内容同时推送到多个社交媒体平台上，比如微博、微信、抖音等。这样做可以扩大受众范围，吸引更多的用户观看直播。同时，通过在各个社交媒体平台上同步直播，还能增加直播内容的传播范围，提高直播内容的曝光度和影响力。多平台同步直播的方式使得直播内容不再局限在某一个平台上，而是能够通过更多的渠道传播，增加了直播的可见性和观众参与度。

2. 跨媒体内容传递

跨媒体内容传递是网络直播平台在内容分发上的另一项重要变化和创新。传统的直播平台只能在网络上进行直播，而如今，网络直播平台开始与传统媒体进行合作，在电视台、广播台等媒体平台上同步播出直播内容。这种跨媒体传递的方式将直播内容引入传统媒体领域，使得更多人有机会接触到并观看直播内容。通过在电视台、广播台等传统媒体平台上播出直播内容，能够将直播内容在更广泛的渠道上进行传播，提高了内容的传播效果和影响力。同时，这也为网络直播平台和传统媒体之间的合作提供了更多可能性，共同拓展业务和受众群体。

3. 个性化推荐算法

个性化推荐算法是网络直播平台在内容分发上的又一项创新。通过分析用户的兴趣和行为数据，网络直播平台可以根据用户的个性化需求，为其推荐符合其兴趣的直播内容。这一推荐算法的引入，可以大大提高用户的观看体验和满意度。通过了解用户的观看历史、点赞行为、关注主播等信息，网络直播平台能够准确把握用户的兴趣偏好，为其推荐最合适的直播内容。同时，个性化推荐算法也促进了平台上其他内容的发现和传播。当用户对某一类直播内容感兴趣时，平台可以通过推荐相似或相关的内容，帮助用户发现更多符合其兴趣的直播内容，提高用户黏性和观看时长。

（三）网络直播平台的商业模式创新

网络直播平台的商业模式创新对于平台的运营和收入有着重要作用。以下将详细介绍网络直播平台的商业模式创新。

1. 付费订阅

为了提供更高质量和独家内容，一些网络直播平台开始实行付费订阅模式。观众可以通过支付一定的费用成为某位主播或平台的会员，享受特定的权益和福利，如独家直播、粉丝专属活动等。这种付费订阅模式为直播平台带来了稳定的收入来源，并且激励了主播们提供更好的内容。通过订阅模式，观众可以获得更高级别的服务和体验，同时也为直播平台提供了更稳定的经济支持。

2. 广告收入

广告是网络直播平台的主要收入来源之一。直播平台会在直播过程中插入广告内容，通过观众的点击、观看时长等指标来计费。随着直播平台用户规模的扩大和观众活跃度的提升，广告主愿意投放更多的广告资源，使得直播平台的广告收入也在逐渐增加。广告收入的增加可以为直播平台提供更多的资金支持，用于提升平台的技术和内容质量。

3. 礼物赞赏

观众可以通过网络直播平台购买虚拟礼物，送给自己喜欢的主播。主播收到观众的礼物后会获得相应的收入，这种礼物赞赏的方式成为一种主要的变现方式。

观众通过送礼物的方式来表达对主播的喜爱和支持，并且可以在直播平台上展示自己的身份和社交关系。礼物赞赏不仅为主播提供了经济上的支持，也是观众与主播之间互动和连接的一种方式。

除了以上几种商业模式创新之外，还有其他一些变现方式，如品牌合作、线下活动等。品牌合作是指直播平台和品牌进行合作，通过品牌产品的展示和推广来获取收入。线下活动则是将网络直播与线下实体结合，举办线下演唱会、粉丝见面会等活动，吸引观众参与并获得门票销售收入。

第二节　网络直播平台的新闻属性与传播特点

一、网络直播平台作为新闻媒体的属性

网络直播平台作为一种新兴的媒体形式，具有许多传统媒体无法比拟的优势，使其成为一种重要的新闻传播渠道。下面将分析网络直播平台的信息传递特点以及其在新闻报道中的属性。

（一）信息传递特点

网络直播平台作为新闻媒体的属性，具有许多信息传递特点和优势，如即时性、实时性和全程直播等。

1. 即时性

网络直播平台通过实时传输技术，能够将事件现场的情况实时呈现给观众。相比传统媒体，网络直播平台具有更快速的信息传递速度，可以第一时间将现场事件推送给全球范围的观众，提供真实、及时的新闻报道。观众可以在第一时间了解到事件的发生，迅速获取最新的资讯。这些及时的报道能够满足人们对即时性新闻的需求，加强了新闻媒体的竞争力。

2. 实时性

网络直播平台通过视频直播的方式实时呈现事件的发展过程。观众可以通过直播画面和声音感受到现场的氛围和紧张程度，增强了新闻报道的真实感和参与感。相较于文字报道或录播，视频直播能够更好地还原事件现场的情景，让观众

身临其境，深入了解事件的发展。此外，观众还可以通过互动功能与主播进行实时交流，提出问题、表达意见，使报道更加立体化。这种互动的形式使新闻报道更贴近观众需求，增强了观众的参与感和满意度。

3. 全程直播

网络直播平台可以将整个事件的全过程进行直播。无论是重大新闻事件还是日常新闻报道，观众都能够目睹事件的发展和结果。相比于片段式的报道或者简短的新闻摘要，全程直播可以让观众获得更全面、真实的信息。观众可以通过全程直播了解事件的始末，对事件的背景、原因和结果有更清晰的认识。全程直播也有利于提高新闻报道的可信度和透明度，观众可以自行判断事件的真实性和客观性，减少了信息不对称和误导。

（二）采编加工方式

网络直播平台在采编加工方式上具有多种形式和特点，如现场报道、主持人解说和互动交流等。

1. 现场报道

网络直播平台可以派遣记者或主持人到事件现场进行实时报道。记者可以通过直播画面、声音和文字实时介绍事件的发展、现场情况以及相关背景知识，使观众获得更全面、详尽的信息。他们可以采访相关当事人、目击者或专家，了解事件的细节和背后的故事，用文字和影像直观地呈现给观众。这种形式的报道可以让观众近距离了解事件的真实情况，增加报道的可信度和参与感。

2. 主持人解说

在网络直播平台上，主持人可以充当实时解说员的角色，对事件进行解读和评论。他们可以为观众提供专业的背景知识和深入地分析，帮助观众更好地理解事件的意义和影响。主持人可以通过讲述事件的来龙去脉、解释其中的关键点，提供更多的背景信息和专业观点，使观众对事件有更深入的了解。这种解说的形式能够加深观众对事件的理解，提高新闻报道的深度和专业性。

3. 互动交流

网络直播平台具有互动性，观众可以通过弹幕或评论的形式与主播进行实时互动。观众可以提出问题、表达意见或分享自己的看法，主播可以选择回答观众的问题、解释疑惑，进一步增加观众与新闻报道之间的互动和参与感。这种形式的互动交流不仅可以满足观众的个性化需求，还可以让观众参与到新闻报道中来，增强他们的参与感和满意度。

（三）真实性和重要性

1.事件实况展示

网络直播平台通过实时直播，将事件的现场情况直接展示给观众，这种实况展示的方式比传统媒体报道更加直观和真实。观众可以通过直播画面和声音感受到事件发生地的真实环境和氛围，获得更直接、真实的信息。与传统的文字报道相比，直播平台的实况展示更能引起观众的兴趣和关注，其特征见表6-1所列：

表6-1　直播平台实况展示特征表现

实况展示特征	具体表现
直观性	网络直播平台的画面和声音可以让观众感受到事件的真实性。观众可以亲眼见到事件的发生过程，听到现场的声音，更容易产生共鸣，并形成对事件的直观认知
可靠性	网络直播平台实时直播的特点保证了信息的及时性和真实性。观众不需要等待新闻报道发布，而是可以第一时间获取事件的最新动态。而且，直播画面往往无法进行编辑和篡改，因此观众更容易相信直播平台所呈现的信息是真实可靠的
互动性	网络直播平台通常还提供观众与主持人或现场记者进行实时互动的功能，观众可以通过评论、提问等方式参与到直播中。这种互动性能够进一步增加观众对事件真实性的认可，因为他们可以直接向主持人或目击者提出问题，获得更详细和准确的信息

2.目击者证词的可信度

网络直播平台可以邀请目击者进行实时采访，让他们亲自描述事件的发生过程和自己的观察。这些目击者证词在一定程度上增加了新闻报道的可信度，使观众更容易接受和相信报道的真实性。

目击者视角：目击者对事件的描述是基于他们亲眼所见和所感受到的情况，具有更高的可信度。他们可以提供事件的细节和背景信息，帮助观众更好地理解事件的发生原因和影响。

真实性验证：网络直播平台可以通过现场视频和采访过程中的交互，验证目击者证词的真实性。观众可以通过目击者的言行举止、表情和语气来判断其是否可信。此外，网络直播平台也可以使目击者与其他目击者进行对比验证，进一步增加证词的可信度。

多元视角：网络直播平台可以邀请多个目击者分享自己的观察和经历，从不同角度呈现事件的真实面貌。这种多元视角的展示有助于观众全面了解事件，并形成更准确的判断。

二、网络直播平台的互动性与参与度

（一）网络直播平台的互动性

网络直播平台通过各种方式提供互动性，推动用户积极参与和反馈。其中，用户评论和弹幕互动是常见的形式。

1. 用户评论

网络直播平台通常会在直播界面或视频页面下方设置评论区，允许观众对直播内容进行评论。观众可以通过输入文字、表情等方式来表达自己的观点、感受和问题。这种形式的互动提供了一个开放的平台，使观众能够直接与主播或其他观众进行交流、沟通和互动。

2. 弹幕互动

弹幕是指以一定速度滚动显示在视频画面上的观众发送的实时评论。观众可以在视频中发送文字弹幕，表达自己的情绪和观点，并与其他观众进行交流。弹幕互动形式生动有趣，增加了观看体验的乐趣，同时也给观众提供了更直接的参与方式。

3. 投票互动

为了增加用户参与度，网络直播平台还可以提供投票互动功能，让观众参与到决策过程中。例如，在一次辩论直播中，观众可以通过投票选择自己支持的观点或选出优胜者，从而影响直播的发展和结果。

（二）网络直播平台的社交化特点

网络直播平台具有强烈的社交化特点，通过用户之间的互动和分享功能的加强，促进了用户之间的交流和用户群体的形成。

1. 社交互动

网络直播平台提供了私聊、群聊等社交功能，使观众能够与其他观众或主播进行一对一或多人之间的交流。观众可以通过私聊与主播互动，提问问题或分享观点；同时，观众之间也可以在群聊中互相交流，增进彼此的社交关系。

2. 社群形成

网络直播平台通常会设立粉丝团、社区等机制，让观众和主播形成一个小的社群。观众可以加入自己喜爱的主播的粉丝团，与同样喜欢该主播的人进行交流和互动。这种社群形成增强了观众之间的认同感和凝聚力，使观众更加愿意参与和分享。

3. 内容分享

网络直播平台也鼓励用户将直播内容或自己的创作分享到其他社交平台，如微博、朋友圈等。观众可以通过这种方式将有趣、有价值的直播内容传播给更多的人，形成口碑效应，并吸引更多的观众和参与者。

（三）用户生成内容的机制

网络直播平台通过用户生成内容的机制，扩大了用户参与和创作的空间。主要体现在以下方面：

1. 用户直播

网络直播平台允许普通用户进行直播，不仅限于专业主播或媒体机构。普通观众可以通过手机或摄像头等设备进行直播，以自己的兴趣和特长为主题进行直播。这种机制使观众能够积极参与到直播内容的创作中，增加了平台上的多样性和覆盖面。

2. 弹幕互动创作

弹幕不仅是观众表达自己观点的方式，也可以作为一种创作工具。观众可以发送文字弹幕，来展示自己的创意、幽默和艺术才能。例如，在音乐直播中，观众可以通过发送弹幕提供歌词、节奏或鼓掌等互动，从而与主播共同创作音乐。

3. 视频剪辑和分享

网络直播平台通常提供视频剪辑和分享功能，让用户将直播中的精彩片段剪辑后分享到其他平台。观众可以根据自己的喜好和需求，将直播中的亮点、重要时刻或有趣片段剪辑成短视频，并加入自己的个性化编辑和评论。这种机制扩大了用户参与和创作的空间，同时也为直播平台增加了更多优质的用户生成内容。

三、网络直播平台的快速传播和实时性特点

网络直播平台作为新闻媒体具有快速传播和实时报道的特点，以下将从快速传播和实时报道两个方面进行详细探讨，并强调其通过多渠道传播和跨媒体互动等方式，增加了新闻信息的覆盖范围和影响力。

（一）网络直播平台的快速传播特点

1. 迅速传递信息

网络直播平台能够将信息迅速传递给用户。无论是突发事件、重大新闻还是实时报道，只需直接进行网络直播，观众即可第一时间获取到最新的信息，不需要等待传统媒体的编辑、采编和发布过程。这种直接传递的方式大大加快了信息的传播速度。

2. 即时互动

网络直播平台提供了观众与主持人、嘉宾、目击者等进行即时互动的功能。观众可以通过评论、弹幕、问答等方式与直播人员实时交流，提问、分享自己的观点或者表达对事件的关注和关心。这种即时互动的机制增加了信息的传播效果和参与度。

3. 社交媒体共享

网络直播平台可以与社交媒体进行互联互通，方便用户通过微博、微信、朋友圈等平台分享直播链接或者相关内容。这样，观看直播的用户可以将自己感兴趣的信息分享给更广泛的社交圈，进一步扩大了信息的传播范围。

（二）网络直播平台的实时报道优势

1. 及时更新

网络直播平台可以实时更新报道内容，特别适用于重大事件的发生。观众可以通过直播平台获取到最新的进展和现场情况，无须等待电视台或报纸的时事新闻报道。这种及时更新的方式满足了观众对快速获取信息的需求。

2. 多维度呈现

网络直播平台可以通过多摄像头、多角度拍摄、实时切换画面等技术手段，将事件的不同方面、不同场景进行实时呈现。观众可以通过不同的视角来了解事

件的全貌，获得更全面、立体的报道。

3. 目击者证词的直接呈现

网络直播平台可以邀请目击者进行实时采访，让他们亲自描述事件的发生过程和自己的观察。这种直接呈现目击者证词的方式增加了新闻报道的可信度，使观众更容易接受和相信报道的真实性。

（三）网络直播平台的信息覆盖范围和影响力增强

1. 多渠道传播

网络直播平台可以通过多个渠道进行信息传播，包括网站、手机 App、社交媒体等。这种多渠道传播的方式使得更多的用户可以方便地获取到直播内容，扩大了信息的传播范围。

2. 跨媒体互动

网络直播平台可以与其他媒体进行互动合作，例如电视台、报纸等传统媒体，通过共享直播内容和互通互联的方式，进一步扩大了报道的影响力。观众可以通过不同媒体平台获取到同一事件的多重报道，从而形成更全面、多角度的认知。

3. 用户参与度提高

网络直播平台提供了即时互动的功能，使用户能够积极参与其中。用户可以通过评论、弹幕等方式表达自己的意见和观点，甚至分享自己的经历和见解。这种用户参与度的提高进一步推动了直播内容的传播和影响力的扩大。

第三节　网络直播新闻传播的话语权与监管问题

一、网络直播平台在新闻传播中的话语权问题

网络直播平台作为新闻传播的重要渠道之一,具有强大的传播能力和影响力。然而,在网络直播平台的发展与普及过程中,也出现了一些话语权问题。以下将从两个方面进行详细探讨:一是网络直播平台拓宽了话语权的来源,使更多的声音被听到;二是网络直播平台的话语权滥用现象需要引起关注。

(一)网络直播平台拓宽了话语权的来源

1. 多元化的信息来源

传统媒体受限于版面和时长的限制,往往只能选择少数重要消息进行报道。而网络直播平台通过无时间和空间限制的特点,可以容纳更多的信息来源,包括一些非主流的声音和观点。这使得新闻报道更加多元化,用户可以通过网络直播平台获取到更全面的信息。

2. 公众参与度增加

网络直播平台提供了公众参与的机会,通过评论、弹幕、互动问答等方式,观众可以表达自己的意见、观点和看法。这种公众参与度的增加使得新闻报道更具多样性和代表性,也促进了更加平等和民主的传播环境。

3. 个人直播崛起

随着智能手机的普及和网络直播技术的成熟,越来越多的个人可以通过网络直播平台进行直播。他们可以自由选择自己感兴趣的话题,并将其呈现给观众。这种个人直播的兴起拓宽了新闻来源的范围,使得更多的细分领域和专业知识得到了传播。

(二)网络直播平台的话语权滥用现象需要引起关注

1. 虚假信息和谣言传播

网络直播平台的开放性和即时性使得一些不负责任的个体或组织可以利用其发布虚假信息和谣言,误导观众甚至造成社会恐慌。在信息爆炸的时代,应该加

强对直播内容的审核和管理，避免虚假信息的传播。

2. 恶意营销和低俗内容

为了吸引观众和获利，一些网络直播平台倾向于追求短期效益，推出恶意营销的内容，对公众产生不良影响。这种滥用话语权的现象需要引起监管部门和社会的高度关注，加强对网络直播内容的规范和监管。

3. 私人隐私泄露

由于网络直播平台的直播特性，一些用户可能在不经意间泄露了自己或他人的私人隐私。这可能导致个人权益的损害和社会纠纷的产生。应加强对直播内容的监管和保护，保护用户的隐私权。

为了解决网络直播平台在新闻传播中的话语权问题，以下四点建议可以作为参考：

1. 强化平台责任

网络直播平台应加强对直播内容的审核和管理，建立健全的审核机制和信息发布规范。严禁发布虚假信息、低俗内容和恶意营销等违法违规行为。

2. 完善法律法规

针对网络直播平台的话语权滥用问题，需要加强相关法律法规的制定和完善，明确相应的法律责任和处罚措施。

3. 提升用户素养

用户在使用网络直播平台时应提高自身媒体素养和判断能力，增强识别谣言和虚假信息的能力，做到理性看待和正确使用网络直播平台。

4. 加大监管力度

相关部门应加强对网络直播平台的监管，建立健全的监管机制，加大对话语权滥用行为的查处和惩罚力度。

二、网络直播新闻的权威性与可信度

（一）提升报道真实性

新闻传播的真实性是要求新闻传播者对于事件或人物等的记述要详实，从起因到结果，不放过任何重要的情节，并进行连续的追踪报道。新闻传播的真实性主要强调内容，而非形式。为确保网络直播平台报道的真实性，可以采取以下措施，如图 6-1 所示：

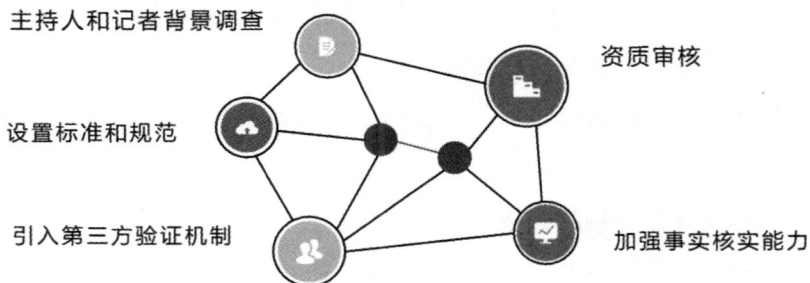

图6-1　提升报道真实性的措施

1. 主持人和记者背景调查

网络直播平台应对主持人和记者进行严格的背景调查，了解其从业经历、专业素养、道德品质等。这样可以筛选出具备良好新闻素养和职业操守的从业者。

2. 资质审核

网络直播平台可以设定一些资质审核标准，要求主持人和记者具备相关新闻从业资格证书或专业学历。这有助于提高从业者的专业水平和报道的可信度。

3. 加强事实核实能力

网络直播平台应加强事实核实的能力，例如建立专门的事实核查团队，提供必要的培训和工具支持，确保报道中的信息真实可靠。

4. 引入第三方验证机制

网络直播平台可以与权威机构合作，引入第三方验证机制。通过与专业机构合作，对重大新闻事件的真实性进行审核，以增加报道的可信程度。

5. 设置标准和规范

网络直播平台应制定严格的报道标准和规范，要求从业者遵守职业道德，严禁虚假报道和不实信息的传播。

（二）提升报道准确性

新闻传播的准确性指新闻报道中的时间、地点、人物、事情、原因和经过都经得起核对。准确性侧重于对新闻的事实进行符合实际的调查研究。为提高网络直播平台的报道准确性，可以采取以下措施：

1. 搭建专业记者网络

网络直播平台应建立专业的记者网络，聘请具备丰富经验和专业素养的记者或与其他媒体机构合作。这样可以确保从业者具备采编能力和准确报道的能力。

2. 加强新闻素材采集和整理能力

网络直播平台应加强对新闻素材的采集和整理能力，建立完善的信息搜集系统，确保报道的准确性和全面性。

3. 推动事实核查机构的参与

网络直播平台可以与事实核查机构合作，共同推动事实核查工作的开展。这样可以及时发现和纠正错误信息，提高报道的准确性。

4. 强化对多方来源的采访验证

为了确保报道的准确性，网络直播平台应加强对多方来源的采访，验证和核实信息的可靠性。避免仅仅依赖某一方的说法，而导致信息的偏颇。

5. 细化审查流程

网络直播平台应建立完善的内部审查流程，包括对新闻稿件的审核和编辑、校对等环节。这有助于减少错误信息的传播和报道的失实情况。

（三）提升报道客观性

新闻传播的客观性是指新闻工作者在报道新闻过程中不以个人意志为转移，不掺加个人主观想法和意图，表述真实而客观。为确保网络直播平台报道的客观性，可以采取以下措施，如图6-2所示：

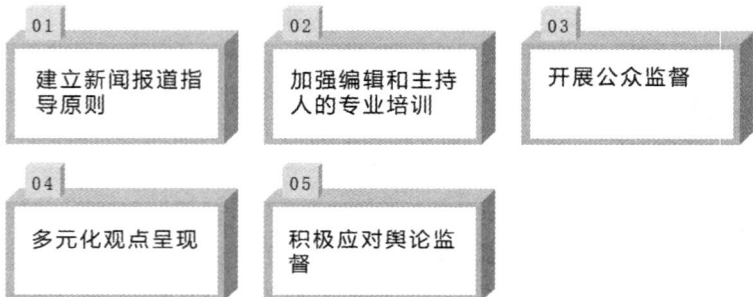

图6-2 提升报道客观性的措施

1. 建立新闻报道指导原则

网络直播平台应制定专门的新闻报道指导原则，明确新闻报道应遵循的价值观和原则，如客观、公正、中立等。这有助于引导从业者进行客观报道，避免主观倾向和立场偏颇。

2. 加强编辑和主持人的专业培训

网络直播平台应加强对编辑和主持人的职业培训，提高其新闻素养和专业水平。通过培训，加强其对客观报道原则的理解和应用。

3. 开展公众监督

网络直播平台应充分重视公众的监督作用，鼓励公众积极参与对报道的评价和反馈。同时，及时回应公众关切，澄清可能产生的误解，增加报道的透明度和可信度。

4. 多元化观点呈现

网络直播平台在报道时应尽量呈现多元化的观点，给予公众发出不同意见和声音的表达空间。这有助于避免报道的立场偏颇，提升报道的客观性。

5. 积极应对舆论监督

网络直播平台应积极回应公众的质疑和批评，及时纠正错误、调整报道方式，增加与观众的互动和沟通，建立与公众之间的信任关系。

三、网络直播平台的监管问题

（一）管理规范

为了规范网络直播平台的运营，建立以下管理规范是必要的：

1. 用户上传内容审核机制

网络直播平台应建立严格的用户上传内容审核机制，对用户上传的内容进行审核和筛查。

2. 平台内部管理规范

网络直播平台应建立内部管理规范，明确各岗位的职责和权限，并制定相应的制度和流程。这有助于提高工作效率，减少管理失误和风险。

3. 透明度要求

网络直播平台应要求公开透明，向用户和公众公布平台的经营状况、重大决策、政策变更等信息。同时，建立反馈机制，及时回应用户和公众的关切和问题，增加平台的透明度和公信力。

4. 版权保护措施

网络直播平台应加强版权保护措施，要求用户在上传内容时尊重他人的知识产权，并及时处理侵权行为。建立版权保护机制，设立版权维权专项基金，加大对盗版行为的打击力度。

（二）违规行为打击

为了打击网络直播平台上的违规行为，可以采取以下措施：

1. 严厉惩处恶意传播谣言行为

网络直播平台应设立专门的违规处理机构或部门，对恶意传播谣言的行为进行严厉惩处。采取技术手段和人工审核相结合的方式，及时发现并删除虚假信息，防止谣言的扩散。

2. 侵犯他人隐私行为的严惩

网络直播平台应建立隐私保护机制，对侵犯他人隐私的行为进行严厉打击。要求用户在上传内容时遵守相关法律法规和隐私保护准则，并设立专门的举报通道，及时处理相关投诉和举报。

3. 设立举报机制

网络直播平台应设立举报机制，鼓励用户和公众积极参与对违规行为的举报。同时，建立响应机制，及时处理举报，并保护举报人的合法权益。

4. 加强合作与监督

网络直播平台应与相关部门和机构加强合作，共同打击违规行为和不法行为。建立行业自律组织，推动行业内的规范发展，并接受监督和评估。

（三）用户隐私保护

为了保护用户隐私，网络直播平台应采取以下措施：

1. 加强数据安全防护措施

网络直播平台应建立完善的数据安全管理体系，包括加密传输、权限管理、数据备份等。确保用户个人信息的安全存储和传输，防止信息泄露和滥用。

2. 明确用户数据使用政策

网络直播平台应制定明确的用户数据使用政策，告知用户平台收集和使用个人信息的目的、范围和方式。用户应有权选择是否提供个人信息，并可随时查询和修改个人信息。

3. 符合相关法律法规

网络直播平台应遵守相关的法律法规，如《个人信息保护法》等，确保在收集、使用和处理用户个人信息时符合法律要求，并主动承担相应的法律责任。

4. 加强用户教育和意识提升

网络直播平台可以通过多种方式加强用户教育，增强用户对个人信息保护的意识。例如通过平台公告、用户协议等形式向用户普及个人信息保护的知识和技巧。

第七章　融媒体时代的新闻传播研究

第一节　融媒体概念及其在新闻传播中的作用

一、融媒体定义

（一）融媒体概念

融媒体是指多种传媒形态的有机融合与协同发展，通过融合传统媒体和新兴媒体的优势，实现信息、内容和技术的跨界整合和交互影响。融媒体不仅带来了传媒产业链的重组和转型升级，也为用户提供了更加丰富、多样化的信息和娱乐体验。

融媒体的核心特征是多媒体、多平台和多渠道的有机结合。多媒体即多种媒体形式的融合，包括文字、图片、音频、视频等；多平台指不同终端设备上的融合，如电视、手机、平板电脑等；多渠道则是指不同传播渠道的整合，包括广播、电视、网络、移动通信等。

融媒体的发展离不开信息技术的支持。随着互联网、移动通信、大数据等技术的迅猛发展，融媒体得到了更好的实施和应用。比如，互联网为融媒体提供了无限的信息资源和传播渠道；移动通信技术使人们能够随时随地获取信息和娱乐；大数据则为精准定位用户需求、个性化推荐内容提供了强有力的支持。

在融媒体时代，媒体机构需要通过改变传统的组织架构、经营模式和业务流程，进行深度融合与转型升级。融媒体不仅要求媒体机构具备传统媒体的核心素养，如新闻采编、内容制作和传播能力，还需要具备数字营销、社交媒体运营、数据分析等新媒体技能。

融媒体的发展给传媒产业带来了广阔的发展空间和挑战。一方面，融媒体可以提高媒体产品的质量和竞争力，增加媒体机构的收入和影响力；另一方面，媒体机构需要面对新技术、新媒体、新业态等方面的竞争和变革，需要不断创新和转型。

（二）传统媒体与新兴媒体

传统媒体与新兴媒体之间的融合趋势是当今媒体行业发展的重要方向之一。随着互联网技术的快速发展，人们获取信息的途径变得更加多样化和便捷化。在这种背景下，传统媒体如报纸、电视和广播等面临着巨大的挑战，但同时也有机会通过与新兴媒体的融合来实现转型升级。

报纸在传统媒体中的地位仍然不可替代。虽然互联网的出现给人们提供了随时随地获取新闻的便利，但报纸作为一种集中呈现、深度报道的媒体形式，仍然具有其独特的优势。目前，许多报纸已经将线下报纸与线上平台相结合，推出了电子版报纸，以满足读者的多样化需求。此外，还有些报纸探索采用数据新闻、社交媒体分享和视频报道等方式，增强互动性、可视性和传播效果。

电视作为另一种传统媒体也积极适应新兴媒体的发展趋势。随着网络技术的普及和智能电视的兴起，电视节目正逐渐实现与互联网的深度融合。传统的电视频道通过开设官方网站、移动应用程序和社交媒体账号等方式，将自己的节目内容推向更广泛的受众群体，并通过互动平台与用户进行互动。同时，电视节目也开始采用在线点播、直播互动、社交媒体讨论等形式，提供更加个性化和多样化的观看体验。

广播也在整合中寻求发展。传统广播主要通过无线电波传输音频信号，但随着数字技术的进步，广播业也面临着转型的压力。近年来，许多广播电台已经开始通过互联网直播和网络点播等形式提供节目内容，拓展受众群体并增加互动性。此外，一些广播电台还积极利用社交媒体平台和移动应用程序等工具与听众进行互动，开展讨论和调查等活动，增强了广播的影响力和用户参与度。

互联网的兴起对传统媒体产生了深远的影响。互联网作为新兴媒体的代表，改变了人们获取信息和传播信息的方式。随着移动互联网的普及，人们可以通过手机、平板电脑等多种移动设备随时随地获取新闻、观看视频、收听音频等内容。这种便捷性给用户带来了前所未有的体验，也对传统媒体提出了更高的要求。传统媒体在面临互联网冲击的同时，也积极利用互联网技术进行转型升级，通过开设官方网站、推出移动应用程序等方式扩大自己的影响力和用户群体。

（三）多元化传播方式

多元化传播方式是现代媒体发展的趋势之一，强调的是融媒体的特点，即同时利用文字、图片、音频、视频等多种形式进行信息传递。这种方式的出现与互联网技术的快速发展密不可分，给用户带来了更加丰富、多样化的内容体验，也为媒体行业带来了新的发展机遇。

多元化传播方式能够满足用户不同的需求和偏好。人们对信息获取的方式有差异性，有些人更喜欢通过阅读文字来获取信息，有些人则更倾向于观看图片或视频。多元化传播方式能够以不同的形式呈现信息，满足用户不同的感知方式和阅读习惯。例如，在新闻报道中，除了文字报道，还可以配合图片、视频等形式，使读者更直观地了解事件的具体情况。这样一来，用户可以根据自己的喜好和需求选择合适的传播方式，提高了信息传递的有效性和针对性。

多元化传播方式能够增强信息的表现力和感染力。不同形式的媒介拥有不同的表现能力，能够通过各种途径传达信息，从而使信息更加生动、直观和引人入胜。文字可以表达深度和细腻的内容；图片可以通过视觉形象传达情感和信息；音频可以通过声音传递思想和情绪；视频则能够结合图像、声音和文字等多种元素，呈现出更加全面和立体的内容。通过多元化的传播方式，媒体可以更好地展示故事，打动人心，提高读者、观众和听众的参与度和共鸣感。

多元化传播方式有助于提升媒体的竞争力和影响力。在媒体行业中，许多平台都开始采用多种形式的内容传播，以吸引更多的受众并提高用户黏性。通过多元化的传播方式，媒体可以更好地满足用户的多样化需求，提供更加精准和个性化的内容服务。同时，多元化传播方式也能够增强媒体品牌的差异化竞争优势，提升媒体在市场上的认知度和影响力。对于媒体机构来说，拥有多种形式的传播手段，可以更好地适应市场变化，吸引更广泛的用户群体，并增加广告收入和商业合作的机会。

多元化传播方式对于媒体从业人员来说也提出了更高的要求。传统媒体的记者、编辑等专业人士需要具备跨媒体报道和编辑的能力，熟悉各种传媒形式的特点和规律，能够将信息转化为适合不同媒介的内容。而对于新兴媒体的从业人员来说，则需要具备以下这些能力，如图 7-1 所示：

图 7-1　新媒体从业者能力要求

内容创作能力，即媒体从业者需要具备良好的写作、编辑和制作能力；市场营销能力，即媒体从业者需要了解市场营销的基本理论和方法，能够根据需求进行市场调研和推广策划；媒体运营能力，即从业者能够了解各个新媒体平台的运营规则和算法，制定有效的运营策略，提升用户黏性、参与度、活跃度；沟通能力，即媒体从业者能够与团队成员、合作伙伴和用户有效地进行良好的沟通、互动、协作、共赢；技术素养，即媒体从业者熟悉新媒体相关的技术工具和平台，能够熟练使用各种编辑软件，能够熟练地进行图像处理、剪辑等操作；创新能力，即媒体从业者能够使用充满创意的开放性思维、多元化思维、深度思维等思维方式，捕捉行业形态，把握行业趋势，提出有创意的观点。媒体从业人员需要不断学习和更新自己各方面的技能，适应多元化传播方式的发展趋势。

二、融媒体平台在新闻传播中的作用

（一）多渠道传播

融媒体平台在新闻传播中扮演着重要的角色，通过多平台、多渠道进行信息发布和传输，实现了多渠道传播的目标。这种多渠道传播的方式拓宽了信息的覆盖面，提高了信息的传递速度和效果，对于推动信息的广泛传播和社会舆论的形成具有积极的意义。

　　融媒体平台通过多平台的布局,满足了用户多样化的需求。随着科技的发展,人们获取信息的途径已经不再局限于传统的媒体形式,如报纸、电视等。而是通过多种数字化平台,如新闻网站、手机应用、社交媒体等来获取信息。融媒体平台充分利用这些平台的优势,将新闻内容呈现在用户最频繁、最容易接触到的地方,满足用户的多元化需求。无论是文字、图片、音频还是视频,都能够在不同的平台上得到有效传播,让用户根据自己的喜好和需求进行选择。

　　融媒体平台通过多渠道传输,提高了信息的传递速度和效果。相较于传统媒体,融媒体平台具有信息传输速度快、互动性强等特点。在新闻事件发生后,媒体机构可以及时将相关信息发布到各个平台,通过文字、图片、视频等形式进行呈现,使用户能够第一时间接收到最新的消息。同时,融媒体平台的互动性也为用户提供了更多参与和反馈的机会,使信息传递更加灵活和立体。用户可以通过评论、分享等方式参与话题讨论,表达观点和意见,形成更加丰富的舆论场景。

　　融媒体平台的多渠道传播有助于提升新闻的可信度和权威性。在信息爆炸的时代,虚假信息和谣言泛滥成灾,给社会稳定和公共秩序带来了很大的挑战。融媒体平台通过多渠道传播,能够增加信息的来源和验证渠道,提高新闻报道的准确性和客观性。媒体机构可以通过多平台的布局,收集、整合不同渠道的信息,进行核实和比对,从而确保发布的信息准确无误。此外,融媒体平台也能够提供权威专家和学者的观点,加强信息的可信度和权威性,提升新闻报道的公信力。

　　融媒体平台的多渠道传播促进了新闻传播的创新和发展。传统媒体形式的单一传播方式已经无法满足用户的需求,也不能适应信息时代的发展要求。而融媒体平台正是利用了互联网和数字化技术的优势,将不同媒介形式有机地结合起来,形成一种全新的传播模式。这种传播模式借助了文字、图片、音频和视频等多种媒介的特点,提供更加丰富、多样化的内容服务。同时,融媒体平台也鼓励媒体从业人员创新思维和工作方式,推动新闻报道的洞察力、深度分析和创意表达,提高新闻产品的品质和竞争力。

(二)多媒体形式

　　融媒体平台以多媒体形式呈现新闻内容,提供了更丰富、生动的信息传达方式。通过结合文字、图片、音频和视频等不同媒介形式，融媒体平台能够更好地满足用户的需求，提高信息的可理解性和吸引力，推动新闻传播的创新和发展。

1. 融媒体平台能够通过图片的应用增强信息的表现力

文字虽然是传统媒体中常用的表达方式，但有时难以精准地描述事物的细节和情感。而通过在新闻报道中加入图片，可以直观地展示事件的现场情况、人物的表情和环境的变化，使读者能够更好地理解和感受到新闻的真实性。图片作为一种视觉元素，能够迅速吸引读者的眼球，激发读者的阅读兴趣，提高新闻报道的关注度和影响力。

2. 融媒体平台的音频功能提供了更多元化的信息传达方式

在新闻报道中，某些事件和主题可能需要借助语音的形式进行呈现。通过使用音频功能，可以给用户提供语音报道、专访音频等形式的新闻内容，使用户在无法阅读文字的情况下依然能够获取到新闻信息。音频的传播具有时效性和便携性的特点，用户可以随时随地通过手机、电脑等设备收听新闻内容，提高了新闻的覆盖率和可及性。此外，音频也可以通过主持人、解说员等声音角色的加入，给新闻报道增添一份亲切感和人文关怀，提升用户的参与感和认同感。

3. 融媒体平台通过视频的应用拓展了信息表现的维度

视频作为一种多媒体形式，能够将图像、声音、动作等元素有机地结合起来，提供更加全面和生动的信息呈现方式。通过视频报道，可以将事件的全貌展示给观众，展现出事件发展的过程和细节，帮助观众更好地理解和判断事件的真实性和影响力。而且，视频还能够借助特效、剪辑等手法，制作出更加精彩和吸引人的报道作品，提高新闻的娱乐性和艺术性。同时，视频的传播方式也适应了用户对快餐式信息的需求，用户可以通过观看视频来迅速获取到所需的信息，节约时间和提高效率。

4. 融媒体平台通过多媒体形式的应用，推动了新闻报道的创新和发展

传统的新闻报道主要依靠文字进行表达，信息的传递容易受限于语言和表达方式的局限性。而融媒体平台充分利用数字化技术的优势，将文字、图片、音频和视频等多种媒介有机地结合起来，打破了传统媒体形式的束缚，提供了更丰富、多样化的内容呈现方式。这种多媒体形式的应用鼓励媒体从业人员在内容创作、

编辑和制作方面进行创新尝试，推动新闻报道向更加细致、全面、立体的方向发展。同时，多媒体形式的应用也促进了不同媒体之间的合作与交流，形成良好的合力效应，提升新闻报道的质量和影响力。

（三）用户参与互动

融媒体平台的用户参与互动功能在新闻传播中起着重要的作用，通过提供评论、分享、点赞等功能，增强了用户的参与感。这种用户参与互动的机制使得传统的单向信息传递变得更加丰富和立体，能够更好地满足用户的需求，促进社会舆论的形成和传播。融媒体平台的用户参与互动功能有以下四种影响：

1. 为用户提供了表达观点和意见的平台

传统的媒体形式是一种单向传播模式，用户只能被动接收信息，缺乏参与的机会。而融媒体平台通过提供评论功能，让用户能够直接对新闻内容进行评价和讨论。用户可以在文章下方发表自己的看法、观点和意见，与其他用户进行交流和互动。这种互动的方式不仅能够让用户吸取他人的观点和经验，还能够扩展思路，促进自己的思考和理解。同时，用户的评论也能够为媒体机构提供反馈和改进的建议，促进新闻报道的质量和准确性提升。

2. 促进了新闻信息的传播和分享

通过分享功能，用户可以将自己感兴趣的新闻内容分享给自己的社交圈子，从而扩大信息的传播范围。这种信息的传播方式更加迅速和有效，能够快速将关键信息传递给更多的人，并且形成更为广泛的讨论和影响。而且，融媒体平台还提供了点赞、收藏等功能，用户可以对自己喜爱的文章进行赞同和收藏，也可以了解到其他用户对文章的评价和反馈。这些互动功能激发了用户积极参与的意愿，加强了用户与内容的连接和互动，推动了新闻信息的更好传播。

3. 增强了用户的参与感和忠诚度

通过用户参与互动的机制，融媒体平台使用户成为新闻传播中的活跃参与者，而不仅仅是被动的接收者。用户可以通过评论、分享、点赞等方式表达自己对新闻内容的看法和态度，增强了参与感和认同感。同时，用户的互动行为也会被其他人看到和感知，进而影响他人对新闻内容的理解和态度。这种互动的影响力形成了用户之间的社群感和归属感，增强了用户对融媒体平台的忠诚度和黏性。

4. 推动了传统媒体向社交化媒体的转型和创新

传统媒体的传播模式是一种单向、封闭的流程，只有少数专业人士参与其中。而融媒体平台打破了传统媒体的局限，引入了用户的参与，使整个传播过程更加开放和多元化。用户的参与为新闻报道注入了更多的个性化和多样性，丰富了新闻报道的表达方式和内容形式。同时，融媒体平台也为传统媒体提供了更多的机会和挑战，促使他们进行创新和改进，适应新媒体环境的需求。

三、融媒体提供全方位报道

（一）多维度报道

随着融媒体平台的兴起和技术的不断进步，新闻报道已经从传统的文字形式逐渐向多维度呈现转变。融媒体平台能够以多种方式呈现新闻报道，包括文字、图片、视频等形式，如图 7-2 所示：

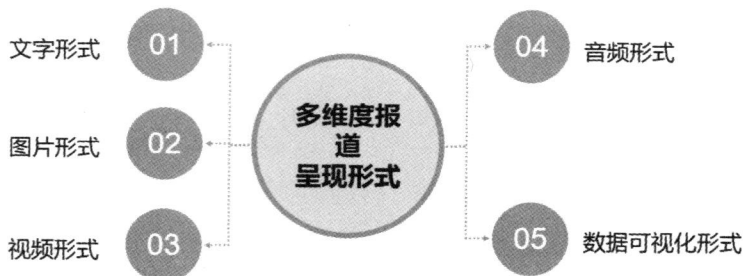

图 7-2　多维度报道呈现形式

这种多维度报道的方式丰富了新闻内容的表达形式，提升了用户对信息的感知和理解程度，对于增强新闻的吸引力和传播效果具有重要意义。

多维度报道通过文字形式传递消息的基本事实和信息。文字是传播信息最基本、最常用的形式之一，通过文字报道能够直接、准确地传达新闻事件的基本情况、发生地点、时间及相关方面的信息。文字报道的优势在于能够提供详尽的细节和描述，使读者能够全面了解事件的经过和背景。此外，文字报道还能够通过采访、分析和评论等方式呈现各种观点和立场，为读者提供更加多元化和深入的思考。

多维度报道通过图片形式传达新闻事件的画面和视觉效果。图片是一种直观、生动的表达方式，通过一张张有力的图片可以将事件的瞬间定格下来，用图像的形式展示新闻现场的场景和人物。图片报道能够让读者通过观察图片，感受到事件的真实性和现场的氛围，增强读者对新闻事件的亲身感受。在当今社交媒体广泛应用的时代，图片还可以更好地适应用户快速浏览和分享的需求，提高信息传递的效果和传播范围。

多维度报道还通过视频形式传达新闻事件的动态和声音。视频是一种最接近真实的表达方式，通过视频报道能够以影像的形式呈现新闻事件的动态过程和现场情况。通过视频报道，读者不仅可以看到事件的具体情况，还可以听到现场的声音和人物的表达，使信息的传递更加立体和生动。视频报道还能够通过采访、纪录片等形式深入挖掘事件的内涵和背后的故事，提供更加丰富、立体的报道内容。

除了文字、图片、视频，多维度报道还可以通过其他形式进行呈现，如音频、数据可视化等。音频报道通过声音的传播，能够让用户更好地感受到事件的氛围和情感，提供更加沉浸式的阅读体验。数据可视化报道则通过图表、地图等形式将复杂的数据和信息以直观易懂的方式呈现出来，帮助用户更好地理解和分析事件。

（二）丰富的视听体验

融媒体平台通过提供丰富的视听内容，使用户能够全面了解新闻事件和背景信息。在传统的新闻报道中，文字是主要的表达方式，但随着科技的发展和用户需求的变化，融媒体平台逐渐引入了更为多样化的视听元素，通过图像、音频和视频等形式丰富了用户的阅读体验。这种丰富的视听体验不仅增加了新闻报道的吸引力和可读性，还提供了更直观、更真实的信息传递方式，极大地激发了用户的兴趣和参与度。

图像作为一种直观、生动的表达方式，通过图片的形式展示新闻事件的场景和人物，让用户能够更好地了解事件的真实性和现场的氛围。图像报道能够以视觉的方式呈现新闻事件的关键瞬间，通过一张张有力的图片将事件的细节传递给用户。与传统的文字报道相比，图像报道能够更好地引起用户的兴趣和共鸣，提高信息的传递效果。此外，随着社交媒体的流行，图像报道也更易于用户的分享和评论，进一步促进了新闻信息的传播。

音频作为一种生动、沉浸式的表达方式，通过声音的传播能够更好地传达事件的氛围和情感。在融媒体平台中，音频报道可以采用广播剧、采访、解说等形式，并结合背景音乐和音效，使用户能够更全面地感受到事件的细节和特点。音频报道不仅能够提供更加真实和鲜活的感觉，还能够让用户在听觉上获得更好的体验。此外，音频报道具有便捷性和兼容性的优势，用户可以在不受时间和空间的限制下，随时随地收听。

视频作为一种最接近真实场景的表达方式，通过影像的形式呈现新闻事件的动态过程和现场情况，极大地增强了信息的可视化效果。视频报道能够用画面和声音真实地再现事件的经过，用户可以通过观看视频来亲临现场，并更直观地感受和理解事件的发展过程。与图像和音频报道相比，视频报道更具有感染力和吸引力，能够更好地激发用户的情感共鸣和参与度。此外，视频报道还具有互动性的优势，用户可以在视频中进行评论、分享和点赞等操作，促进信息的传播和互动。

（三）立体化信息传递

融媒体平台通过不同形式的报道，可以为用户呈现一个立体化、多角度的新闻画面。这种立体化的信息传递方式，不仅能够更全面地展示事件的多个方面，还能够增加用户对事件的理解和判断。

融媒体平台可以通过文字报道来传递事件的基本事实和背景信息。文字报道能够以简洁明了的方式，提供事件的起因、经过和结果，让用户快速了解事件的大致情况。文字报道重点关注事件的要点和核心内容，为用户提供一份全面、准确的参考资料。此外，通过文字报道还可以提供对事件的分析和评论，帮助用户深入思考和理解事件的内涵。

融媒体平台可以通过图像报道来展示事件的现场和细节。图像报道以生动的图片形象展示事件的场景和人物，让用户更直观地感受到事件的真实性和影响力。通过图像报道，用户可以看到事件发生地的环境、人群的表情和事件的细节，有助于用户全面了解事件的背景和发展过程。图像报道能够打破地域和时间的限制，将事件的画面直接带给用户，提供更立体、更生动的信息传递方式。

融媒体平台可以通过音频报道来传递事件的声音和情感。音频报道以声音的方式呈现事件的氛围和情感，让用户更深入地感受到事件的温度和人文关怀。音频报道可以通过采访、解说和背景音乐等形式，表达事件的不同声音和观点，为用户提供多元化的信息来源。通过听觉的感知，用户可以更加真实地了解事件的影响和意义，增加对事件的共鸣和思考。

融媒体平台可以通过视频报道来展示事件的动态过程和多角度的观点。视频报道以影像的方式呈现事件的发展和细节，让用户近距离观察事件的每个环节和细节。视频报道可以包括新闻现场直播、记录片、纪录片等形式，通过影像的镜头和画面，将事件的全貌展现给用户。视频报道能够更生动地捕捉事件的关键瞬间和人物表情，让用户更加贴近事件的真实性和紧迫感。

第二节　融媒体发展对新闻生产和传播的影响

一、内容创新与多样性

（一）创新方式

融媒体发展对新闻内容创新起到了重要的推动作用，通过引入互动性、可视化、平台整合、内容整合、故事叙事和跨媒体等创新方式，融媒体平台为新闻传播提供了更多元、更丰富的呈现方式，如图7-3所示。

图7-3　融媒体平台创新方式

以互动性、可视化、跨媒体这三种典型的创新形式来说：

融媒体平台通过互动性的创新方式，改变了传统新闻的单向传递模式，使用户成为新闻内容的参与者和创造者。在传统媒体时代，新闻是由编辑和记者来决定，并以统一、固定的形式呈现给用户。而融媒体平台则引入了互动的元素，打破了这种单向传递的局限性。用户可以通过评论、点赞、分享等功能来表达自己的观点和意见，与新闻内容进行互动交流。同时，融媒体平台还提供了用户生成内容（UGC）的机制，让用户可以自主参与新闻报道，成为新闻事件的见证人和参与者。互动性的创新方式丰富了新闻内容的表达形式，使新闻更具有参与性和互动性，提升了用户的参与度和体验感。

融媒体平台通过可视化的创新方式，丰富了新闻内容的呈现形式，提升了用户的视觉体验。传统的新闻报道以文字为主，通过文字来描述事件的发生和影响。而融媒体平台则运用可视化的手段，通过图表、地图、图片、视频等形式来展示新闻内容。例如，在一些重大事件报道中，可以通过数据可视化的方式，将事件的统计数据以图表形式展示，使用户更直观地了解事件的规模和影响。同时，通过图片和视频的运用，可以让用户更加真实地感受到事件的现场和情感。可视化的创新方式丰富了新闻内容的呈现形式，提供了更生动、更直观的视觉体验。

融媒体平台通过跨媒体的创新方式，将不同媒体形式进行整合，实现了新闻内容的跨界融合。传统媒体时代，各类媒体形式（如报纸、电视、广播）相对独立，各自报道新闻事件。而融媒体平台则将不同媒体形式进行整合，实现了跨媒体报道。例如，一个新闻事件可以通过文字报道、图片展示、视频记录等多种形式在融媒体平台上进行呈现。这种跨媒体的创新方式使得新闻报道更加全面、立体，用户可以通过多种形式的报道来获取更丰富、更多元的信息。同时，跨媒体的创新方式也提供了更多的选择和自由度，用户可以根据自己的兴趣和需求选择适合自己的媒体形式进行消费。

（二）多样化报道

融媒体发展提供了多种形式的报道手段，如长文、短视频、漫画等，丰富了信息表达的方式和形式。这种多样化的报道方式既满足了用户对于不同形式信息的需求，也提升了新闻内容的吸引力和传播效果。

长文报道是一种常见的报道方式，以文字为主要表达形式，通过详细的叙述和分析来呈现新闻事件。相比其他形式，长文报道可以提供更为详尽和深入的信息，使读者能够全面了解事件的背景、原因和影响。长文报道通常会采用逻辑清晰、论证充分的写作方式，让读者在阅读过程中获得更多的思考和启发。此外，长文报道还可以展开多个方面的讨论和分析，为读者提供更多元、更全面的观点。因此，长文报道在传递复杂信息、深度分析和对话交流方面具有重要的作用。

短视频成为融媒体平台上备受关注的报道形式之一。短视频通过图像、声音和文字的有机结合，生动地展示新闻事件的现场、情感和细节。短视频具有生动直观、易于理解的特点，能够吸引用户的注意力并迅速传递信息。在快节奏的现代社会中，人们对于信息获取的要求也更加迅速和直接。短视频报道通过简洁明了的形式，将新闻事件的关键信息集中呈现，提供了一种快速获取新闻内容的方式。同时，短视频报道还可以结合互动元素，如弹幕、投票等，增加用户的参与感和互动性。

除了长文和短视频，漫画成为越来越受欢迎的新闻报道形式。漫画以图像化的方式呈现新闻事件，通过图文结合的形式，生动形象地传递信息。漫画报道适合于展示情感化、故事性较强的内容，不仅能够吸引读者的眼球，还可以通过角色形象和情节设置来加强信息的记忆和共鸣。漫画报道充满了创意和想象力，能够用简洁的图画讲述复杂的故事，给读者带来轻松愉悦的阅读体验。

（三）提升吸引力

融媒体发展通过创新与多样性，成功提高了新闻内容的吸引力和用户参与度。这种提升吸引力的效果主要体现在以下方面：

融媒体发展引入了多样化的报道形式和内容呈现方式，满足了用户多元化的需求。传统的新闻报道往往以文字为主，而融媒体平台则可以通过图片、视频、音频等多种媒体形式来呈现新闻内容。这样一来，用户不仅可以通过阅读文字了解新闻，还可以通过观看图片、视频等形式感受到更加直观、生动的信息。这种多样性的报道形式使得新闻内容更有趣味性和可视化，能够更好地吸引用户的眼球。

融媒体发展提供了更加个性化的定制化服务，增加了新闻内容与用户之间的互动性。传统的新闻报道往往是单向传播，用户只能被动地接收信息，缺乏互动性和个性化定制的特点。而融媒体平台则可以根据用户的偏好和兴趣，提供个性化的新闻推送和相关内容推荐。用户可以根据自己的需求和兴趣选择感兴趣的新闻内容，并且可以主动参与到评论、点赞等互动行为中。这种互动性和个性化定制服务有效地提升了新闻内容的吸引力，使用户更加积极参与其中。

融媒体发展还借助社交媒体平台的兴起，将新闻内容推送和传播拓展到了更广泛的用户群体之中。传统的新闻报道通常通过报纸、电视等媒介传播，受众相对有限。而融媒体平台可以将新闻内容发布到社交媒体平台上，通过用户的分享和转发，将新闻推送到更多人的眼前。这种社交分享的方式使得新闻内容具有更强的传播性，能够更广泛地被用户接触到。同时，社交媒体平台也为用户提供了更多参与讨论、表达意见和与其他用户互动的机会，进一步增加了用户的参与度和黏性。

二、传播速度与实时性

（一）快速传递

融媒体发展提升了新闻传播速度，使得信息能够更迅速地传递给用户。这种快速传递的效果主要体现在以下三个方面，如图 7-4 所示：

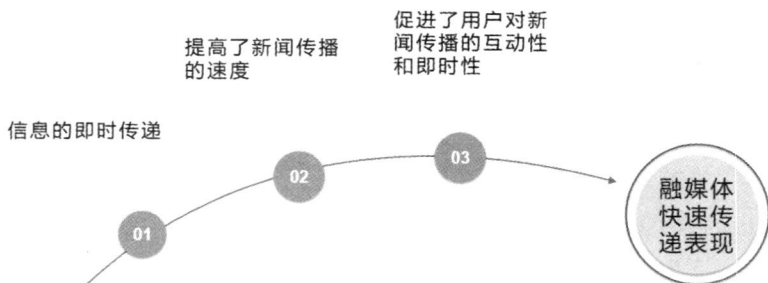

提高了新闻传播的速度

促进了用户对新闻传播的互动性和即时性

信息的即时传递

融媒体快速传递表现

图 7-4　融媒体快速传递表现

1. 融媒体平台通过网络传播，实现了信息的即时传递

相比传统媒体，融媒体平台具有更快的传播速度和更广的传播范围。当有重要新闻事件发生时，融媒体平台可以立即发布相关报道，通过互联网将信息传递给全球各地的用户。无论是政治、经济、社会等领域的新闻，都可以在第一时间通过融媒体平台获得。这种即时传递的方式大幅缩短了新闻信息的传播时间，让用户能够更快地了解到最新的新闻动态。

2. 融媒体平台通过实时报道，进一步提高了新闻传播的速度

传统媒体往往需要一定的时间来整理、编辑和发布新闻稿件，而融媒体平台则可以实时更新新闻内容，及时报道事态发展和突发事件。例如，在重大自然灾害或社会突发事件发生时，融媒体平台可以通过实时直播、推文、短视频等方式进行报道，让用户能够第一时间了解到最新的情况。这种实时报道的方式大幅缩短了新闻传播过程中的时间延迟，提高了信息传递的速度和准确性。

3. 融媒体发展促进了用户对新闻传播的互动性和即时性

传统媒体通常以单向传播为主，用户只能被动地接收信息，无法及时表达自己的意见和反馈。而融媒体平台则提供了评论、点赞、分享等互动功能，让用户可以即时对新闻内容进行反馈和参与。用户的反馈信息可以迅速传递给新闻发布者和其他用户，形成多方交流和讨论的场景。这种快速反馈的机制，不仅促进了用户与新闻内容的互动，也使得新闻传播更加具有即时性和灵活性。

（二）实时报道

融媒体平台的出现和发展，极大地提高了新闻传播的实时性，其中实时报道发挥着至关重要的作用。实时报道是指融媒体平台能够及时更新新闻内容，对事态发展和突发事件进行即时报道。下面将从实时报道的定义、实时报道的意义、实现实时报道的方式以及实时报道所带来的影响四个方面展开论述。

1. 实时报道的定义

实时报道是指通过融媒体平台，以直播、实时文字报道、短视频等形式，将新闻内容及时传递给用户的过程。相比传统媒体的报道方式，实时报道的特点在于信息的即时性和实时性。融媒体平台可以第一时间获取事件的最新消息，并通过各种形式传递给用户，使用户能够迅速了解和反应。

2. 实时报道的意义

实时报道的出现，使新闻传播的速度得到了极大提升。无论是国内外的突发事件、社会重大变革，还是体育赛事、娱乐活动等各类新闻，融媒体平台都可以通过实时报道的方式将最新的消息推送给用户。这样，用户在第一时间就能够获取到最新的信息，及时了解到事件的发展和进展。实时报道的意义还在于增加了新闻传播的参与度和互动性。用户可以通过评论、转发等方式与新闻发布者以及其他用户进行互动，形成多方的交流与讨论。

3. 多种实时报道的方式

首先，直播是常用的实时报道方式之一。通过直播技术，可以将现场事件实时传输给观众，使观众能够看到事件的发生过程。无论是政治活动、体育赛事还是娱乐演出等，直播技术都可以实现实时报道。其次，实时文字报道也是常见的实时报道方式之一。通过实时文字报道，可以将最新的新闻内容通过融媒体平台以文字形式及时推送给用户，用户可以随时随地阅读。再者，短视频也被广泛应用于实时报道。通过拍摄和编辑短视频，将最新的新闻内容以更生动直观的方式呈现给用户，使得用户能够更好地理解和感受新闻事件。

4. 实时报道的出现对新闻传播产生的深远影响

首先，实时报道极大地提升了新闻传播的速度和效率。无论是重大事件还是日常新闻，融媒体平台通过实时报道，可以迅速传递给用户，用户可以第一时间了解到最新的新闻动态。其次，实时报道增加了新闻传播的参与度和互动性。通过评论、转发等互动方式，用户可以与新闻发布者以及其他用户进行交流和讨论，使得新闻传播不再是单向的信息传递，而是形成了一个多方参与的平台。最后，实时报道扩大了新闻的受众范围。融媒体平台的出现使得新闻传播不再受限于地域和时间，用户可以随时随地获取新闻内容，使新闻的传播范围更广泛。

（三）快速反馈

融媒体的发展加快了用户对新闻内容的反馈速度，促进了新闻传播的互动性和即时性。快速反馈是指用户能够迅速对新闻内容进行评论、转发、点赞等互动操作，反馈自己的观点和情感。

1. 快速反馈的定义

快速反馈是指通过融媒体平台，用户能够迅速对新闻内容进行评论、转发、点赞等操作，表达自己的观点和情感。相比传统媒体，融媒体平台可以实时收集、整理和展示用户的反馈信息，使用户的声音在新闻传播中得到更多关注。快速反馈的特点在于及时性和互动性，用户可以在第一时间表达自己的意见和情感，与其他用户和新闻发布者进行交流和互动。

2. 快速反馈的意义

快速反馈的出现，使新闻传播变得更加互动和即时，能够增加用户对新闻的参与度和关注度，从而提高新闻传播的效果。同时，快速反馈还可以促进新闻发布者与用户之间的互动和沟通。新闻发布者可以通过用户的反馈信息了解用户的需求和意见，从而改善新闻内容和传播方式，增加用户的满意度。

3. 多种快速反馈的方式

首先，评论是用户最常用的快速反馈方式之一。用户可以通过在新闻平台上的评论区发表自己的看法、提出问题或者对新闻内容进行评价。其次，转发也是常见的快速反馈方式。用户可以将自己觉得重要或者感兴趣的新闻内容转发给其他用户，让更多的人了解和参与到新闻传播中。再者，点赞和分享也是快速反馈的方式之一。用户可以通过点赞来表达对新闻内容的认同和支持，通过分享将新闻内容传播给更多的人。

4. 快速反馈对新闻传播产生的深远影响

首先，它提高了新闻传播的互动性。用户通过快速反馈的方式，不再是被动地接受新闻内容，而是能够积极参与到新闻传播中，表达自己的意见和情感。这种互动性能够增加用户对新闻的关注度和参与度，使新闻传播更加生动和丰富。其次，快速反馈加快了新闻内容的传播速度。当用户对新闻内容进行评论或者转发时，可以引发更多的讨论和关注，从而使新闻内容更广泛地传播出去，形成舆论的影响力。最后，快速反馈还提高了新闻传播的即时性。当用户通过快速反馈的方式表达自己的观点和情感时，新闻发布者可以及时获取到用户的反馈信息，从而做出相应的调整和回应，使新闻传播更贴近用户需求。

三、数据驱动与个性化推送

（一）数据分析

融媒体平台通过数据分析，可以深入了解用户需求和兴趣，并为新闻生产提供指导和决策依据。数据分析在融媒体平台中的应用涉及用户行为分析、内容推荐、事件跟踪等多个方面。

1. 数据分析的定义

数据分析是指对大量数据进行收集、整理、分析和解释的过程，旨在发现数据背后的规律和趋势，并以此为依据做出决策和优化。在融媒体平台中，数据分析主要通过对用户在平台上的行为和互动进行记录和分析，以获取关于用户需求和偏好的信息。

2. 融媒体平台的数据来源

融媒体平台的数据来源主要包括用户行为数据、内容数据以及社交媒体数据等。用户行为数据包括用户的浏览记录、点击行为、搜索行为等，这些数据能够反映用户对不同类型内容的偏好和需求。内容数据则是对不同新闻内容的属性和特征进行归纳和分析，从而了解不同内容的受欢迎程度和关联性。社交媒体数据主要是通过对用户在社交媒体平台上的互动行为进行分析，获取用户对特定话题和事件的看法和讨论。

3. 数据分析在融媒体平台中的应用和效果

首先，通过数据分析可以深入了解用户需求和兴趣，为新闻生产提供指导和决策依据。通过分析用户的行为数据，可以了解用户对不同类型、不同领域的新闻感兴趣程度，从而为编辑人员提供新闻选题的参考和方向。其次，数据分析可以帮助优化用户体验和提升用户黏性。通过分析用户的互动行为和偏好，可以个性化推荐相关的新闻内容给用户，提高用户对平台的满意度和忠诚度。此外，数据分析还可以识别潜在的新闻热点和事件趋势，及时跟踪和报道，增强平台的竞争力和影响力。

4. 数据分析在新闻生产中的意义

数据分析可以帮助新闻机构更好地了解用户需求和兴趣，及时调整和优化新闻报道的方向和内容。通过对用户行为数据的分析，可以了解用户对不同类型、不同领域的新闻感兴趣程度，从而选择合适的新闻主题和报道方式。此外，数据分析还可以帮助新闻机构进行精准的目标用户定位和市场分析，为新闻生产提供更加科学和有效的决策依据。

（二）个性化推送

融媒体平台的发展使得新闻传播可以更加精准地满足用户需求，其中个性化推送技术的应用为用户提供了更加定制化、个性化的服务。个性化推送是指通过数据驱动技术，根据用户的偏好和行为习惯，为用户提供符合其兴趣和需求的内容。

1. 个性化推送的定义

个性化推送是指通过融媒体平台采集用户的行为数据、兴趣偏好等信息，基于这些信息，利用算法和模型，为每个用户提供定制化的内容推荐。个性化推送的目标是根据用户特定的需求和兴趣，让用户能够更快速、更容易地获取到他们关注的内容。

2. 个性化推送的意义

个性化推送对于提高用户体验和吸引力具有重要意义。首先，个性化推送可以大大节约用户的时间和精力。传统的新闻浏览模式需要用户花费大量时间去寻找感兴趣的内容，但是通过个性化推送，用户可以直接获得符合自己兴趣的内容，提高了信息获取的效率。其次，个性化推送可以满足用户多样化的需求。不同用户有不同的兴趣偏好和关注点，通过个性化推送，可以为每个用户提供定制化的内容推荐，使用户能够更好地获取到自己感兴趣的内容。最后，个性化推送可以提高平台的吸引力和用户黏性。通过根据用户的偏好进行个性化推送，用户会感到平台对他们需求的重视，从而增加用户对平台的依赖和信任。

3. 多种个性化推送的技术手段

融媒体个性化推送的技术手段多种多样，且各种手段之间可以相互结合，交叉应用。这些个性化推送手段大致如图所示，如图7-5所示：

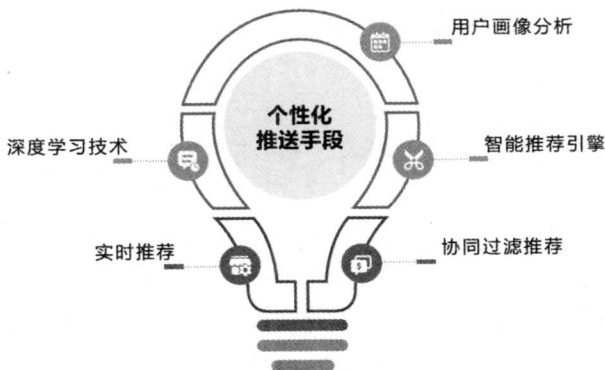

图7-5 个性化推送手段

首先，数据收集和分析是个性化推送的基础。融媒体平台需要收集和分析用户行为数据、兴趣偏好等信息，通过对这些数据的深度挖掘和分析，了解用户的兴趣特点和行为模式。其次，算法和模型是实现个性化推送的核心。通过使用机器学习、深度学习等算法和模型，对用户数据进行建模和预测，从而实现个性化推送。这些算法和模型可以基于用户的历史浏览记录、点击行为、社交网络数据等来预测用户的兴趣和需求。最后，个性化推送还可以结合用户反馈进行优化。通过用户的评价、点击率、阅读时长等反馈信息，平台可以对推荐算法进行调整和优化，不断提升个性化推送的准确性和效果。

4. 个性化推送的出现对新闻传播产生的深远影响

首先，个性化推送提高了用户体验。通过个性化推送，用户能够直接获取到自己感兴趣的内容，提高了信息获取的效率和便利性。其次，个性化推送促进了信息多样性和用户参与度的提升。通过算法的精准推荐，用户可以接触到更多样化的内容和观点，从而拓宽了视野，增加了信息的多样性。同时，个性化推送还鼓励用户参与和互动，通过用户反馈可以对推荐算法进行优化，形成良性的用户参与和平台发展的循环。最后，个性化推送推动了融媒体平台的创新发展。通过个性化推送，融媒体平台可以更好地满足用户需求，不断提升用户体验和吸引力，从而在激烈的竞争中脱颖而出。

第三节 融媒体时代的用户参与与互动研究

一、参与和互动机会

（一）新闻内容评论

在融媒体时代，用户通过评论功能可以方便快捷地表达对新闻内容的看法和观点。社交媒体平台、新闻网站等提供了评论区域，让用户能够直接就新闻事件、报道内容或其他相关议题发表自己的意见。

评论功能的出现使得新闻传播不再是单向的，而是形成了双向互动的模式。用户可以在评论中分享自己的观点、提出问题、补充信息或者对新闻报道提出批评和质疑。这种互动性使得新闻报道更加立体和多样化，同时也为新闻机构和记者提供了一个了解公众反馈和观点的渠道。

通过评论功能，用户能够参与到新闻话题的讨论中，与其他用户进行交流和辩论。这种交流不仅有助于扩大视野，了解不同观点，还促进了思想碰撞和知识共享。同时，新闻机构和记者也可以通过阅读评论来了解公众对于他们的报道的评价和意见，从而不断改进和提升自身的新闻质量和准确度。

然而，评论功能也存在一些问题和挑战。由于评论区域的开放性，任何人都可以发表评论，这就意味着可能存在虚假、攻击性或无关紧要的评论。这些低质量的评论可能会影响到公众对于新闻报道的理解和判断。

对于用户来说，在使用评论功能时需要保持理性和文明，尊重他人的观点和言论自由，并且遵守相关的社交媒体平台或新闻网站的规定和准则。同时，新闻机构和平台方也应该加强管理和监督，建立有效的审核机制，过滤掉低质量和有害的评论，保障用户在评论区域的良好环境。

（二）内容分享

在融媒体时代，用户可以通过社交媒体平台将新闻内容分享给他人，扩大信息传播范围。社交媒体的兴起使得信息传播变得更加方便和快速，用户不再局限于传统媒体的阅读和观看，而是可以将自己感兴趣的新闻内容通过分享功能发送给朋友、粉丝或关注者。

通过内容分享，用户可以将新闻报道、专栏文章、研究报告等有价值的信息传播给更多人。这种信息扩散的方式不仅能够帮助他人获取到有用的知识和信息，还可以引发更多关注和讨论。同时，内容分享也有助于推广新闻机构、媒体平台以及相关作者和记者的影响力和知名度。

除了传统的文字内容分享，社交媒体还提供了图片、视频、音频等多种形式的分享方式。用户可以通过上传、链接或转发的方式分享多媒体内容，提供更加丰富和生动的信息呈现方式。这种多样化的分享形式有助于吸引更多用户的注意和参与，进一步拓展了信息传播的范围。

然而，内容分享也存在着一些问题和挑战。首先是信息有效性的问题。在社交媒体上，大量的信息被快速地传播和分享，但并不是所有的信息都是准确和可靠的。因此，用户在分享内容时需要注意核实来源和事实真相，避免误导他人。其次是版权和法律问题。在分享他人创作的新闻内容时，需要尊重原作者的知识产权，并遵守相关的法律法规，避免侵犯他人的权益。

对于用户来说，在进行内容分享时应该具备一定的责任心和判断力。要尽量选择高质量、可信赖的新闻来源和内容，避免散播虚假、歧视或不良信息。同时，也要注重个人隐私保护，避免分享过多与个人相关的敏感信息。

（三）点赞和收藏

在融媒体时代，用户可以通过点赞和收藏等方式，表达对新闻内容的喜爱和支持。在社交媒体平台和新闻网站上，用户通常可以通过点击点赞按钮或者收藏功能来向其他用户或自己展示对某条新闻的喜爱程度。

点赞功能可以被视为一种简单、直观的反馈方式。当用户对一篇新闻内容表示认同、支持或赞赏时，他们可以通过给予点赞来表达自己的态度。点赞数字的累积也有助于评估新闻受欢迎程度和影响力，对于新闻机构和记者来说，这是一种重要的参考指标。

收藏功能则允许用户将感兴趣的新闻内容保存在个人空间中，方便后续查阅和分享。对于用户来说，收藏功能可以帮助他们整理和管理自己关注的新闻内容，避免信息过载和遗忘。同时，收藏也有助于用户在需要时能够将相关新闻内容再次分享给他人，扩大信息传播的范围。

然而，点赞和收藏功能也存在一些问题。首先是虚假的点赞和收藏行为。一些用户可能会通过刷赞、买赞等手段来提升自己或他人的社交媒体影响力，破坏了点赞和收藏的真实性和可信度。其次是信息过滤的风险。在社交媒体上，很容易只关注自己喜欢的或与自己观点一致的新闻内容，从而形成信息的过滤和偏见。这可能限制了用户对于多样性观点的接触和了解。

对于用户来说，在使用点赞和收藏功能时需要保持理性和客观，避免盲目追随和被动接受某种观点。同时，也要警惕虚假和不良行为，保护点赞和收藏的真实性和可信度。新闻机构和平台方也应该加强管理和监督，防止刷赞等不正当行为的发生，维护点赞和收藏功能的公正性和准确性。

二、用户生成内容

（一）个人动态发布

在融媒体时代，个人通过个人账号可以轻松地发布自己的动态、观点和见解。融媒体的发展使得每个人都有机会成为新闻的发布者和传播者，不再局限于传统媒体的编辑和记者。

个人动态发布的优势之一是实时性和即时性。通过社交媒体平台如微博、微信公众号、个人博客等，用户可以随时随地分享自己的所见所闻，将新闻第一时间传达给其他人。这种实时性的传播效应能够迅速引起关注和讨论，提高信息的传播效率。

此外，个人动态发布还可以体现个人的独特观点和见解。传统媒体通常有一定的立场和倾向，而个人动态发布则更多地依赖于个人的判断和主观意见。用户可以根据自己的经验和专业知识，发布与自己相关的新闻动态，并加上自己的观点和评价。这种个人化的发布方式可以带来多样性和多元化的声音，丰富了新闻报道的内容。

（二）社交互动

在融媒体时代，用户可以通过社交媒体平台与他人进行互动，分享自己的新闻经验和意见。社交媒体为用户提供了一个开放、多样化的平台，使得新闻传播不再是单向的，而是更加互动和参与性的。社交互动的重要性体现在以下三个方面。

1.社交媒体平台具有广泛的覆盖面和用户群体

用户可以通过社交媒体与朋友、家人、同事等建立联系和互动，分享自己的新闻经验和观点。这种社交性的互动可以促进信息的传播和共享，形成更加全面和多元的观点。

2.社交互动可以推动新闻传播的创新和多样化

用户可以通过评论、转发和点赞等方式对新闻进行评价和反馈，引发更多的讨论和思考。这种互动式的传播方式可以提供更加详细和具体的信息，满足用户对不同层次和深度的新闻需求。

3.社交互动还可以建立用户与媒体之间的互信和互动关系

通过社交媒体平台，用户可以直接与媒体机构和记者进行交流和互动，提出问题、反馈意见、参与讨论等。这种直接的互动方式可以促进媒体的公信力和透明度，增强用户对新闻报道的信任感和参与感。

（三）用户参与活动

融媒体时代，用户可以积极参与各类线上线下活动，为新闻报道提供素材和观点。这种用户参与活动可以丰富新闻报道的内容和多样性，提高信息的准确性和权威性。

用户参与活动的方式多种多样。例如，在线调查和问卷调查可以收集用户对某一事件或话题的看法和意见；公众参与式报道可以让用户亲身参与新闻报道的全过程，提供观点和素材；线下论坛和讲座可以让用户与专业人士和媒体从业者进行面对面的交流和互动。这些活动不仅可以激发用户参与的热情和积极性，还可以通过整合用户的力量和智慧，提高新闻报道的质量和深度。

用户参与活动的意义在于建立公众参与的新闻传播模式。传统媒体往往是信息的传输者和解释者，而融媒体时代，用户成为信息的共创者和参与者。用户参与活动可以实现媒体与公众之间的互动和共享，让新闻报道更加真实、贴近实际，并满足多样化的信息需求。同时，用户参与活动也可以提高公众对新闻事务的关注度和参与度，增强社会的民主意识和公共参与能力。

三、社群和共同创作

（一）用户社群特点

融媒体时代用户社群的形成和特点是与新媒体技术的发展密不可分的。在传统媒体时代，用户的信息获取和交流主要依赖于受限的传统媒体渠道，如电视、报纸和广播等。而在融媒体时代，随着互联网、社交媒体和移动设备的普及，人们拥有了更多的自主权和选择权，能够自由地获取和传播信息，这为用户社群的形成提供了广阔的空间。融媒体时代的用户社群具有如下特点：

1. 共同兴趣和观点

用户社群的形成基于共同的兴趣和观点。在社交媒体平台、专业网站和论坛等互联网平台上，用户可以根据自己的需求和兴趣加入相应的社群，与具有相同兴趣和观点的其他用户建立联系与互动。比如，在音乐社群中，喜欢同一种类型音乐的人们可以一起分享音乐、讨论音乐技巧，形成一个以音乐为核心的社群。

2. 多样性和开放性

融媒体时代用户社群具有更大的多样性和开放性。不同背景、地域和文化的用户可以通过融媒体平台聚集在一起，形成一个多元化的社群。这种多样性使得社群内部的观点和讨论更加广泛和全面，促进了社群成员的互相学习和交流。

3. 互动和分享

用户社群的成员可以通过社交媒体平台进行互动和分享。他们可以相互评论、转发分享感兴趣的内容，与其他成员建立联系和互动。这种互动和分享不仅丰富了社群的内容和信息，也增强了社群内部的凝聚力和活力。

4. 自组织和自治性

用户社群通常是自主组织、自我管理的。社群的成员可以根据自己的兴趣和需求，自发地组织活动、讨论话题，并制定规则和准则来管理社群。这种自组织和自治性能够有效地提升社群的凝聚力和活跃度。

5. 形成社会影响力

一些用户社群通过其规模和影响力成为引领潮流、推动变革的力量。例如，一些社交媒体上的用户社群可以通过联合行动、网络运动等方式对社会事件、政策进行影响和改变。这种社会影响力使得用户社群越来越受到重视，成为一个重要的力量。

融媒体时代用户社群的形成和特点不仅仅是互联网和社交媒体技术的产物，也反映了现代社会的发展趋势。随着人们的信息获取和交流方式的多样化，用户社群的地位和作用将会进一步提升，成为一个重要的社会力量。

（二）协同创作机会

在融媒体时代的用户社群中，用户可以通过共同创作来实现合作和互动。这种协同创作的形式多种多样，例如合作编写文章、制作视频等，为用户提供了更广阔的创作机会和平台。

1. 合作编写文章

用户社群中的成员可以通过合作编写文章来分享知识和经验，共同探讨某个主题或问题。例如，在一个科技社群中，成员可以共同策划和撰写一篇关于新技术的文章，每个成员贡献自己的专业领域知识和观点，最终形成一篇全面而深入的文章。合作编写文章不仅能够集思广益，也能够提升社群成员的专业能力和影响力。

2. 制作视频

视频成为当下流行的传播媒介之一，用户社群中的成员可以通过合作制作视频来展示自己的才华和观点。例如，在一个音乐社群中，成员可以合作录制一段音乐视频，每个成员演奏自己擅长的乐器或唱歌，最后将各部分拼接起来形成一个完整的音乐作品。这种合作制作视频不仅能够展示个人才华，也能够加强社群成员之间的联系和互动。

3. 共同策划活动

用户社群中的成员可以共同策划和组织各种活动，例如线下聚会、讲座、研讨会等。这些活动可以是专业性的，如技术交流会，也可以是娱乐性的，如影视欣赏会。通过共同策划和参与活动，社群成员可以增进彼此之间的了解和沟通，同时也可以进一步发展自己的专业和社交圈子。

4. 互相评价和反馈

在用户社群中，成员之间可以互相评价和反馈彼此的作品。例如，在摄影社群中，成员可以分享自己的摄影作品，并接受其他成员的评价和建议。这种互相评价和反馈不仅能够提升个人作品的质量和水平，也能够促进社群成员之间的交流和进步。

5. 跨界合作

用户社群中的成员来自不同领域和专业，他们可以进行跨界合作，将各自的专业知识和技能相结合，创造出新的作品和价值。例如，在一个跨界设计社群中，成员可以合作设计和制作一个产品，将不同领域的创意和技术融合在一起，创造出令人惊艳的作品。

通过协同创作，用户社群中的成员可以共同发挥各自的优势和才华，实现创意和知识的交流与碰撞。协同创作不仅能够提升个人的创作能力和影响力，也能够强化社群的凝聚力和活力，促进社群的持续发展和繁荣。

（三）加强联系和合作

融媒体时代的用户社群和共同创作为用户之间建立联系和加强合作提供了更广阔的平台和机会。在这个时代，人们可以通过各种互联网工具和社交媒体平台来参与社群，进行合作。

1. 社交媒体的兴起

社交媒体的普及和发展为用户之间建立联系和加强合作提供了便利，使得用户之间的联系更加紧密，促进了信息的传递和共享。通过社交媒体平台，用户可以随时随地与其他成员交流、分享经验和知识。例如，通过微博、微信、QQ等平台，用户可以创建群组或加入已有的社群，与其他成员进行交流和合作。

2. 共享经济的兴起

共享经济的发展使得用户之间更容易进行合作和分享资源。共享经济平台提供了各种资源共享的机会，例如共享办公空间、共享汽车、共享住宿等。通过这些平台，用户可以互相借用、共享资源，实现资源的高效利用和合作共赢。共享经济的兴起促进了用户之间的联系和合作，为社群的发展提供了更多可能性。

3. 线上协同创作工具的发展

随着融媒体时代的到来，各种线上协同创作工具得到了广泛应用。例如，Google Docs、腾讯文档等在线协作工具可以让用户在同一时间、同一空间进行协同编辑和创作，实现多人实时编辑和反馈。这些工具极大地方便了用户之间的协作和共同创作，提高了工作效率和质量。线上协同创作工具的发展为用户之间的联系和合作提供了便利，促进了共同创作的进行。

4. 开放式创作模式的推动

融媒体时代强调开放式创作模式，鼓励用户之间的合作和分享。开放式创作模式强调知识的开放、信息的共享和协同的创作，使得用户可以自由参与到创作过程中，贡献自己的专业知识和技能。例如，开放式创作模式下的维基百科允许用户共同编辑和维护百科内容，使得百科知识的积累更加全面和准确。开放式创作模式的推动促进了用户之间的联系和合作，为社群发展提供了更多的机会和可能性。

5. 文化交流的促进

融媒体时代用户社群和共同创作的特点强调了跨地域、跨文化的交流和合作。通过互联网工具和社交媒体平台，用户可以与世界各地的人们进行交流和合作，分享不同文化和观点。这种文化交流的促进不仅丰富了用户的视野和认知，也推动了文化的交融和创新，加强了用户之间的联系和合作能力，为社群的发展提供了更多的机遇和挑战。

第八章　新闻传播伦理与新媒体视角

第一节　新闻传播伦理的概念与原则

一、新闻传播伦理概念

（一）新闻传播伦理的定义

新闻传播伦理是指新闻媒体和从业者在采集、编辑和传播信息过程中应遵循的道德规范和准则。它涉及新闻报道的真实性、客观性、公正性、负责任性等方面，旨在引导媒体和从业者正确履行其社会责任，维护公共利益，保护公民的权益。新闻传播伦理的内涵包括，见表 8-1 所列：

表 8-1　新闻传播伦理内涵

内涵	具体内容
真实性和客观性	新闻媒体应力求报道真实、客观的事实，避免夸大、虚构或误导性的报道。新闻从业者应以事实为基础，确保报道的真实性，并避免个人偏见和主观色彩对报道的影响
公正性和平衡性	新闻媒体应保持公正、中立的立场，不偏袒任何一方。报道应该全面、客观地反映事件的各个方面，避免片面性和歧视性的报道，尊重各种声音和观点的平衡
道德原则和职业操守	新闻从业者应秉持道德原则和职业道德操守，在采访、报道和编辑过程中遵循职业伦理规范。这包括尊重他人的隐私权和尊严，不进行诽谤、污蔑、侵犯他人权益的行为
社会责任和公共利益	新闻媒体和从业者应承担起社会责任，关注公共利益和社会问题，积极传递正面价值观，推动社会进步和发展
诚信和可信度	新闻媒体应保持诚信，不随意歪曲事实，不发布虚假和误导性信息。维护媒体的可信度是新闻传播伦理的核心要求之一

新闻传播伦理作为一种道德规范具有重要意义：新闻传播伦理规范了新闻媒体和从业者的行为，确保他们在信息传播过程中不滥用权力、不侵犯公民的知情

权和言论自由权。只有遵循伦理准则，新闻传播才能更好地服务公众、促进民主和法治的建设。新闻传播伦理要求新闻媒体和从业者关注公共利益，传递真实、客观的信息，引导舆论正能量，推动社会和谐稳定的发展。遵循新闻传播伦理可以提升媒体的形象和信任度，增强公众对媒体的信任和认同。新闻媒体作为信息传播的重要渠道，必须保持专业、可信的形象，树立良好的公众形象。新闻传播伦理规范了新闻媒体和从业者的行为，强化了媒体自律和行业规范。通过遵循伦理准则，媒体可以规范自身行为，提高整个行业的质量和水平。

（二）媒体的道德责任

媒体作为信息传播的重要角色，具有道德责任来引导公共舆论、促进社会进步。以下是探讨新闻媒体在信息传播中的道德责任以及其对社会正常运行和公民权益保护的重要性：

1. 保障公众知情权和言论自由

新闻媒体应确保公众获得真实、客观的信息，使公民能够基于准确的信息做出正确的决策。同时，媒体应维护社会公众的言论自由权，为各种声音提供平等的表达机会。

2. 审查权力和舆论导向

新闻媒体在选择和呈现新闻时应审慎行事，避免滥用权力，不歪曲事实，不片面报道。媒体的舆论导向应秉持公正、客观、中立的原则，为公众提供多元化、全面性的信息，避免对特定群体进行歧视或偏见。

3. 社会问题关注和道德引领

新闻媒体作为社会的监督者和守护者，应关注并传递社会问题，帮助解决社会矛盾和问题。媒体应积极引导舆论，传递正面价值观，推动社会道德进步和公共利益的实现。

4. 提升公民素质和社会正能量

新闻媒体有责任通过报道和宣传引导公众树立正确的道德观念和行为准则，提升公民素质和社会正能量。媒体可以通过优秀的报道案例、正面的价值导向和典型人物的宣传来激发公众的积极性，促使社会形成良好的行为风尚。

5.保护公民权益和利益

新闻媒体在信息传播过程中应关注公民权益，特别是弱势群体的权益保护。媒体应扮演平衡不公的角色，揭示社会不公和权力滥用问题，推动社会公平正义的实现。

6.遵循职业道德和行业规范

新闻媒体从业者应遵循职业道德，坚守职业操守，依法、诚信地履行职责。媒体行业应建立健全的行业规范和自律机制，加强内部管理，确保新闻报道的准确性、客观性和公正性。

7.媒体与公众的互动和沟通

媒体应主动与公众互动，倾听公众的意见和需求，及时纠正错误报道，建立良好的沟通机制。通过与公众的互动，媒体可以更好地了解社会需求，提供更贴近公众需求的服务。

媒体的道德责任对社会正常运行和公民权益保护具有重要性：信息的准确性和可信度是社会正常运行的基础，媒体作为信息传播的主要渠道，应确保信息的真实、客观和全面，以避免误导和虚假信息对社会产生负面影响。媒体的道德责任能够引导公众正确看待和评价新闻事件，避免被不实信息误导和煽动，维护社会稳定和公共秩序。新闻媒体能够揭示社会问题、曝光不法行为，并引起公众关注，推动社会治理和改善，保护公民权益的实现。媒体通过宣传正面典型、传递正面价值观，能够引导公众积极向上的行为和思维方式，促进社会和谐与进步。

二、新闻传播伦理的基本原则

（一）真实性

新闻报道的真实性是新闻传播伦理的基本要求之一。新闻媒体和从业者应追求真实、准确的信息，避免虚假和误导。以下是关于新闻报道真实性的几个方面：

1.事实核实

在报道之前，新闻媒体应进行充分的事实核实工作。这包括确认信息的来源是否可靠、证据是否确凿。采访对象的陈述和相关文件资料也应经过核实才能被报道。通过对事实进行核实，可以避免错误或虚假信息的传播，确保新闻报道的准确性。

2. 原始资料保存

新闻媒体在报道中应保存原始资料，如采访录音、采访笔记等。这些原始资料可以用于后续的核查和证明报道的真实性。如果有争议或质疑，新闻媒体可以凭借保存的原始资料来证明报道的准确性。

3. 双重核实

对于重要、敏感的信息，新闻媒体应进行双重核实。这意味着通过多个渠道获取信息，并与多方进行确认。这样做可以提高信息的可靠性，减少错误和不准确的可能性。当面对一些重大事件或涉及敏感问题时，尤其需要加强双重核实的工作。

4. 避免夸大和虚构

新闻报道应避免夸大事实或虚构内容。新闻媒体不应进行无根据的臆测和揣测。报道应基于可靠的证据和事实，而不是主观的推测或个人意见。这样可以确保新闻报道的客观性和真实性。

5. 不随意修改事实

新闻媒体和从业者不得随意修改事实。这包括改变语境、删除或篡改关键信息等。这样做会歪曲事实，误导公众。对于有争议的问题，新闻媒体应提供全面的信息和各方意见，让读者自己进行判断和评估。

（二）客观性

新闻报道的准则和原则对于维护媒体的公信力和社会的信息正确认识至关重要。以下将详细阐述关于中立立场、多元视角、撰稿风格、杜绝操纵舆论以及事实与评论的区分这五个方面。

1. 中立立场

新闻媒体和从业者应保持中立的立场，不偏袒任何一方。报道应客观、公正地反映各种观点和声音，并给予不同利益相关方表达意见的机会。中立立场是新闻报道的基本要求之一，它要求媒体在报道过程中不附加自己的价值观或立场，而是客观、公正地传递信息。这样可以使读者得到全面、准确的信息，自行判断和形成独立的意见。

2. 多元视角

新闻报道应多元化，包括倾听不同群体的声音和观点，避免对特定群体进行歧视或偏见。通过多元视角的报道，能够展现事实的全貌，减少信息的片面性。新闻媒体应该广泛收集信息，并尽可能报道各种不同的观点和声音，以反映社会的多样性和复杂性。这样可以避免信息的单一性，增加读者对事件的理解和认知。

3. 撰稿风格

新闻报道应遵循客观、中立的撰稿风格，尽量避免主观情感的渲染和强调个人立场。在新闻报道中，撰稿人应该尽可能客观地描述事实，避免主观色彩的插入。此外，还应注意选择合适的词语和表达方式，以确保报道的准确性和公正性。

4. 杜绝操纵舆论

新闻媒体不应利用报道进行舆论操控，不得故意制造对某一方的偏见、压制或扭曲信息。作为公共信息传播的重要角色，新闻媒体有责任提供客观、真实的信息，而不是通过操纵舆论来左右公众的观点和态度。媒体应秉持诚信原则，严禁虚假报道、夸大事实或歪曲事实，以维护公众对媒体的信任。

5. 事实与评论的区分

新闻报道应明确区分事实和评论，事实应客观准确地呈现，评论应明确标注并客观地阐述。事实是新闻报道的基础，应该严格遵守真实、准确的标准进行呈现。而评论则是对事实的解读和观点的表达，应该明确标注，并尽量客观中立地进行阐述。区分事实与评论可以使读者更清楚地了解到何为客观事实，何为个人意见，帮助读者形成独立的判断。

（三）公正性

新闻报道应平等、公正地对待各种利益相关方，不偏袒任何一方。以下是关于新闻报道公正性的几个方面：

1. 公正地选择和呈现

新闻报道的选择和呈现应公正、平等，不歧视任何一方。无论是涉及争议的事件还是其他话题，新闻媒体都应该全面、公正地呈现各种观点和证据。这意味着在报道中应当避免片面性、偏见和扭曲，而是通过搜集多方资源、采访相关人士、调查取证等方式，全面展示事件的各个方面，使读者能够获得尽可能客观的信息，自行进行判断和评估。

2. 平等的表达机会

新闻媒体应给予不同利益相关方平等的表达机会，尊重他们的权益和声音，避免对某一方进行偏袒或压制。这意味着在采访和报道过程中，应当公平、均衡地展示各方的观点和立场，并且不应有意迁就特定利益群体或排斥其他利益群体。每个人都有权利表达自己的意见，新闻媒体应当尊重并提供平等的表达机会。

3. 不偏袒权势

新闻媒体应摒弃权势的干预，不因某一方的权势或压力而偏袒其立场。在报道中应坚守公正原则，不受外界的影响和干扰，以事实为依据进行客观、准确地报道。无论是政府、企业、个人还是其他组织，都应受到同等对待，没有特殊待遇或歧视。

4. 避免利益冲突

新闻从业者应避免利益冲突的产生，如私人关系、经济利益等，以保证报道的公正性和客观性。这意味着记者和编辑应该遵循专业道德，不被个人或经济上的利益所左右，避免因为个人关系或经济利益而偏向某一方，损害报道的公正性和可信度。同时，新闻机构也应建立相应的制度和规范，加强对员工的职业道德教育和监督，确保报道的独立性和公正性。

（四）责任感

新闻媒体应承担起社会责任，为公众提供可靠、有用的信息。以下是关于新闻媒体责任感的几个方面：

1. 公共利益导向

新闻媒体应以公共利益为导向，关注社会问题，积极传递正面价值观，推动社会进步和发展。新闻报道不仅仅是传递信息，更承担着引导社会舆论、倡导公共意识和道德责任的重要角色。因此，新闻媒体在报道中应当深入挖掘社会问题的本质，并致力于传递有益于社会的信息和观点，引发公众关注和讨论。

2. 独立与独立性

新闻媒体应独立自主地报道新闻事件，不受政治、经济或其他压力的干扰，确保媒体的独立性和专业性。独立报道意味着新闻媒体应独立思考、独立判断，并通过客观、准确的报道反映事实真相。新闻机构和从业者在报道过程中应坚持正确的核心价值观和职业道德，为公众提供客观、中立的信息。

3. 保护公民权益

新闻媒体应关注并保护公民的权益，不发布违法信息，不侵犯他人的隐私权和尊严，遵守法律和道德的底线。在报道中，新闻媒体应尊重个人隐私权，不进行无端揭露和侵犯他人的个人生活。同时，在报道涉及敏感信息或个人隐私的事件时，应审慎处理，并确保取得相关当事人的同意或符合法律规定。

4. 及时准确地报道

新闻媒体应及时、准确地报道重大事件和突发新闻，确保公众及时获得正确的信息，以便做出相应的决策。及时准确地报道是新闻媒体的基本责任之一，特别对于重大事件和突发新闻，新闻媒体应第一时间采集、整理、核实信息，并及时发布。在报道过程中，应积极寻求多方证据和观点，确保信息的准确性和可靠性，避免错误信息的传播。

三、新闻传播伦理原则在新闻报道中的应用

（一）自查自纠

自查自纠是新闻媒体内部建立的一种自我监督机制，旨在及时发现和纠正报道中存在的问题，确保媒体从业人员遵守新闻伦理准则，提供准确、客观、公正的新闻信息。下面将详细介绍新闻媒体自查自纠的重要性、目标、方法和措施。

1. 自查自纠的重要性

新闻媒体通过自查自纠，及时发现和纠正错误报道或不当行为，可以提高新闻媒体的公信力，树立良好的形象。自查自纠可以促使新闻从业人员认识到自己的责任和义务，遵守职业道德和伦理准则，从而规范行为，提高专业水平。新闻媒体通过自查自纠，能够主动发现和纠正偏见、虚假报道等问题，增强社会监督作用，推动社会进步。

2. 自查自纠的目标

新闻媒体自查自纠的目标在于：发现并纠正新闻报道中的错误和不准确信息，确保新闻报道的真实性和准确性。纠正新闻从业人员的不当言行，规范职业行为，提高新闻媒体的专业水平。回应公众关切，及时改进报道方式，提升新闻质量和效果。

3. 自查自纠的方法和措施

新闻媒体可以通过这样一些方法和措施来自查自纠：第一，建立完善的内部监督机制。新闻媒体应该设立专门的监督部门或委员会，负责对报道进行监督和评估。第二，定期组织自查自纠活动。新闻媒体可以通过开展内部培训、举办经验交流会议、进行案例分析等方式，加强新闻从业人员的职业道德教育，增强他们的自律意识。第三，建立投诉受理渠道。新闻媒体应该设立专门的投诉受理渠道，接受公众的监督和举报，并及时处理投诉事项。第四，制定明确的惩处措施。对于违反新闻伦理准则的行为，新闻媒体应该制定相应的惩处措施，并加以执行。

4. 自查自纠的要求与挑战

新闻媒体要加强对相关法律法规和伦理准则的学习和宣传，做到严格遵守，确保报道合法、合规。新闻媒体要建立健全的内部管理和监督机制，确保自查自纠工作能够得以有效开展。新闻媒体应该积极倾听公众的意见和建议，及时改进报道方式，增强舆论监督的效果。

（二）事实核实

事实核实是新闻报道过程中至关重要的一环，它能够确保新闻报道的准确性和可信度，避免传播未经证实的信息。以下将详细介绍事实核实的重要性、方法和措施以及存在的挑战。

1. 事实核实的重要性

事实核实的重要性表现在三个层面：第一，确保报道准确性。事实核实是确保报道内容真实可信的基础，通过对信息的求证和验证，可以避免因传播未经证实的信息而引发误导和误解。第二，维护新闻媒体的公信力。准确报道是新闻媒体赢得公众信任的关键，只有对事实进行充分核查，才能提供客观、准确、可信的新闻信息，树立媒体的公信力。第三，遵循职业伦理。作为新闻从业者，应该秉持诚实、客观、公正的原则进行报道，事实核实是履行这种职业伦理的必要步骤。

2. 事实核实的方法和措施

在新闻传播中，事实核实可依据这些方法和措施：第一，多方求证。在报道中，应该尽量收集并核实多个来源的信息，比对不同的说法和观点，确保报道内容的客观性和准确性。第二，查证相关资料和证据。对于报道中提到的事实和数据，应该查阅相关文件、调查报告、统计数据等支持材料，确保其真实性。第三，采访当事人和专家。为了获取更准确的信息，应该积极采访与事件或话题相关的当事人、专家学者等，听取他们的陈述和分析，从不同角度了解问题的真相。第四，遵循慎重原则。在报道未经证实的信息时，应该明确标注其来源和可靠度，并说明信息的真实性有待进一步核实。

3. 事实核实面临的挑战

新闻传播中的事实核实通常会面临一些挑战，有来自时间的压力，有信息可信度的问题，还有语言和文字差异带来的事实核实难度。具体来说：

时间压力。新闻报道通常要求及时发布，但事实核实需要时间和努力，可能无法满足快速发布的需求，这就需要新闻从业者在时间压力下保持冷静，坚持事实核实的原则。

信息可信度难以把握。在信息爆炸的时代，虚假信息和谣言层出不穷，很多信息的真伪难以确定。因此，需要新闻从业者具备辨别真假信息的能力，选择可靠的来源进行核实。

语言和文化差异。在报道跨国或跨文化事件时，可能会遇到语言和文化差异的难题，这就需要新闻从业者具备跨文化交流的能力，与当地人合作进行事实核实。

（三）尊重隐私权

尊重隐私权是新闻报道过程中的一项重要原则，它涉及对个人或团体的权益和尊严的保护。在报道个人或团体事件时，应当合理平衡新闻公益性和个人或团体的隐私权，遵循一定的道德规范和法律法规。以下将详细介绍尊重隐私权的重要性、原则和具体措施。

1. 尊重隐私权的重要性

每个人都有自己的隐私和个人生活，在报道个人或团体事件时，尊重隐私权可以保护他们的权益和尊严，防止不必要的曝光和侵犯。尊重隐私权可以避免不负责任的报道导致社会动荡和不良影响，同时也能够维护社会的公共秩序和和谐发展。尊重隐私权是媒体行业赢得公众信任的关键，只有遵循道德规范和法律法规，才能提供公正、客观的新闻报道，树立媒体的公信力和形象。

2. 尊重隐私权的原则

新闻传播在尊重隐私权方面，有四大原则，如图 8-1 所示：

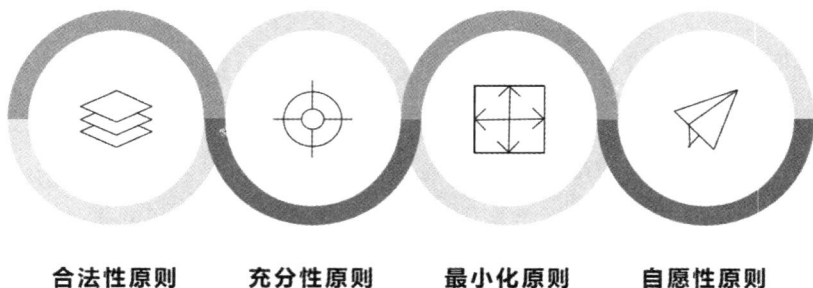

合法性原则　　充分性原则　　最小化原则　　自愿性原则

图 8-1 新闻传播尊重隐私的四大原则

合法性原则：报道个人或团体事件应当遵循国家法律法规和相关法律程序，确保采集、处理、发布信息的合法性。

充分性原则：在报道个人或团体事件时，应当充分考虑事实真相和公众利益，避免不必要的曝光，并保持信息的准确性和完整性。

最小化原则：只公开与事件相关且对公众具有合理关注度的信息，减少不必要的个人隐私曝光，以尽量保护当事人的隐私权。

自愿性原则：尽量避免采访和报道涉及个人或团体隐私的事件，除非当事人自愿披露或公开的信息。

3. 尊重隐私权的具体措施

在新闻传播中，如何确保充分尊重个人、团体或机构等的隐私权？一般来说，新闻媒体会采取这样一些措施：

明确界定信息范围。在报道个人或团体事件时，明确界定所需公开的信息范围，仅向公众公开与事件相关且对公众具有合理关注度的信息。

事前征得同意。尽量在报道之前与当事人进行沟通，征得他们的同意，避免未经授权曝光个人或团体的隐私。

保护个人身份信息。在报道中不公开个人的姓名、住址、电话号码等敏感信息，以免给当事人带来不必要的骚扰和困扰。

匿名报道。对于敏感事件或可能影响个人安全的事件，可以采取匿名报道的方式，隐藏当事人的真实身份。

（四）公众参与

倾听公众声音，是新闻媒体与公众互动的重要方式之一。通过积极倾听公众的意见、建议和批评，可以提高媒体的质量和准确性，增加公众对媒体的信任和认同。以下将详细介绍倾听公众声音的具体措施。

1. 设立公众供稿渠道

新闻媒体可以设立公众供稿渠道，鼓励公众分享自己的经历和观点。公众供稿可以为新闻报道提供更多的视角和信息，丰富了新闻内容的多样性。媒体可以通过网站、手机应用等方式接收公众的供稿，并对供稿内容进行审核和编辑，确保内容的准确性和合法性。

2. 开展网络调查和调查问卷

新闻媒体可以利用网络调查和调查问卷等方式，邀请公众参与新闻报道的主题和内容的确定。在关注热点话题时，可以发起网络调查，了解公众的意见和观点；在进行深度报道时，可以设计调查问卷，征求公众对相关问题的看法。这样可以更好地了解公众的需求和关注点，提供符合公众期待的新闻报道。

3. 社交媒体互动

新闻媒体可以通过各种社交媒体平台与公众进行互动。例如，开设专门的微博、微信或其他社交媒体账号，与公众进行在线讨论和交流，接收公众的意见和反馈。同时，媒体也可以通过社交媒体发布调查问题、征集观点，借助社交媒体的传播力量扩大公众参与的范围。

4. 设置读者来信和留言板块

新闻媒体可以设置专门的读者来信和留言板块，鼓励公众写信或留言，分享自己的观点和意见。这样可以建立良好的沟通渠道，增进媒体与公众之间的互动和理解。媒体应当及时回复读者来信和留言，展示真诚的态度和负责的态度。

5. 公众参与新闻策划和报道

新闻媒体可以邀请公众参与新闻策划和报道的过程，包括采访、撰写稿件等环节。这样可以增加报道的多样性，同时也提高了公众对新闻报道的认同感和参与感。通过开展公众参与活动，媒体可以与公众建立更加密切的联系，提升报道的针对性和质量。

6. 建立反馈机制

新闻媒体应建立反馈机制，及时处理公众的意见、建议和批评。媒体可以设立专门的客服热线或电子邮箱，接收公众的反馈信息，并进行分类整理和回复。同时，媒体也应当在合适的时候公开回应公众关切的问题，增加透明度和信任度。

第二节　新媒体时代的媒介素养培养策略与方法

一、媒介素养概述

（一）媒介素养的定义

媒介素养（Media Literacy）是指一个人对媒体的理解、使用和评价能力，以及对媒体信息的分析和批判思维能力。它不仅仅包括对传统媒体（如报纸、电视、广播等）的理解与运用，还包括对新兴媒体（如互联网、社交媒体等）的理解与运用。媒介素养强调的是面向现代社会的全面媒体素质。

在新媒体时代，媒介素养的重要性尤为凸显。随着科技的迅猛发展，社交媒体、移动设备等新兴媒体成为人们获取信息、参与社会交流的主要渠道。但同时，新媒体也带来了信息泛滥、虚假信息传播、个人隐私泄露等问题。只有具备媒介素养，才能在新媒体时代中更好地适应、应对并受益于这些变化。

媒介素养的内涵主要包括以下几个方面：

1. 媒介认知

即对媒体的理解和认知能力。这包括对媒体的组成、运作原理、传播方式等方面的了解。对于新兴媒体，还需要了解互联网和社交媒体的特点和使用规则。

2. 媒介使用

即对媒体的运用能力。这包括对媒体工具的操作技能和信息检索能力。在新媒体时代，媒介使用的范围更加广泛，不仅要能够使用传统媒体，还要能够熟练地使用互联网、社交媒体等新兴媒体。

3. 媒介分析

即对媒体信息进行分析和评价的能力。这包括对媒体内容的批判思维和鉴别能力，能够识别出虚假信息、广告宣传等。

4. 媒介创造

即能够利用媒介进行创造性表达和参与社会交流的能力。这包括能够通过媒体传播、分享自己的观点和意见，并积极参与公共议题的讨论和决策。

（二）媒介素养的意义

媒介素养对个人、社会都有重要影响和作用。

对于个人来说,媒介素养是获取与处理信息的关键能力。在信息爆炸的时代,个人面临着大量的信息源,需要能够快速准确地获取、筛选和评估信息的价值和可靠性。媒介素养使个人具备了更好的信息判断能力和信息利用能力,从而能够更好地适应社会变化,并做出明智的决策。

媒介素养对社会有推动作用。媒介素养使人们能够更广泛地参与社会交流和公共事务,增强了社会的民主性和透明度。通过媒介素养,个人能够更好地表达自己的观点和意见,参与社会讨论和决策,推动社会的进步和发展。

二、培养媒介素养的策略

（一）学校教育在培养媒介素养中的作用

学校教育在培养学生的媒介素养方面扮演着重要的角色。通过课程设置、教学方法和资源支持等方面的努力,学校教育可以为学生提供全面的媒介素养培养环境。

1. 课程设置

学校可以将媒介素养纳入课程设置,开设相关的媒体课程。这些课程旨在帮助学生了解媒体的基本知识和运作原理,培养他们对媒体信息的理解和评估能力。例如,可以开设媒体与传播课程、信息素养课程等,让学生对媒体素养有更深入的认识。

2. 教学方法

学校可以采用多种教学方法来培养学生的媒介素养。例如,可以引入案例分析教学法,通过分析真实的媒体案例,让学生理解媒体行业的道德、法律规范和社会责任;或者采用小组合作学习法,鼓励学生合作讨论媒体信息的真实性、可靠性和价值,培养他们的批判思维能力。

3. 资源支持

学校可以提供相关的媒体资源支持,包括图书馆、实验室设施、多媒体教室等。这些资源可以让学生更好地接触和使用不同类型的媒体,提升他们的媒介操作能力和信息检索能力。此外，学校还可以与媒体机构、社区组织等建立合作关系，为学生提供更广泛的媒体素材和实践机会。

通过以上的努力，学校教育可以培养学生的媒介素养，使他们具备对媒体信息的分析和批判能力，以及良好的媒体使用习惯和道德观念。这有助于学生更好地适应和利用媒体，并为未来的学习和工作打下坚实的基础。

（二）家庭教育在培养媒介素养中的重要性

家庭教育在培养媒介素养方面发挥着重要的作用。作为孩子成长的第一环境，家庭是培养孩子正确使用媒体和培养批判思维能力的重要场所。

1. 引导孩子正确使用媒体

家长应该引导孩子在使用媒体时保持理性和审慎。首先，家长要教育孩子正确辨别媒体信息的真实性与可靠性，提醒他们不要盲目相信一切媒体报道。其次，家长要监督孩子使用媒体的时间和内容，避免过度依赖媒体或沉迷于虚假信息。

2. 培养批判思维能力

家长可以通过与孩子一起观看媒体节目、阅读新闻报道等方式，培养他们对媒体信息的批判思维能力。家长可以引导孩子深入思考、提出问题，并与他们一起讨论媒体信息的价值和局限性，培养他们分析和评估媒体信息的能力。

3. 做好媒体素质教育

家长可以通过有针对性的媒体素质教育，教育孩子正确使用媒体。可以选择合适的媒体素质教育资源，如图书、游戏、视频等，让孩子了解媒体的功能与影响，培养他们的媒体素质。

通过家庭教育的努力，孩子可以在家庭环境中获得正确的媒介使用观念和分析能力。家长的引导和监督对于孩子的媒介素养的培养起到至关重要的作用。

（三）社会培训与活动在培养媒介素养方面的作用

社会培训与活动在培养媒介素养方面发挥着重要的作用。公共机构、社区组织和媒体机构等都可以通过各种方式参与媒介素养的培养。

1. 公共机构

政府部门、图书馆、博物馆等公共机构可以组织开展媒体素养培训和宣传活动。例如，举办媒体素养讲座、主题展览等，向公众普及媒介素养知识，提高大众对媒体的认知和理解。

2. 社区组织

社区组织可以与学校、家庭合作，共同举办媒介素养培训和活动。例如，可以组织针对不同年龄群体的媒介素养课程，提供机会让社区居民学习如何正确使用媒体、辨别信息真假以及保护个人隐私等方面的知识和技能。此外，社区组织还可以组织讨论会、座谈会等活动，鼓励公众分享自己的媒体使用经验和批判思考，促进社区居民之间的交流和学习。

3. 媒体机构

媒体机构作为信息传播的主要渠道，承担着重要的责任。他们可以通过推出优质内容和媒体产品，引导公众正确使用媒体，并提供可靠的信息资源。此外，媒体机构也可以与学校、社区组织合作，举办媒体素养活动，为公众提供更广泛的媒体教育和培训机会。

通过社会培训与活动的参与，可以为广大公众提供系统化、全面化的媒介素养培养机会。公共机构、社区组织和媒体机构的积极参与，可以增加媒介素养培训的影响力和覆盖面，推动整个社会对媒介素养的关注和重视。

三、媒体素养实践

（一）成功案例介绍

1. 学校项目：某中学开展的媒介素养教育项目

该中学通过组织媒介素养教育讲座、课程和社团活动等，为学生提供系统化的媒介素养培养机会。学校邀请了专业的媒体从业者和学者来讲座，向学生介绍媒体行业与媒体产品的特点、媒体信息的传播规律以及如何正确使用媒体等方面的知识。此外，学校还设立了专门的媒体素养课程，通过培养学生的批判思维能力和信息辨别能力，提高他们对媒体信息的理解和应对能力。此外，学校还鼓励学生参加媒体素养社团活动，通过自主学习和实践，提升学生的媒体素养水平。这些举措使学生在媒介素养方面取得了显著的成果。

2. 家庭实践：家长与子女的共同学习和讨论

许多家长将媒介素养作为家庭教育的重要内容，与子女一起学习和讨论媒体信息的正确使用方式。他们通过一起观看新闻、电视节目、电影等媒体内容，并及时进行交流和讨论，引导子女分析媒体信息的真实性和价值取向。家长还会教育子女如何保护个人隐私、避免上当受骗等媒体安全知识，提升子女对媒体的辨别能力和批判思维能力。这种家庭实践对子女的媒介素养培养起到了积极的促进作用，使他们能够更好地面对媒体的挑战和影响。

3. 社会活动：公共图书馆举办的媒介素养培训

某市的公共图书馆组织了针对不同年龄群体的媒介素养培训活动。图书馆邀请了专业的媒体从业者和相关专家来开展培训课程，包括如何辨别虚假信息、如何利用网络资源获取可靠信息、如何提高个人媒体素养等方面的内容。图书馆还为参与培训的公众提供了相关的教材和指导手册，供他们进一步学习和参考。这些培训活动得到了社区居民的广泛关注和积极参与，提高了他们的媒介素养水平，为促进社区媒体环境的健康发展起到了重要的推动作用。

（二）应用与成效评估

媒介素养培养在实际场景中的应用和成效体现在以下几个方面：

1. 信息获取和评估能力的提升

信息获取和评估能力的提升是媒介素养培养的重要目标之一。在当今信息爆炸的社会，个体面临着大量信息的涌入，如何有效获取和评估这些信息成了一个重要的挑战。媒介素养的培养有助于个体理性和有目的地获取信息，并且具备辨别真伪、筛选有效信息的能力。

媒介素养培养帮助个体掌握信息检索的方法和技巧。个体通过了解不同的搜索引擎、数据库和网络平台的使用方式，能够利用适当的关键词和搜索策略来获取所需信息。媒介素养还培养个体熟悉各类媒体资源的使用，如新闻媒体、学术期刊、社交媒体等，以获取更多、更全面的信息。

媒介素养培养注重个体信息的评估能力。个体通过媒介素养的培养，学会分析和评估信息的可信度和可靠性。他们可以从信息来源的可信度、作者的权威性、信息的时效性等方面进行判断，以确定信息的真实性和准确性。此外，媒介素养还培养个体批判性思维，使其能够对信息进行深入思考、分析和评判，从而形成独立的观点和判断。

媒介素养培养对个体的信息获取和评估能力带来了许多实际应用和成效。

个体能够更好地理解和把握社会事件和热点问题。通过有效的信息获取和评估，个体可以获得更加全面和准确的信息，从而对社会事件和热点问题有更深入的理解。个体可以通过多渠道获取不同角度和观点的信息，从而形成更为客观和全面的认识。

个体能够更好地应对各类信息噪音和谣言。在信息时代，谣言和虚假信息层出不穷，给个体带来了困惑和干扰。媒介素养的培养使个体具备辨别真伪、筛选有效信息的能力，能够更好地应对各类信息噪音和谣言，避免受到虚假信息的误导。

个体通过媒介素养培养还能够提升自己的自我学习能力和专业素质。在工作场景中，个体需要不断学习新知识和技能，以适应快速变化的社会需求。媒介素养的培养有助于个体更加高效地获取专业知识和信息资源，提升自己的专业素质和竞争力。

2. 多样化表达和传播能力的培养

媒介素养的培养重视个体的多样化表达和传播能力。在当今信息社会中，多种媒介形式的兴起和普及使个体有更多的选择和机会来表达自己的观点和分享信息。通过媒介素养的培养，个体可以灵活运用不同的媒介形式进行表达和传播，从而丰富了自己的表达方式，增强了信息传递的效果和影响力。

媒介素养的培养使个体掌握了多种表达方式。个体可以通过文字、图像、音频、视频等多种媒介形式来表达自己的观点和思想。例如，个体可以运用文字写作能力来撰写文章、博客，以清晰准确地表达自己的观点；可以运用图像设计能力来制作海报、插图，以直观生动地传达信息；可以运用音频和视频技术来录制音频节目、制作短视频，以更生动形象地传递信息。媒介素养的培养帮助个体熟练掌握并灵活运用这些多种表达方式，使其能够根据不同情境和需求，选择最适合的表达形式来传递信息。

媒介素养的培养提升了个体的传播能力。通过媒介素养的培养，个体可以更好地利用各种媒介平台和工具来传播信息。社交媒体、微博、微信等平台成为个体进行信息传播和社交互动的重要渠道。个体可以通过这些平台发布消息、分享链接、发表评论等方式，与他人进行交流和互动，传递自己的观点和见解。同时，媒介素养的培养也使个体具备了网络营销和品牌推广的能力，能够有效地利用媒介资源和技术手段来推广产品、服务和意见。

媒介素养培养对个体多样化表达和传播能力的提升带来了许多实际应用和成效。个体可以更好地参与公共讨论和社会互动。通过媒介素养的培养，个体具备了在社交媒体等平台上参与公共讨论的能力，能够积极发表自己的观点、对话他人、参与社会议题的讨论。这不仅有助于个体表达自己的价值观和立场，还能够促进社会公众对不同观点的了解和讨论，推动社会进步和发展。个体可以更好地分享和传递有价值的信息。通过媒介素养的培养，个体可以筛选并分享有意义、有质量的信息，从而为他人提供有价值的参考。个体可以利用多种媒介形式来呈现信息，使信息更加生动、易于理解和吸引人，提高信息的传递效果和影响力。

媒介素养的培养还有助于提升个体的职业竞争力和就业机会。在现代职业中，媒介素养成为一项基本能力要求。个体具备多样化表达和传播能力，能够灵活运用不同的媒介形式进行工作交流和项目展示，将自己的能力和价值进行有效展示和传达，从而提高职业竞争力和获得更多的就业机会。

3. 媒介伦理和道德意识的培养

媒介伦理和道德意识的培养对于个体来说是非常重要的，特别是在现代社会中，媒介对于信息传播和社会影响的作用越来越大。媒介素养的培养注重的是培养个体在使用媒介时能够遵守伦理规范、尊重道德原则，以及正确行使自己的社会责任。

培养个体的媒介伦理意识包括遵守法律法规和伦理规范。个体在使用媒介时必须了解并遵守相关的法律法规，例如知识产权保护、隐私保护等方面的法律要求。同时，个体也需要了解媒介行业内的伦理规范，例如新闻从业者应该遵循的报道准则、广告从业者应该遵循的道德规范等。通过遵守法律法规和伦理规范，个体能够确保自己的媒介行为是合法合规的，不会侵犯他人的权益。

媒介素养的培养还需要注重个体的职业道德和社会公德。个体在媒介行业从事工作时，需要具备良好的职业道德，包括诚实守信、责任心强、敬业精神、保护用户利益等。同时，个体也需要具备良好的社会公德，如尊重他人的隐私、尊重知识产权、不进行虚假宣传等。通过遵循职业道德和社会公德，个体能够树立良好的形象，赢得用户和社会的信任。

媒介伦理和道德意识的培养还需要注重倡导真实、客观、公正、负责任的媒介行为。个体在使用媒介进行信息传播时，应该追求真实性，确保所传播的信息是准确可靠的；应该追求客观性，避免个人立场和偏见对信息的影响；应该追求公正性，不偏袒任何一方，平等对待各种观点和声音；应该追求负责任性，对所发布的信息负责并承担可能产生的后果。通过倡导这些媒介行为原则，个体能够提高自己的专业水平，为社会提供有价值的信息和服务。

媒介伦理和道德意识的培养不仅有助于个体自身的发展，也对整个媒体行业的健康发展起到了积极的推动作用。在一个有良好伦理和道德意识的媒体行业中，可以减少虚假信息和不负责任的报道，提高信息传播的质量和可信度；可以保护用户隐私和用户权益，维护公平竞争的市场环境；可以塑造积极向上的社会价值观念，推动社会进步和发展。因此，媒介伦理和道德意识的培养是媒介素养培养的重要组成部分，对于促进媒体行业的健康发展具有重要意义。

第三节　建立健全新媒体时代的新闻传播伦理体系

一、伦理规范与监管机制

（一）确立伦理规范

在新媒体时代，建立健全新闻传播的伦理规范至关重要。随着互联网和社交媒体的普及，人们对信息的获取和传播方式发生了巨大变化。然而，随之而来的也是一系列新的道德和伦理挑战。因此，确立新闻传播的伦理规范成为维护媒体行业健康发展和社会公众利益的必要条件。

建立新闻传播伦理规范有助于引导媒体从业者正确行事。伦理规范是一种道德准则，在新媒体时代尤为重要。它为从业者提供了明确的行为指导，确保他们在报道和传播信息的过程中秉持公正、客观、真实的原则。伦理规范还强调精心策划、检查和核实信息的重要性，以避免误导和虚假报道。通过遵循新闻传播的伦理规范，媒体从业者能够树立良好的职业形象，增强公众对其的信任。

新闻传播伦理规范有助于保护受众权益。媒体作为信息传播的重要渠道，对公众具有重要影响力。因此，媒体从业者应当承担起保护受众利益的责任。新闻传播伦理规范要求媒体尊重个人隐私、避免人身攻击和侵犯他人权益。此外，伦理规范还规定了媒体对敏感和争议性话题的处理方式，确保信息的准确性和客观性。通过遵循伦理规范，媒体能够为受众提供优质、可信赖的内容，满足公众对真实、全面信息的需求。

建立行业规范有助于促进媒体行业健康发展。伦理规范不仅对个体从业者有指导作用，也对整个行业有规范引导作用。行业规范可以规定媒体机构的运营方式、编辑审核流程、广告宣传准则等。这些规范有助于提升行业整体形象，促进竞争公平和诚信经营。同时，建立行业规范还有助于加强行业自律，引导媒体从业者意识到自己的社会责任，提高行业的职业道德水平。

（二）监管机制建设

在新媒体时代，建立有效的监管机制对于维护公众利益和社会秩序至关重要。

随着新媒体的快速发展和广泛影响，我们需要相应的监管机制来应对其中涉及的各种问题和挑战。

建立法律法规是有效监管的基础。法律法规应该对新媒体行业的运营、内容管理、用户权益等方面进行明确规定，强调合法合规原则。这些法律法规应该明确规范不正当竞争、虚假宣传、侵犯隐私、诽谤抹黑等行为，并给予严厉处罚，以维护社会公众利益。此外，法律法规也应该对新媒体平台的审查、许可和注册进行规定，确保从业者遵循相关规定和标准。

专业组织在监管中发挥重要作用。专业组织可以制定行业标准、职业道德准则，并监督会员的遵守情况。他们可以承担起监督行业从业者行为的责任，加强行业自律，并及时处理行业内的违规行为。例如，制定新媒体从业人员的职业素养标准，规范从业者的行为和言论，确保他们的报道真实客观、符合伦理道德。此外，专业组织还可以提供专业培训、研讨会等活动，提升从业者的专业素养和伦理意识。

自律管理机制也是有效监管的重要组成部分。媒体机构应当建立健全的内部管理制度，对编辑、记者等从业人员进行日常监督和管理。自律机制可以约束从业者的行为，确保他们遵守伦理规范，并及时发现和纠正不当行为。例如，媒体机构可以建立举报渠道和投诉处理机制，让公众可以对不当行为进行反映和曝光。

技术手段也可以辅助监管工作。监管机构可以利用大数据分析、人工智能等技术手段，对新媒体平台和内容进行监测和筛查。这些技术手段可以帮助监管机构发现和处置存在风险和问题的内容或行为，加强监管的针对性和效率。

二、自律与职业素养

（一）自觉遵守伦理准则

新闻传播的伦理准则是新闻从业人员必须遵守的基本行为规范，它体现了新闻传媒行业的特殊性和责任性。新闻传播的遵守伦理准则有以下几个重要方面：

1. 真实性

新闻从业人员应当坚守事实真相，准确报道事件，不捏造、不歪曲事实，不制造虚假新闻。他们应该尽可能多地核实信息来源，并对所报道的内容负责。

2. 客观性

新闻报道应当客观中立，不带有个人偏见和利益倾向。新闻从业人员应该摒弃主观意识，尽量客观公正地陈述事实，不夸大或缩小事件的影响。

3. 公正性

新闻从业人员应当公正对待各方利益关系，不偏袒任何一方。他们应该尊重和关注社会公众的多元利益需求，确保每个社会群体都能够获得公正的报道。

4. 负责任

新闻从业人员应当承担起对公众和社会的责任。他们的报道应该有助于推动社会进步。同时，他们也应该对自己的报道负责，及时纠正错误和不实报道。

（二）职业素养提升

为提升新闻从业人员的职业素养，可以从以下几个方面入手：

1. 多元学科知识培养

新闻从业人员需要有广泛的知识储备，理解各个领域的基本概念和原理。他们应该学习社会学、政治学、经济学等相关学科，以拓宽视野，提升专业素养。

2. 批判思维能力

新闻从业人员需要具备一定的批判思维能力，能够对信息进行分析和评估，辨别真伪。他们应该学会提出关键问题、收集证据、分析推理，并形成独立的判断。

3. 职业道德培养

新闻从业人员应该积极培养职业道德意识，不仅要遵守伦理准则，还要追求更高的职业道德标准。他们应该注重社会责任感，关注公众利益，积极参与社会公益活动。

4. 继续学习与专业研究

新闻行业发展迅速，新闻从业人员应该不断学习新知识，跟上时代的步伐。他们可以参加培训、研讨会，进行专业研究，提升自己的专业水平和竞争力。

三、道德教育与宣传

（一）教育意义与目标

道德教育和宣传活动对于增强全社会对新闻传播伦理的认知和重视具有重要

的教育意义和目标。以下是对此的阐述：

道德教育和宣传活动有助于培养公民的道德素养。新闻传播伦理是整个社会公民共同遵守的基本行为准则，通过开展道德教育和宣传活动，可以让人们在日常生活中养成正确的道德观念和行为习惯。这样，不仅能够提高社会公众对新闻传播伦理的认知水平，也有助于提高个体的道德素养和自律能力。

道德教育和宣传活动有助于引导媒体从业人员遵守伦理准则。媒体从业人员作为新闻信息的传播者和舆论引导者，他们的行为举止直接关系到公众的知情权和利益。通过加强对他们的道德教育和宣传，可以让他们深刻认识到自己责任的重大性，明确遵守伦理准则的重要性，从而增强他们的职业道德意识和责任感。

道德教育和宣传活动有助于创建良好的新闻传播环境。一个社会良好的新闻传播环境是建立在公众对新闻机构和从业人员的信任和尊重基础上的。通过加强媒体从业人员的道德教育和宣传活动，倡导媒体从业人员坚守事实真相、客观公正的原则，可以减少虚假信息的传播，提高新闻报道的质量和可信度，从而为社会营造一个真实、公正、透明的新闻传播环境。

道德教育和宣传活动有助于保护公众的利益和权益。新闻传播的目的是向公众提供真实、客观、公正的信息，帮助公众了解社会现象和问题。因此，我们要通过道德教育和宣传活动，让公众增强对不当报道和不负责任行为的辨识能力，增强自我保护意识，对违反伦理准则的行为持批判和谨慎态度。这样，就能够更有效地保障公众的知情权和利益，确保他们能够获得真实可靠的新闻信息。

（二）教育方法和策略

道德教育的方法和策略多种多样，可以通过课堂教学、培训活动、宣传广告等形式进行。以下是一些有效的道德教育方法和策略：

1. 课堂教学

教师可以通过设计真实的情境案例，引导学生分析其中的伦理问题，讨论解决方案，并引导他们思考行为的后果和影响，提高他们的道德判断和决策能力。教师也可以用角色扮演的方法，通过让学生扮演不同的角色，体验到不同的道德冲突和抉择，使学生从中领悟道德原则和价值观，并通过反思和讨论加深对伦理准则的理解。教师还可以通过设置具有争议性的话题，组织学生进行讨论和辩论，鼓励他们表达自己的观点和理由，从而达到培养他们的辩证思维和道德推理能力的教学目的。

2. 培训活动

学校或其他新闻传播相关机构可以邀请专业人士或学者进行专题讲座和研讨会，介绍新闻传播伦理的相关知识和案例，引发参与者的思考和讨论，提高他们对伦理问题的认知和理解。

学校可以组织学生参与实践活动和实习，让他们亲身经历媒体从业的道德挑战和责任，培养他们的职业道德意识和自律能力。

学校要重视情感教育和品德培养，通过情感教育和品德培养活动，激发学生对道德的情感认同和价值追求，培养他们正确的道德情操和行为习惯。

3. 宣传广告

学校或其他新闻传播相关机构可以制作具有感染力和启示性的宣传片和海报，通过生动的形象和富有情感的语言传递道德准则和价值观，引起公众的共鸣和思考。学校或其他新闻传播机构也可以利用社交媒体和网络平台，发布道德教育内容和案例分析，引导公众参与讨论和互动，传播正能量和正确价值观。学校或其他新闻传播机构还可以定期举办以道德教育为主题的活动和展览，通过多种形式的表达方式，让公众参与其中，加深对新闻传播伦理的认知和重视。

以上所述的方法和策略只是一些常见的示范性做法，实际的道德教育工作需要根据学校或其他新闻传播机构等具体的情况进行灵活地组合和创新。重要的是在教育过程中注重培养学生的道德意识、道德责任感和道德行为习惯，让他们能够自觉地遵守伦理准则，成为具有社会责任感的新闻从业人员和公民。

（三）合作与共建

道德教育和宣传需要社会各界的共同参与和合作，才能够促进伦理规范的落地和执行。以下是一些社会各界参与道德教育和宣传的合作模式：

1. 政府和行政机构的参与

制定和完善法律法规。政府可以制定和完善相关的法律法规，明确新闻传播领域的伦理要求和行为准则，加大对违反伦理规范的处罚力度，维护社会公正和伦理秩序。

举办培训和研讨活动。政府可以组织针对新闻从业人员和学生的培训和研讨活动，提供专业的道德教育课程和资源，加强行业内部的自律和规范意识。

加强监管和评估。政府可以加强对新闻传播行业的监管和评估，建立有效的监督机制，及时发现和处理违反伦理规范的行为，保障公众的知情权和合法权益。

2. 媒体和新闻机构的参与

宣传道德准则和价值观。媒体和新闻机构可以通过各种形式的报道、评论和专栏文章，宣传道德准则和价值观，引导公众正确的价值观念和行为习惯。

严格内部自律机制。媒体和新闻机构应建立健全的内部自律机制，明确编辑记者的职业道德和行为规范，加强对自身行为的监督和管理，及时纠正错误和不当行为。

提供教育资源和平台支持。媒体和新闻机构可以提供相关的教育资源和平台支持，例如开设专栏、举办讲座和论坛等，促进公众参与道德教育和意识形态的讨论。

3. 学校和教育机构的参与

整合道德教育资源。学校和教育机构可以整合道德教育的优质资源，开设相关的课程和活动，将道德教育纳入学生综合素质培养的重要内容。

培养师资队伍。学校和教育机构应注重培养道德教育的师资队伍，提高教师的道德教育水平和专业素养，为学生提供良好的道德榜样和引导。

加强家校合作。学校和教育机构应与家长建立紧密的沟通和合作机制，共同关注学生的道德成长和价值观培养，形成家校共育的合力。

4. 社会组织和企业的参与

建立行业协会和组织。社会组织和企业可以建立相应的行业协会和组织，促进行业间的交流和合作，共同推动道德教育和宣传工作向前发展。

开展公益活动和项目。社会组织和企业可以开展相关的公益活动和项目，例如举办道德讲座、开展志愿者服务等，引导公众关注和重视道德问题。

提供赞助和资源支持。社会组织和企业可以提供财力和资源支持，资助道德教育项目的开展，提供场地和设备等条件保障。

以上所述的合作模式只是一些常见的示范性做法，实际的道德教育和宣传工作需要根据具体的情况进行灵活地组合和创新。重要的是通过各方的积极参与和合作，形成社会共识和共同努力，推动伦理规范的落地和执行，促进社会的良好发展和进步。

第四节　媒介素养对个人与社会发展的影响评价与研究

一、个人层面影响

（一）信息获取与判断力

媒介素养对个人的信息获取能力和媒体信息的判断力具有重要影响。在信息时代，大量的信息源涌现，个人需要具备良好的媒介素养以辨别虚假信息、评估来源可靠性等方面。

辨别虚假信息是媒介素养的重要内容。个人应该学会识别虚假信息的特征，例如夸大、夸张、无来源、无证据等。同时，了解常见的虚假信息传播手段，如网络谣言、深度假信息、编造数据等，可以提高辨别虚假信息的能力。此外，判断信息的可信度还需要关注发布者的声誉、信息的来源、是否有多个独立报道等因素，以便做出准确的判断。

评估来源可靠性也是媒介素养的重要内容。个人需要学会判断信息来源的权威性、专业性和可靠性。例如，对于新闻报道，可以通过查看作者的资历、机构的背景、新闻报道的多样性来评估其可靠性。此外，交叉验证和对比不同来源的报道也是提高判断力的有效方式，通过对不同报道之间的异同进行分析，可以更准确地评估信息的可信度。

为提高个人在信息获取和媒体信息判断方面的能力，可以采取以下措施：

1. 教育培训

开展针对媒介素养的教育培训，向公众普及虚假信息的特征和传播手段，提高对媒体信息的辨别能力。

2. 提供工具和资源

提供辅助工具和资源，如事实核查网站、媒体可信度评估工具等，帮助个人更方便地辨别信息的真实性和来源可靠性。

3. 提倡多元化的信息来源

鼓励个人从多个渠道获取信息，不仅依赖于单一的媒体平台或来源，从而获得更全面、客观的信息，并通过对比不同来源的报道加强判断能力。

（二）思辨能力培养

媒介素养对个人思辨能力的培养和提升具有重要作用。思辨能力是指个人对信息进行批判性思考、逻辑推理和判断的能力，有助于个人深入理解信息、形成独立观点和做出明智决策。

媒介素养可以培养个人的批判性思维。批判性思维是指对信息进行深入分析和评估的能力，包括质疑假设、辨别论证逻辑、检验观点等。个人可以通过学习逻辑学、哲学和相关学科，培养批判性思维能力，并将其应用于对媒体信息的理解和评价中。

培养逻辑推理能力也是媒介素养的重要内容。逻辑推理是指根据事实和前提推导出合理结论的过程。个人可以通过学习逻辑学和相关课程，了解逻辑推理的基本原理和常见错误，从而提高在对信息进行推理和判断时的准确性和逻辑性。

为培养个人的思辨能力，可以采取以下措施：

1. 加强教育培训

学校和教育机构应注重培养学生的批判性思维和逻辑推理能力，开设相关的课程或专题活动，培养学生对媒体信息的理解和分析能力。

2. 提供实践机会

提供学生实践机会，让他们亲身参与到媒体相关的工作中，培养他们运用批判性思维和逻辑推理能力解决实际问题的能力。

3. 引导独立思考

鼓励个人独立思考，培养形成独立观点和做出明智决策的能力。为此，可以提供适当的引导和讨论平台，让个人能够从不同角度思考问题，并学会归纳总结、辩证思考。

（三）个人信息素养与自主意识

媒介素养对个人信息素养和自主意识的培养具有重要作用。信息素养是指个人对个人信息保护、数据安全等方面的认知和行为能力。自主意识是指个人主动、独立地对自身信息和数据加以管理和保护的意识和能力。

个人需要了解个人信息保护和隐私权的重要性。个人信息的泄露和滥用可能导致个人财产损失、信用危机甚至身份盗窃等问题。因此，个人需要了解信息保护的基本概念和方法，包括设置强密码、不随意泄露个人信息、定期更新安全设置等。媒介素养的培养可以通过教育宣传、信息安全知识的普及以及提供相关的技术工具和资源来加强个人的信息保护意识。

个人需要具备对数据安全的意识和能力。在数字化时代，个人的各种行为和活动都会产生大量的数据，如社交媒体使用、在线购物记录、移动应用授权等。个人需要了解数据的价值和潜在风险，并采取相应的措施来保护自己的数据安全。例如，了解并设置合适的隐私设置、定期清理无用数据、避免使用不可靠的应用程序等。

为增强个人的信息素养和自主意识，可以采取以下措施：

1. 加强教育宣传

通过学校、社区和媒体等渠道，加强对信息素养和个人信息保护的宣传教育，提高公众对信息安全的认知和意识。

2. 提供技术支持和资源

政府部门和相关机构可以提供信息安全的技术支持和资源，如信息保护工具、数据备份和恢复服务等，帮助个人更好地管理和保护自己的信息。

3. 强化法律保护

加强相关法律法规的制定和执行，明确个人信息的权益和责任，对侵犯他人信息安全的行为进行追究和惩处，增强个人对信息安全的信心。

二、社会层面影响

（一）言论环境改善

媒介素养对社会言论环境的改善作用是显而易见的。

媒介素养可以帮助公众识别和辨别谣言和虚假信息。在当前信息爆炸的时代，谣言和虚假信息层出不穷，容易误导公众甚至引发社会恐慌。具备媒介素养的人可以通过分析消息来源、验证信息真实性等方法，过滤掉虚假信息，提高信息辨别能力，从而减少谣言传播的可能。

媒介素养可以增强公众对多样化观点的接受和理解能力。现代社会中，人们面临着来自各个渠道的信息，有时候这些信息可能存在偏见或个人立场。具备媒介素养的人会运用批判思维、比较分析等方法，理性地对待不同观点，并辨别其中的真实与否，从而形成更全面、客观的看法。这种理性判断的态度有助于建立良好的言论环境，推动公众之间的理性讨论和交流。

媒介素养可以培养公众的信息共享和合作意识。通过学习和掌握媒介素养，公众可以更好地使用媒介工具和平台，主动参与信息的生产、传播和应用。这种积极的参与和合作精神有助于形成一个开放、包容的信息环境，促进多方面的交流和协作，避免信息孤岛和意识形态的隔离。

（二）参与度提升

媒介素养对社会参与度的提升起到重要的推动作用。首先，媒介素养可以促使公众更加积极地参与公共事务。具备媒介素养的人可以通过各种渠道获取并分析相关信息，了解社会问题的背景、原因和影响，并形成自己的观点和判断。这种积极参与的态度可以推动公众更深入地关注和参与社会事务，发表自己的声音，对社会问题提出建设性意见和解决方案。

媒介素养可以促进社会的互动和交流。在信息时代，通过媒介工具和平台，人们可以快速、便捷地与他人进行交流和互动。具备媒介素养的人能够灵活运用各种媒介技术和工具，积极参与网络社交、线上讨论等活动，扩大社交圈子，结识更多志同道合的朋友，并且能够通过互动和交流来分享知识和经验，促进社会的共同进步。

媒介素养还可以提高公众对政府决策的理解和参与程度。通过媒介渠道，政府可以向公众传达决策的背景、目标和实施计划，接受公众的意见和建议。具备媒介素养的人可以深入了解政府的政策和措施，并通过媒介渠道表达自己的看法和要求，参与到政府决策的过程中，实现民主治理的基本要求。

（三）社会整体发展

媒介素养对社会整体发展起到积极的推动作用。

　　媒介素养可以推动科技进步，促进社会的智能化和数字化发展。随着科技的不断进步，媒介技术和应用也在不断更新和演进。具备媒介素养的人能够及时了解和掌握新的媒介技术和应用，灵活运用这些技术和应用，推动科技的创新和应用，促进社会的智能化和数字化发展。例如，媒介素养的提升可以使人们更加熟悉和善于使用智能设备和应用软件，提高信息获取的效率和质量，推动数字经济的发展、智慧城市的建设等。

　　媒介素养还可以促进社会的文化多样性和创意创新。具备媒介素养的人可以通过参与各种媒体活动和文化创作，推广本土文化和传统艺术，丰富社会的文化内涵。同时，媒介素养也能够激发个体的创意和创新能力，促进科技与文化的融合，为社会带来新的思维方式和发展动力。

　　值得注意的是，媒介素养的提升需要全社会共同参与和支持。政府应加大对媒介素养教育的投入与推广，提供相关培训和资源，推动全民媒介素养的普及。学校应将媒介素养纳入教育体系中，将其纳入课程设置，并注重培养学生的媒介批判思维和信息素养。此外，媒体机构也应加强自律，推动真实、客观、负责任的新闻报道和内容创作，引导公众正确使用媒介工具，提升媒介素养。

第九章　新闻传播创新与未来发展趋势展望

第一节　新闻传播创新的需求与动力

一、当今社会对新闻传播的需求

（一）社会对新闻传播的需求

社会对新闻传播的需求是多种多样的，一般来说，可以概括为五大方面，如图 9-1 所示：

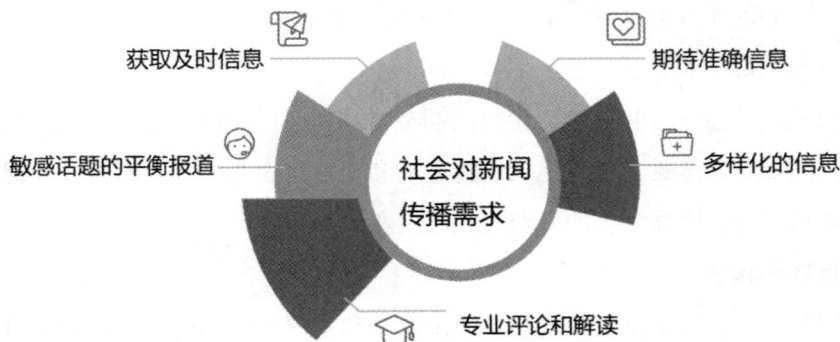

图9-1　社会对新闻传播的要求

1. 获取及时信息

随着科技的发展和互联网的普及，人们渴望第一时间了解到发生的重要事件、突发状况和社会动态。及时的新闻传播能够满足人们对信息获取的需求，帮助人们及时了解并应对变化。

2. 期待准确信息

人们对于新闻的信任建立在信息的准确性上，他们期待新闻媒体能够提供真实、客观、全面的报道，避免虚假信息和误导。准确的新闻传播有助于公众做出明智的决策，并维护社会稳定和公共利益。

3. 多样化的信息

人们希望获得不同领域、不同层面的新闻内容，包括政治、经济、社会、文化、科技等方面的信息。多样化的新闻传播能够满足人们对知识和信息的综合需求，促进个人的全面发展和社会的多元化。

4. 专业评论和解读

人们希望获得专业人士对事件的分析和观点，理解事件的背后原因和影响。专业评论和解读有助于提升公众的认知水平和思维能力，推动社会的智慧和进步。

5. 敏感话题的平衡报道

人们关心社会热点、争议话题和敏感问题，他们期待新闻媒体能够客观、公正、平衡地报道这些话题，展示多元的声音和观点。平衡报道能够促进社会对话和理解，避免信息的偏颇和极端化。

（二）社会对参与互动和表达意见的渠道的需求

1. 参与话题讨论

人们关注社会事件和议题，希望能够参与到新闻话题的讨论中，就相关话题发表自己的观点和意见，并与他人进行互动和交流。参与话题讨论有助于促进民众的思考和沟通，增强社会的凝聚力和民主意识。

2. 反馈和建议

人们希望能够向媒体反映问题、提出意见和建议，并期待媒体能够及时回应和改进。反馈和建议的渠道可以帮助媒体改善报道质量和服务水平，增强公众对媒体的参与感和认同感。

3. 举报不良行为

人们希望能够向媒体举报虚假信息、侵权行为、违法行为等不良行为，并期待媒体能够及时处理和惩处相关行为。举报渠道的设立有助于维护社会的公平正义和道德底线。

4. 提供专家意见和建议

人们希望媒体能够请专家对重要事件和话题进行解读和评价，提供专业的意见和建议。专家意见的提供能够丰富新闻报道的内容，提高公众的认知水平和决策能力。

二、技术发展对新闻传播的影响

（一）新技术对新闻传播的影响

新技术对新闻传播产生了深远的影响，其中移动互联网的普及是其中之一。移动互联网的普及使得人们能够更加便捷地获取新闻信息，具体影响表现在以下四个方面：

1. 实时性与便捷性

移动互联网的普及使得新闻报道可以随时发布和更新，不再依赖于传统的纸质媒体或固定的电视播放时间。人们可以通过手机、平板等移动设备随时随地获取新闻信息，使新闻传播具有更强的实时性和便捷性。

2. 多样化的内容形式

移动互联网不仅可以传递文字新闻，还可以结合音频、视频、图片等多种媒体形式进行内容呈现。这丰富了新闻的表达方式，使得新闻传播更具多样性和互动性，并能更好地满足不同受众的需求。

3. 个性化服务

移动互联网通过技术手段可以对用户的兴趣爱好、浏览习惯等进行分析和记录，从而为用户提供个性化的新闻推送和服务。用户可以根据自己的需求和偏好获取定制化的新闻内容，提高信息获取的效率和满意度。

4. 公众参与和互动

移动互联网为公众提供了更多参与和互动的机会。通过社交媒体、微博、微信等平台，人们可以即时发表评论、分享观点、参与讨论，与新闻事件相关的讨论围绕在社交媒体上展开。这种公众参与和互动的机制促进了信息的流动和传播，增强了公众参与意识和民主意识。

（二）人工智能在新闻领域的应用

人工智能在新闻领域的应用正在推动新闻传播的发展，其中包括自动化报道和内容推荐等方面的提升：

1. 自动化报道

人工智能技术可以帮助实现新闻报道的自动化。例如，自动化写稿系统可以根据已有的数据和结构化信息生成新闻报道，减轻记者的工作负担，提高报道效率。同时，自动化写稿系统还能够进行自然语言处理和语义分析，提升报道的质量和准确性。

2. 内容推荐

人工智能技术可以通过分析用户的兴趣爱好、浏览习惯等数据，为用户提供个性化的新闻推荐。通过机器学习算法和推荐系统，人工智能可以根据用户的喜好和需求，过滤和推荐相关的新闻内容，提高用户的浏览体验和参与度。

3. 智能搜索和过滤

人工智能技术可以帮助提升新闻搜索的准确性和效率。通过自然语言处理和信息检索技术，人工智能可以更好地理解用户的搜索意图，并提供相关的新闻结果。同时，人工智能还可以通过过滤算法和辨别机制，识别和排除虚假信息和低质量内容，提高新闻传播的可信度和质量。

4. 数据分析和挖掘

人工智能技术可以处理和分析大规模的新闻数据，进行数据挖掘和模式识别。新闻媒体通过人工智能的数据分析和挖掘，可以发现隐藏在海量新闻数据中的规律和趋势，了解用户的需求和兴趣，为新闻报道和传播提供更有针对性的策略和决策依据。

（三）大数据分析在新闻传播中的作用

大数据分析在新闻传播中起着重要的作用，通过对海量的新闻数据进行收集、整理和分析，可以帮助了解用户需求和趋势，具体作用如下：

1. 精准的用户画像

通过对用户行为数据的分析，新闻媒体可以构建精准的用户画像。用户画像包括用户的兴趣爱好、浏览习惯、阅读偏好等信息。用户画像有助于新闻媒体了解用户的背景特征和需求，从而提供更加符合用户喜好的新闻内容。

2. 新闻内容策划与管理

通过对新闻数据的分析，新闻媒体可以了解不同新闻内容的受众反应和影响。

通过分析数据，新闻媒体可以调整新闻报道的角度、形式和风格，提升报道质量和吸引力，满足用户需求。

3. 舆情分析与危机管理

大数据分析可以帮助新闻媒体进行舆情分析和危机管理。新闻媒体通过监测和分析社交媒体上的用户评论、转发和讨论，可以获得公众对新闻事件的态度和情感倾向。这有助于新闻媒体及时了解公众舆论动向，及时回应和处理突发事件，有效管理危机。

4. 趋势预测与创新

通过大数据分析，可以挖掘出潜在的趋势和模式，为新闻媒体提供创新的方向和策略。分析数据可以帮助新闻媒体发现新闻报道的热点话题、受众关注度等，有助于新闻媒体抓住时事热点，提供更具吸引力和价值的内容。

5. 广告精准投放

通过对用户数据的分析，可以对广告进行精准投放。新闻媒体了解用户喜好和需求，可以针对性地选择广告位和内容，提高广告效果，优化广告投放策略，提升广告营销的效果和效率。

6. 新闻业态创新

大数据分析可以为新闻业态的创新提供支持。通过对新闻数据的分析，新闻媒体可以发现用户的新需求和新趋势，从而推出符合市场需求的新闻产品和服务。例如，结合大数据分析和人工智能技术，可以开发出自动化新闻推送系统、智能化新闻编辑工具等，为新闻媒体带来更高效和创新的工作方式。

三、用户体验对新闻传播的期望

（一）用户对新闻传播方式的期望

在当今信息爆炸的时代，用户对新闻传播方式有着越来越高的期望。以下是用户对新闻传播方式的期望，包括个性化定制和自主选择的重要性：

1. 个性化定制

用户希望能够根据自己的兴趣和需要获取定制化的新闻内容。他们希望新闻媒体可以根据自己的浏览记录、搜索记录等个人数据，为他们推送符合他们兴趣的新闻内容。个性化定制可以提高用户的阅读体验，让用户更加满意并持续关注该媒体。

2. 自主选择

用户渴望能够自主选择感兴趣的新闻内容。他们希望能够自由决定想要了解的新闻类别和主题，而不是被其他因素强制推送。用户希望能够掌握新闻的主动权，通过自主选择的方式获取他们认为有价值的信息。

（二）用户对新闻传播形式的期望

除了对新闻传播方式的期望，用户也对新闻传播形式有着特定的期望。以下是用户对新闻传播形式的期望，包括多元化的内容呈现方式和跨平台融合的需求：

1. 多元化的内容呈现方式

用户希望能够通过多种形式获取新闻内容，如文字、图片、音频、视频、漫画等。不同的内容呈现方式能够满足不同用户对信息获取的需求，丰富用户的阅读体验，提高信息的吸引力。

2. 跨平台融合的需求

用户希望能够在不同的平台上获取新闻内容，并进行无缝切换和跨平台分享。他们希望新闻媒体能够在网站、手机应用、社交媒体等多个平台上提供一致的内容和用户体验，方便用户根据自己的需要选择合适的阅读方式。

（三）用户对新闻内容的期望

用户对新闻内容有着明确的期望，包括深度报道、客观性和可信度等方面的需求。以下是用户对新闻内容的期望：

1. 深度报道

用户希望能够获取更加深入和全面的报道，而不仅仅是表面的新闻报道。他们希望新闻媒体能够进行独立的调查和采访，提供详细的背景信息和多角度的观点，帮助他们更好地理解事件的本质和背后的原因。

2. 客观性

用户期望新闻报道能够客观中立，不带有个人或政治立场的偏见。他们希望新闻媒体能够公正地呈现事实，并避免进行主观评价和渲染。客观性是新闻报道的基本要求，也是用户对新闻内容的核心期望。

3. 可信度

用户希望能够获取可信度高的新闻内容，而不是虚假、不准确或带有误导性的信息。他们希望新闻媒体能够通过严格的编辑和审核流程，确保新闻报道的真实性和准确性。用户对新闻内容的可信度要求越来越高，因为他们渴望获取可靠的信息来做出判断和决策。

第二节　新媒体技术对新闻传播创新的影响

一、多样化媒体形式对新闻报道和传播方式的创新

（一）新媒体技术带来的多媒体表达方式

随着新媒体技术的不断发展，多媒体表达方式在新闻传播中得到了广泛应用。以下是三种常见的多媒体表达方式：

1. 音频

音频是一种通过声音传达信息的媒体形式。通过采访、访谈、解说等方式，在新闻报道中使用音频可以提供更加生动和真实的感受。例如，在新闻报道中可以使用音频片段来记录现场情况、采访专家观点或播放重要演讲的录音等。

2. 视频

视频是一种通过图像和声音同时传达信息的媒体形式。通过拍摄、剪辑和制作，新闻报道可以通过视频呈现丰富的视觉效果和详细的场景描绘，使读者能够更直观地了解事件发生的过程和现场的氛围。视频可以通过包括纪录片、新闻片段、采访等形式来呈现。

3. VR/AR

虚拟现实（VR）和增强现实（AR）技术可以提供沉浸式的体验，使用户可以身临其境地参与到新闻事件中。通过 VR 技术，用户可以穿戴头盔或使用 VR 设备，体验与现实世界非常接近的虚拟环境。AR 技术则可以将虚拟元素融合到真实场景中，使用户能够在现实世界中看到虚拟信息。这些技术可以用于新闻报道中，提供更具交互性和沉浸感的内容呈现。

（二）多样化媒体形式对新闻报道的影响

多样化媒体形式的应用对新闻报道产生了积极的影响，主要体现在以下几个方面：

1. 提供更生动的内容呈现

通过音频、视频和 VR/AR 等媒体形式，新闻报道可以提供更丰富、生动和直观的内容呈现方式。读者可以通过听到声音、观看视频或亲身体验虚拟现实来更好地理解事件的真实情况和细节，增加对新闻内容的感知度和参与度。

2. 创造更具沉浸感的体验

多样化媒体形式可以为读者提供沉浸式的体验。例如，通过视频可以展示事件的真实场景，使读者能够近距离观察和感受现场的情景。而通过 VR 技术，读者可以身临其境地参与到新闻事件中，感受事件所带来的身临其境的感觉。这种沉浸式的体验可以增加读者对新闻报道的关注度和信任度。

3. 促进信息传达的效果

多媒体表达方式通常比传统的文字报道更具有吸引力和影响力。音频、视频和 VR/AR 等形式可以通过视觉、听觉和互动元素来吸引读者的注意力，提高信息的吸引力和记忆效果。在新闻报道中使用多样化的媒体形式可以更好地传达信息，达到更广泛的传播效果。

（三）多样化媒体形式对新闻传播方式的创新

多样化媒体形式对新闻传播方式带来了创新，主要体现在以下三个方面：

1. 增加视听效果

传统的新闻报道主要依靠文字来传达信息，而多样化的媒体形式则通过视觉和听觉来增强信息的传达效果。音频、视频和 VR/AR 等形式可以用图像、声音、动画和互动等方式来丰富内容，提升用户阅读体验，并使信息更加具体、形象、有说服力。

2. 引入互动元素

多样化的媒体形式为用户提供了更多参与和互动的机会。例如，在音频和视频报道中，用户可以通过评论、点赞、分享等方式与新闻媒体进行互动。VR/AR 技术还可以让用户自主探索新闻事件的不同角度和细节，增加用户参与感和参与度。

3. 扩展传播平台

多样化的媒体形式可以在不同的传播平台上进行应用。传统的文字报道主要在报纸、杂志和新闻网站等平台上传播，而音频、视频和 VR/AR 等形式则可以在电台、电视、移动设备和社交媒体等平台上进行传播。这种跨平台传播的特性可以更好地满足用户的需求，拓展新闻内容的传播范围。

二、实时报道和互动对传媒行业的变革

（一）新媒体技术提供的实时传播能力

新媒体技术的发展为信息的实时传播提供了更多可能性，主要体现在以下几个方面：

1. 直播平台的兴起

直播平台的兴起源于互联网带宽的提升和移动设备的普及，它成为一种受欢迎的实时传播方式。通过直播平台，用户可以实时观看到各种场景，例如活动、演讲、赛事等，并且可以进行实时的互动和评论。直播的特点在于信息传递的即时性和真实性，读者能够第一时间获取最新的资讯。

互联网带宽的提升使得用户能够更加流畅地接收视频直播内容。过去，由于网络带宽限制，视频直播经常会出现卡顿、加载慢等问题，影响用户的观看体验。但是随着互联网技术的不断发展，网络带宽得到了大幅提升，用户现在可以更加流畅地观看高清的视频直播。这为直播平台的兴起提供了技术基础。

移动设备的普及也推动了直播平台的发展。随着智能手机的普及，人们可以随时随地通过手机观看直播内容，不再局限于电脑或电视等固定设备。这为用户提供了更大的灵活性和便利性，使得直播平台得以快速发展。

直播平台的出现也满足了用户对实时互动和评论的需求。以往的传统媒体报道是一种单向的信息传递，用户只能被动地接收信息，缺乏互动性。而直播平台通过实时互动和评论功能，让观众可以直接参与到内容创作和讨论中，与主播或其他观众进行交流。这种互动性使得观看直播更加丰富和有趣，也增强了用户的参与感和黏性。

直播平台的兴起还受益于社交媒体的发展。用户可以通过社交媒体平台分享自己喜欢的直播内容，扩大直播的影响力和传播范围。社交媒体平台也为直播内容的推广和营销提供了便利，让更多的用户能够了解和参与到直播活动中。

2. 实时更新的报道方式

新媒体技术的发展使得新闻报道的方式发生了巨大的变化，从传统的定期发布转变为实时更新。通过互联网、移动应用和社交媒体等平台，新闻媒体可以随时随地进行新闻内容的更新，让读者能够实时获知最新的新闻动态。这种实时更新的报道方式具有以下几个方面的优势。

实时更新的报道方式更好地满足了用户对信息的迫切需求。在传统的定期发布方式下，读者只能等待到固定的时间点才能获取新闻内容。而实时更新的报道方式可以让读者随时获知最新的新闻动态，不再受限于时间和空间的限制。无论是在地铁上、家里还是工作中，用户都能够通过手机或电脑随时随地获取新闻信息，满足了他们对及时性信息的需求。

实时更新的报道方式可以提供更全面和及时的新闻报道。通过实时更新，新闻媒体可以及时获取最新的资讯，并将其第一时间传递给读者。这样做不仅能够保证新闻报道的及时性，还能够提供更全面的报道内容。传统的定期发布方式可能会因为时间的限制而无法将所有重要的新闻报道出来，而实时更新的报道方式可以更加全面地呈现新闻动态，让读者获得更多的信息。

实时更新的报道方式还可以提高新闻媒体的竞争力。在信息爆炸的时代，读者对于新闻内容的需求越来越高，他们希望能够第一时间获取到最新的资讯。如果一个新闻媒体无法及时提供实时更新的报道，读者可能会转向其他能够满足他们需求的媒体。因此，实时更新的报道方式成为新闻媒体提高竞争力的关键之一，可以吸引更多的读者并增加用户忠诚度。

实时更新的报道方式还可以促进读者与新闻媒体之间的互动和参与。通过互联网、移动应用和社交媒体等平台，读者可以直接评论和分享新闻内容，与其他读者进行交流和讨论。这种互动和参与不仅能够增加读者的参与感，还可以为新闻媒体提供宝贵的反馈和意见，帮助他们改进报道质量。同时，读者的参与也可以扩大新闻报道的影响力，让更多的人了解和关注重要的新闻事件。

（二）新媒体技术的互动机制

新媒体技术的互动机制为用户参与新闻传播提供了更多的途径和方式，主要体现在以下三个方面：

1. 社交媒体互动

社交媒体平台如微博、微信、Facebook 等成为用户参与新闻传播的重要渠道。用户可以通过社交媒体分享新闻内容、评论和转发，与其他用户进行讨论和互动。这种互动机制使用户之间能够实时交流观点和意见，形成舆论的扩散和影响。

2. 即时评论

新媒体平台提供了即时评论功能，读者可以在阅读新闻内容时进行实时的评论和回复。这样的互动机制使得读者有机会表达自己的观点和看法，并与其他读者进行讨论和交流。即时评论不仅增加了用户参与感，也为新闻媒体提供了宝贵的反馈和意见。

3. 个性化推送和反馈

新媒体技术可以通过用户的浏览历史、兴趣标签等信息进行个性化推送。这种个性化推送机制能够根据用户的需求和兴趣提供相关的新闻内容，增加用户对新闻的关注度和参与度。同时，用户还可以通过点赞、收藏、分享等方式对新闻内容进行反馈和互动。

（三）实时报道和互动对传媒行业的变革

实时报道和互动的兴起对传媒行业带来了深刻的变革，主要体现在以下三个方面：

1. 新闻行业中传统媒体与新媒体的融合

随着新媒体技术的快速发展，传统媒体不得不与之融合，以适应读者对实时信息和互动参与的需求。传统媒体通过建设自己的网站、移动应用等平台，实现实时更新和互动功能，并与社交媒体进行合作，加强信息传播和用户参与。

建设自身新媒体平台：传统媒体机构开始积极建设自己的网站、移动应用等新媒体平台，通过这些平台向读者提供实时更新的新闻内容。这种融合使得传统媒体能够更好地满足读者对即时信息的需求，同时也扩大了传统媒体的读者群体。

实现互动功能：为了增加读者的参与感和互动性，传统媒体在新媒体平台上引入了评论、点赞、分享等功能。读者可以通过这些功能与稿件作者和其他读者进行互动，表达自己的观点和看法。这种互动机制使得新闻阅读变得更加有趣，提升了读者的参与性，也增加了新闻内容的传播范围。

合作社交媒体：传统媒体通过与社交媒体进行合作，将新闻内容推送到社交媒体平台上，增加信息传播的渠道和范围。例如，在新闻报道中引用社交媒体上的观点和评论，或者通过社交媒体上的账号和页面进行实时报道和互动。这种合作使得传统媒体能够更好地融入社交媒体生态圈，与读者进行更直接、更广泛的互动。

2. 传播渠道的多样化

新媒体技术的发展拓宽了新闻传播的渠道和方式，不再局限于传统的报纸、广播和电视。新闻内容可以通过互联网、移动应用、社交媒体等渠道传播给更广泛的受众，这种多样化的传播渠道使得新闻信息能够更快速、更全面地传递给读者。

互联网传播：互联网的普及和快速发展使得新闻内容可以以更快的速度传播，并且不受空间和时间的限制。通过互联网，读者可以随时随地获取新闻内容，无论是在电脑、手机还是其他移动设备上。

移动应用传播：随着智能手机的普及，移动应用成为人们获取新闻的重要渠道。传统媒体可以通过自己的移动应用向用户提供实时更新和个性化推荐的新闻内容，满足他们对即时信息的需求。

社交媒体传播：社交媒体平台如微信、微博、Facebook 等也成为新闻传播的重要渠道。通过社交媒体，人们可以通过分享、转发和评论等方式将新闻内容传播给自己的社交圈子，扩大信息的传播范围。

3. 用户需求的变化

实时报道和互动机制使得用户对新闻的需求发生了变化。读者对新闻的迫切性和即时性要求越来越高，同时也希望能够与新闻内容进行互动和参与。传媒行业需要根据用户的需求不断创新，提供更具吸引力、交互性和个性化的新闻产品和服务，见表 9-1 所列：

表 9-1　用户需求变化分析

需求变化	用户需求变化解析
实时报道	读者对于重大事件和热点话题的关注度很高,他们希望能够第一时间获取到最新的报道和消息。传媒行业需要加强实时报道的能力,通过新媒体技术实现快速更新和发布,并及时推送给读者
互动参与	读者希望能够与新闻内容进行互动和参与,表达自己的观点和看法。传媒行业可以在新闻平台上加入评论、点赞、分享等功能,鼓励读者参与讨论和交流
个性化推荐	随着大数据分析的发展,传媒行业可以根据用户的浏览历史、兴趣爱好等信息,向其推荐个性化的新闻内容。这种个性化推荐能够准确满足读者的需求,提高阅读体验和满意度
多样化内容	传媒行业需要根据用户的兴趣和需求,提供多样化的新闻内容。除了政治、经济等热点新闻,还可以关注文化、娱乐、科技等领域,满足不同读者的需求

三、数据驱动的新闻传播

(一)大数据分析在新闻传播中的应用

随着信息时代的到来,新闻行业面临着前所未有的挑战和机遇。大数据分析技术的快速发展为新闻资讯的挖掘与分析提供了全新的方式和工具。下面将详细介绍大数据分析在新闻行业中的四个主要应用领域。

1. 新闻资讯的挖掘与分析

通过大数据分析技术,可以对各类新闻资讯进行挖掘与分析。利用数据挖掘方法,可以从海量的新闻信息中发现并抽取出关键主题、热点事件、重要人物等,并进行相关性分析和时序分析,帮助新闻编辑和记者快速获取和整理资讯。例如,通过对多个新闻源的文本数据进行分析,可以发现不同媒体对同一事件的报道角度和侧重点,以及不同文章之间的引用关系和相似性,为用户提供更全面和客观的视角。

2. 用户兴趣和需求的分析

大数据分析可以对用户的浏览历史、点击行为、社交媒体互动等数据进行分析,了解用户的兴趣和需求。通过对用户数据的挖掘和分析,可以精准把握用户的喜好和关注点,为用户提供个性化的新闻推送。例如,通过分析用户的搜索记录和阅读偏好,可以将相关的新闻内容推荐给用户,提高用户的阅读体验和满意度。

3. 数据驱动的编辑决策

大数据分析可以为新闻编辑提供决策支持。具体如图 9-2 所示：

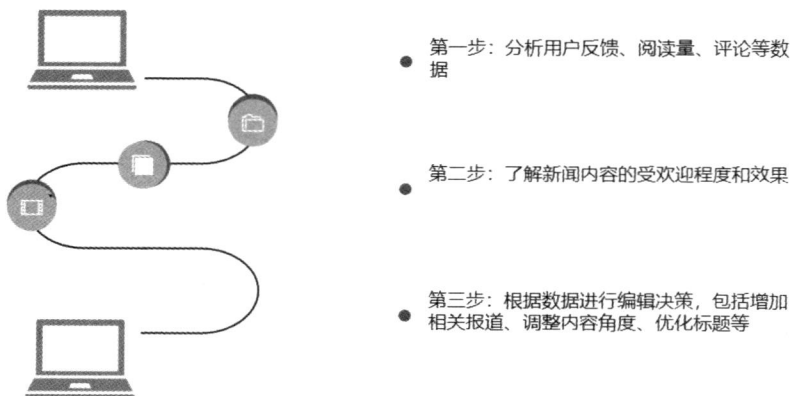

- 第一步：分析用户反馈、阅读量、评论等数据
- 第二步：了解新闻内容的受欢迎程度和效果
- 第三步：根据数据进行编辑决策，包括增加相关报道、调整内容角度、优化标题等

图9-2　数据驱动的编辑决策

同时，大数据分析还可以帮助编辑和记者发现潜在的热点话题、未来趋势和受众需求，从而更好地进行新闻选题和报道策划。

4. 舆论分析和事件预测

通过对社交媒体、论坛、微博等平台的舆情数据进行分析，可以了解公众对某一事件或话题的关注和态度。同时，通过数据模型和算法，还可以预测可能发生的事件和动态，为新闻传播提供参考和方向。例如，通过分析社交媒体上的用户言论和情感倾向，可以及时了解公众对某一事件的反应，从而指导新闻机构的舆论引导策略和报道角度。

（二）人工智能技术对新闻传播的影响

人工智能技术在移动新闻传播中的应用是多方面的，从个性化推荐、智能编辑、虚拟主播和机器人记者到网络舆情监测等方面都能够带来许多优势和创新：

1. 个性化推荐

人工智能技术可以通过对用户行为和兴趣的学习，实现个性化的新闻推荐。通过推荐算法，可以根据用户的浏览历史、点击行为、偏好标签等信息，为用户提供与其兴趣相关的新闻内容，提升用户体验和满意度。个性化推荐可以让用户更容易找到感兴趣的内容，增加其对新闻应用的使用频率和时长。

2. 智能编辑

人工智能技术可以辅助新闻编辑工作，提高编辑效率和质量。例如，自动化写作技术可以根据大数据分析结果生成新闻报道，节省编辑时间；智能摘要技术可以自动提取新闻报道的核心内容，方便用户快速了解；智能语音识别和文字转换技术可以帮助新闻记者进行实时报道和转录。这些技术的应用可以使新闻报道更加准确、高效，并提升媒体的竞争力。

3. 虚拟主播和机器人记者

人工智能技术可以用于创建虚拟主播和机器人记者。通过自然语言处理和语音合成技术，可以开发出具备人类语言表达能力的虚拟主播和机器人记者，实现新闻信息的自动化生成和播报。虚拟主播和机器人记者可以在 24 小时不间断工作，减少人力成本，同时可以根据用户需求和反馈进行及时调整，提供更广泛、实时的新闻报道和服务。

4. 网络舆情监测

人工智能技术可以帮助新闻媒体进行网络舆情监测和分析。通过文本情感分析、主题挖掘和关系分析等技术，可以迅速了解公众对某一事件或话题的态度和情感倾向，为新闻传播提供参考和指导。新闻媒体可以通过对网络舆情的监测和分析，及时掌握社会热点和关注焦点，并调整相关报道策略，提升新闻传播的针对性和影响力。

（三）数据驱动的新闻传播对个性化需求和内容定制的重要性

数据驱动的新闻传播强调以数据为基础，深入了解用户的需求和兴趣，根据用户的个性化需求进行内容定制和推送。个性化需求和内容定制在新闻传播中的重要性体现在以下四个方面：

1. 提升用户体验

个性化需求和内容定制能够满足用户对差异化和个性化服务的需求，提高用户的体验和满意度。通过分析用户的兴趣和偏好，系统可以向用户推荐他们可能感兴趣的新闻内容。这种个性化的推送可以节省用户花费在检索和筛选信息上的时间，让用户能够更快速地获取到符合自己需求的内容，提供更有价值和吸引力的新闻资讯。

2. 增加用户参与度

个性化推送能够增加用户对新闻的关注度和参与度。当用户发现自己感兴趣的内容时，会更有动力主动参与讨论、转发和评论，进而促进新闻内容的传播和影响力的扩大。用户参与的活跃程度直接影响到新闻的传播效果，个性化推送可以更好地激发用户的参与欲望，使用户更加愿意分享、转发和推荐新闻内容，从而增加新闻的传播范围和社交影响。

3. 提高内容传播效果

通过个性化需求和内容定制，新闻传播可以更准确地将相关内容传递给感兴趣的用户。通过分析用户的浏览历史、点击行为和兴趣标签等数据，系统可以为用户量身定制推荐内容。当用户接收到与自己需求高度匹配的内容时，会更容易对该内容产生共鸣，从而更有可能进行转发和分享。这种精准的内容传递可以扩大新闻的传播范围和影响力，提高用户的参与度和内容的可见性。

4. 优化商业模式

数据驱动的新闻传播可以通过深入了解用户的需求和行为，为广告商提供更精准的营销目标和渠道选择。通过分析用户的兴趣偏好和行为习惯，系统可以将广告展示给特定用户群体，并在推送中嵌入个性化广告。由于广告的针对性更强，用户更有可能对广告感兴趣并进行点击，从而提高广告效果和投资回报率。个性化推送还可以为新闻机构创造更多商业机会，如提供定制化付费内容、开展个性化的用户调研等，实现收入多元化和商业模式的创新。

第三节　新闻传播的未来发展趋势与展望

一、移动化对新闻传播的影响

（一）移动互联网的普及和快速发展对新闻传播的影响

随着移动互联网的普及和快速发展，新闻传播方式发生了深刻变化，具体表现在以下四个方面：

1. 移动应用的发展

移动应用成为人们获取新闻资讯的主要工具之一。各大新闻机构和媒体纷纷推出移动应用，用户可以通过手机随时随地浏览新闻内容，包括文字、图片、视频等。移动应用提供了更加便捷和个性化的新闻阅读体验，也推动了新闻传播的全面移动化。

2. 移动支付的普及

随着移动支付技术的发展，用户可以通过手机进行快速、便捷的支付操作。在新闻传播中，移动支付为付费内容和会员服务提供了便利，用户可以通过手机实现资讯订阅、付费阅读等操作，推动了新闻产业的转型升级。

3. 移动阅读的兴起

移动设备的普及使得移动阅读成为新的阅读方式。用户可以通过手机或平板电脑阅读电子书、新闻资讯等内容。移动阅读提供了更加灵活和便捷的阅读方式，用户可以根据自己的时间和地点随时获取所需的信息。

4. 社交媒体的影响

移动互联网的快速发展推动了社交媒体的普及，如微博、微信等平台成为人们获取新闻资讯和进行信息传播的重要渠道。通过社交媒体，用户可以迅速分享、转发和评论新闻内容，推动信息的快速传播和社会舆论的形成。

（二）移动化带来的新闻消费习惯的变化

移动设备的普及和移动化新闻消费习惯的形成，为用户提供了随时随地获取信息的便利性。通过手机等移动设备，用户可以随时打开新闻应用或网站，浏览最新的新闻资讯。与传统媒体相比，移动设备具有以下四方面的便利性：

1. 随时随地获取信息的便利性

移动设备的普及使得用户可以随时随地通过手机获取新闻信息。无论是在公交车上、办公室里还是卧室中，用户都可以通过移动应用、移动网站等渠道阅读新闻并获取实时资讯，大大提高了信息获取的便利性。

2. 多元化的新闻阅读方式

移动设备不仅支持文字新闻阅读，还能够播放图片、视频等多媒体内容。用户可以通过观看新闻视频、浏览新闻图片等方式获取更加直观和生动的新闻信息。此外，移动设备还支持多任务操作，用户可以同时进行多个新闻阅读和浏览，满足多样化的信息需求。

3. 个性化定制的需求

移动化的新闻消费习惯强调个性化定制的需求。通过移动应用和个人设置，用户可以根据自己的兴趣和偏好订阅特定主题的新闻内容，得到更加符合个人需求的推送和推荐。个性化定制的需求也促进了新闻传播向更加精细化和差异化的方向发展。

4. 快速互动和社交分享

随着社交媒体的普及，移动设备成为用户快速互动和社交分享的平台。通过在社交媒体上转发、评论和点赞新闻内容，用户可以参与到新闻传播中并表达自己的观点和意见。这种互动和分享方式使得新闻传播更加广泛和迅速，同时也增加了用户参与新闻事件的积极性。

（三）移动化对新闻报道和传播方式的改变

随着移动设备的普及和移动互联网的发展，新闻传播领域也出现了一系列新的趋势和变革。移动化对新闻报道和传播方式带来了诸多创新和变革，具体体现在以下四个方面：

1. 视频短讯的兴起

视频短信优势分析见表9-2所示：

表 9-2　视频短信优势分析

视频短信优势	视频短信优势具体分析
实时传输与发布	记者可以通过手机拍摄现场视频,通过移动互联网实时传输和发布。这种方式可以更加直观地展示事件现场,提供更加真实和生动的新闻报道
视频与文字结合	视频短信可以配以文字说明,帮助用户更好地理解和解读报道内容。文字可以提供补充信息、专业解读、背景知识等,使得用户获得更全面和深入的信息
提升用户体验	视频短信可以通过图像、声音等多种感官方式呈现,提升了用户的体验感。用户可以更直观地感受到新闻事件,增加了对新闻报道的吸引力和参与度

移动设备的相机和视频录制功能使得视频短信成为新的新闻报道形式。

2. 推送通知的个性化

移动应用可以向用户推送个性化的新闻通知,根据用户的兴趣和偏好提供相关的新闻内容。

提供定制化服务:通过分析用户的阅读历史、点击行为、搜索关键词等信息,移动应用可以了解用户的兴趣和偏好,从而向用户推送相关的新闻通知。这种个性化的服务可以帮助用户节省时间和精力,获得自己感兴趣的新闻内容。

增加用户参与度:个性化推送通知可以更好地满足用户的需求,增加用户对新闻的关注和参与度。用户会更愿意打开移动应用获取新闻信息,提高了用户的活跃度和黏性。

优化商业模式:通过个性化推送,媒体机构可以更准确地了解用户的兴趣,提供更有针对性的广告和推广的机会,优化商业模式和广告效果。

3. 互动性增强

移动设备的触摸屏和传感器技术使得用户可以直接与新闻内容进行互动。

滑动、点击、放大缩小等操作:用户可以在手机屏幕上进行滑动、点击、放大缩小等操作,与新闻内容进行互动。例如,在图片新闻中可以通过滑动手势切换图片,或点击跳转到相关报道。

评论和分享功能:移动应用可以提供评论和分享功能,用户可以直接在应用中对新闻进行评论和分享给朋友,增加了用户与新闻内容的互动性。

语音和手势识别技术:随着语音和手势识别技术的发展,用户可以通过语音命令和手势操作来获取新闻内容,提高了用户体验和互动的便捷性。

4.实时报道的强调

移动互联网的快速传输速度使得新闻机构更加注重实时报道。

实时采集和上传：记者可以通过移动设备实时采集新闻资讯，并通过移动应用实时上传和发布。这样可以更快地将新闻信息传递给用户，满足用户对实时性新闻的需求。

即时更新和互动：移动应用可以实时更新新闻内容，报道进展和相关信息。用户可以随时查看最新报道，并通过评论、分享等方式与媒体进行互动。

提高新闻传播效率：实时报道可以缩短信息传播的时间，提高新闻传播的效率。用户可以第一时间获取到最新的新闻信息，新闻机构也可以更加及时地反馈和回应用户的需求。

二、多平台融合的新趋势

（一）不同媒体平台之间的融合与整合

随着科技的不断发展，传统媒体和新媒体之间的融合已经成为媒体行业的趋势。具体表现在以下三个方面：

1.传统媒体与新媒体的结合

传统媒体开始积极拓展新媒体渠道，通过建设自己的网站、移动应用等方式与新媒体进行结合。同时，新媒体也借鉴传统媒体的优势，例如电视节目可以通过网络直播或点播的方式在新媒体平台上呈现，报纸可以通过移动应用提供在线阅读等服务。媒体融合优势如表9-3所示：

表9-3　媒体融合优势分析

媒体融合优势	媒体融合优势具体分析
多渠道传播	传统媒体通过与新媒体的结合，可以实现多渠道的新闻内容传播。无论是通过传统渠道还是通过新媒体渠道，传统媒体都能够更全面、快速地传递信息，满足受众的需求
优势互补	传统媒体和新媒体在资源和技术方面具有不同的优势，通过结合利用可以实现优势互补。传统媒体可以借助新媒体的技术手段拓展传播范围和方式，而新媒体则可以借鉴传统媒体的专业报道和深度分析
拓展受众群体	通过与新媒体的结合，传统媒体可以拓展受众群体，吸引更多年轻人和移动互联网用户。同时，新媒体也可以借助传统媒体的知名品牌和信誉，增加用户的黏度和忠诚度

2. 跨平台内容传播

媒体机构越来越重视跨平台内容传播，将新闻内容在不同媒体平台上进行发布和传播。比如，在报纸上发布一篇新闻报道后，可以通过电视和广播节目进一步深化报道内容，在新媒体平台上进行实时更新和互动。这样的跨平台内容传播能够更好地满足受众的需求，提供多样化的信息呈现方式。

完善新闻内容：通过跨平台内容传播，媒体机构可以更全面、立体地呈现新闻内容。不同媒体平台的特点和优势可以被充分利用，从而提供更多样化、多维度的新闻报道。

深入报道和解读：跨平台内容传播能够帮助媒体机构深入报道和解读新闻事件。通过在不同平台上发布不同形式的报道，可以更全面地呈现新闻事件的各个方面，提供更多角度和深度的分析和解读。

提升用户体验：跨平台内容传播可以让受众在不同媒体平台上获取到所需的信息。无论是通过电视、广播、报纸还是网络、移动应用，受众都可以方便地获取自己感兴趣的新闻内容，提升了用户的体验和满意度。

3. 社交媒体的整合

社交媒体在新闻传播中起到了重要作用。传统媒体和新媒体通过整合社交媒体平台，与用户进行互动和交流。例如，在新闻报道中引入社交媒体的评论和分享功能，鼓励用户参与讨论和传播。这种融合能够更好地与受众进行连接，增加新闻传播的影响力和互动性。

实时互动：通过整合社交媒体平台，传统媒体和新媒体可以与用户进行实时互动。用户可以通过评论、点赞等方式参与新闻报道，表达自己的观点和意见，增加了新闻传播的互动性和参与感。

扩大传播范围：社交媒体的分享功能可以帮助新闻内容快速传播。用户可以通过社交媒体平台将自己关注的新闻内容分享给朋友和关注者，形成信息传播的链条，扩大新闻的影响力和曝光度。

提高互动效果：社交媒体整合的方式可以让用户更方便地参与到新闻报道中，并与其他用户进行交流和互动。这样的互动方式可以提高新闻传播的参与度和吸引力，增强了用户对新闻内容的关注和参与意愿。

（二）多平台融合对新闻传播的影响

多平台融合对新闻传播产生了深远的影响，主要表现在以下四个方面：

1. 内容覆盖范围的增强

多平台融合使得新闻内容可以在不同的媒体平台上进行发布和传播，从而拓宽了新闻的覆盖范围。不再局限于传统媒体的限制，新闻可以通过移动应用、网站、电视、广播、社交媒体等多种渠道传播，使得更多的受众可以获取到相关信息。

2. 受众群体的拓宽

多平台融合使得新闻传播的受众群体得以拓宽。传统媒体和新媒体各有其独特的受众群体，通过整合不同媒体平台，可以更好地覆盖不同类型和兴趣的受众。同时，社交媒体的整合也能够吸引更多年轻人和互联网用户参与新闻传播。

3. 互动性的增强

多平台融合加强了新闻传播的互动性。通过整合社交媒体平台，受众可以直接参与到新闻报道中，通过评论、点赞、转发等方式表达自己的观点和意见。这种互动性增强了新闻传播的参与度和用户黏性，也促进了新闻机构与受众之间的互动交流。

4. 可视化和多媒体的呈现方式

多平台融合推动了新闻内容以可视化和多媒体的方式进行呈现。传统媒体和新媒体结合后，可以通过视频、图片、音频等方式更加直观地展示新闻事件和故事，提供丰富的视听体验。这种多媒体的呈现方式能够更好地吸引受众注意力，增加新闻内容的吸引力和影响力。

（三）多平台融合对新闻媒体经营模式和商业机会的影响

多平台融合不仅影响了新闻传播方式，也对新闻媒体的经营模式和商业机会产生了影响：

1. 广告投放的多样化

多平台融合使得广告投放更加多样化。传统媒体和新媒体的整合，以及社交媒体的参与，为广告商提供了更多的选择和渠道。广告可以在报纸、电视、网络、移动应用等不同的媒体平台上进行投放，增加了广告商的曝光和传播效果。

2. 变现方式的多样化

多平台融合提供了多种变现方式。除了传统的广告收入外，新媒体平台还可以通过付费会员、精品内容销售、品牌合作等方式获取收入。媒体机构可以利用多平台融合的优势，开展多元化的商业模式，提高经济收益。

3. 数据分析和精准投放

为了更好地进行精准投放和商业运营，媒体机构可以利用多平台融合带来的数据分析能力。通过收集和分析用户在不同媒体平台上的行为数据，媒体机构可以了解受众的兴趣偏好、消费习惯等信息，从而更准确地进行广告投放和内容推荐。这种数据驱动的商业模式可以提高广告主的投放效果，同时也能够给受众提供更加个性化和符合需求的内容。

除了广告投放和变现方式的多样化，多平台融合还为新闻媒体带来了其他的商业机会。例如，媒体机构可以与电商平台合作，通过直播、推销等方式提供商品或服务，实现流量变现。也可以开展线下活动和品牌合作等，为媒体机构带来更多的商业合作机会和收入来源。

三、真实可信的新闻传播

近年来，随着信息技术的快速发展和网络媒体的兴起，新闻传播的形式和方式发生了翻天覆地的变化。然而，虚假新闻、谣言传播等问题也随之而来，给新闻可信度带来了巨大的挑战。建立真实可信的新闻传播机制是保障公众知情权、维护社会稳定和谐的重要任务。

（一）提升新闻来源的可靠性是确保新闻真实可信的基础

新闻来源的可靠性是确保新闻真实可信的基础，对于新闻机构来说，建立完善的信息采编体系至关重要。以下是一些措施可以帮助提升新闻来源的可靠性：

1. 与权威机构合作

新闻机构可以建立与各类权威机构的合作渠道，包括政府部门、行业协会、学术研究机构等。通过与这些机构建立合作关系，新闻机构可以获取到更加可靠的信息源，从而确保新闻报道的准确性和可信度。

2. 进行深度调研和采访

新闻机构应该投入足够的时间和资源，进行深度调研和采访工作。这样可以获得更加全面、准确的信息，避免基于表面现象或者片面消息做出不准确的报道。同时，深度调研和采访也能够帮助记者对问题有更深入的理解，提高报道的质量和客观性。

3. 加强与专业组织的合作

新闻机构可以与相关的专业组织建立合作关系，共同提升新闻报道的专业性和可信度。例如，针对某一特定行业的报道，可以与该行业的专业协会合作，邀请专家学者进行评审和指导，确保报道内容的准确性和权威性。

4. 加强记者团队的培养

新闻机构应该注重对记者的培训和教育，提高他们的专业素质和道德操守。记者是新闻报道的第一线，在新闻采访和报道过程中扮演着重要角色。他们需要具备扎实的行业知识和专业技能，同时要有独立思考和判断的能力，避免受到外界干扰和压力影响报道的客观性和真实性。

（二）加强事实核查和平衡报道是确保新闻可信度的重要手段

加强事实核查和平衡报道是确保新闻可信度的重要手段,对于新闻机构来说,以下措施可以帮助实现这一目标：

1. 建立专门的事实核查部门或机构

新闻机构可以设立专门的事实核查团队，负责对新闻稿件中的信息进行核实和证据收集。这个团队可以通过搜集相关资料、采访各方当事人、查阅相关文献等方式，对报道中的事实进行核实，并及时纠正不准确的信息。事实核查部门或机构的存在可以提高新闻报道的准确性和可信度，避免不实信息的传播。

2. 加强与权威专家和学者的合作

新闻机构可以与各领域的权威专家和学者建立合作关系，借助他们的专业知识和经验，对新闻报道中的重要信息进行求证和验证。专家和学者可以充当事实核查的重要参考依据，通过他们的专业意见和观点，可以进一步确认报道的准确性和可信度。

3. 平衡报道也是提升新闻可信度的重要举措

媒体机构应该公正客观地报道各方观点，避免偏颇和片面的报道。在报道中应该尊重事实，坚持多元观点，避免主观臆断和个人意见的介入。平衡报道可以帮助读者获得更加全面、准确、真实的信息，提升新闻报道的可信度。

除了以上措施，新闻机构还可以加强内部的审查和监督机制，对新闻报道进行严格的审核和评估。内部审查和监督可以帮助发现和纠正新闻报道中的问题，保证报道的准确性和可信度。

（三）倡导媒体自律与职业道德是确保新闻可信度的基础

倡导媒体自律与职业道德是确保新闻可信度的基础，以下是一些具体的举措可以帮助实现这一目标：

1. 加强内部管理和自律机制的建设

媒体机构应该建立规范的内部管理制度，包括明确的岗位责任、工作流程和行为准则等。通过建立完善的内部审查和监督机制，对记者的行为进行制止和纠正，防止扭曲事实、夸大报道、操纵信息等违背职业原则的行为发生。

2. 加大对记者队伍的培训和教育力度

新闻机构应该为记者提供专业的培训课程，包括新闻伦理和职业道德方面的知识和技能。通过培训，加强记者的职业素养和道德修养，使他们更加注重公正客观、真实准确的原则，在采访报道中遵循职业道德和伦理标准。

3. 建立明确的新闻伦理准则

媒体机构应该制定并公布明确的新闻伦理准则，对记者的行为进行约束和规范。这些准则应该包括公正客观原则、真实准确原则、尊重隐私权和著作权原则等。记者在采访报道过程中应该遵循这些准则，杜绝虚假报道和不当行为的发生。

4. 媒体机构还应该加强与读者的互动和反馈

通过建立意见反馈渠道，媒体机构可以倾听公众的意见和建议，及时了解读者对于新闻报道的看法和需求。根据读者的反馈，媒体机构可以进行改进和调整，提高新闻报道的可信度和质量。

四、用户参与的发展前景

(一)用户在新闻传播中的角色和权力的增强

1. 用户生成内容为新闻传播提供的更多可能

互联网和社交媒体的兴起使得用户可以通过各种平台和工具产生自己的新闻内容。例如，博客、微博、视频平台等，用户可以发布自己的观点、经验和见解。这种用户生成内容的形式丰富多样，对于新闻传播提供了更多元化的来源和视角。

表 9-4　用户生成内容带来的更多可能举例

多元化的观点
用户生成内容使得新闻报道不再局限于传统媒体的观点，用户可以根据自身的经验和思考发表自己的看法和评论，从而提供了更加多元化的观点
反映公众关注
用户生成内容能够直接反映公众的关注点和需求。用户可以通过自己发布的内容表达对某些事件或议题的关注，从而引起新闻机构的注意和回应
专业领域的贡献
一些用户拥有特定领域的专业知识和经验，他们可以通过用户生成内容的形式贡献自己的专业知识，分享行业动态和见解，为新闻报道提供更加权威和深入的信息

2. 社交媒体分享为新闻传播提供的更多可能

用户可以通过社交媒体平台分享新闻内容，将自己感兴趣的新闻传递给自己的社交圈，形成信息传播的链条。这种分享行为可以迅速传播信息，扩大新闻的影响力和曝光度。

迅速传播。通过社交媒体的分享功能，用户可以将自己关注的新闻及时传播给自己的朋友和关注者，帮助新闻内容快速蔓延。

提高曝光度。社交媒体的分享行为可以让更多的人看到和了解新闻内容，从而提高新闻的曝光度和传播效果。

形成信息链条。社交媒体的分享行为可以形成信息传播的链条，一个人分享给另一个人，再由另一个人分享给更多人，从而实现信息的快速传播和扩散。

3. 用户参与新闻报道为新闻传播提供的更多可能

在一些特定事件中，用户可以通过提供信息、照片、视频等参与到新闻报道中。这种参与可以使新闻报道更加全面、真实，并且能够提供现场的细节和见证，增强新闻报道的权威性和可信度。

提供新的视角。通过用户参与新闻报道，可以获得更多的观点和见解。用户可以提供亲身经历和目击者的视角，为新闻报道提供更全面、真实的信息。

增加新闻的真实性。用户参与新闻报道能够提供现场的细节和见证，使得新闻报道更加真实可信。例如，在突发事件中，用户可以通过上传视频或照片来展示现场情况，为新闻报道提供直观和可靠的证据。

加强公众参与感。用户参与新闻报道能够增强公众的参与感。公众不再只是被动地接受新闻报道，而是可以积极参与其中，提供信息和意见，从而加深对新闻报道的关注和理解。

（二）用户参与对新闻报道和传播的影响

用户参与对新闻报道和传播的影响主要体现在以下四个方面：

1. 丰富了新闻内容

用户生成的内容和分享的信息可以为新闻报道提供更多元化的视角和观点。用户所关注的事件和话题可能与传统媒体的报道重点不同，通过用户参与，可以获得更为全面和多元的新闻内容。用户参与还可以帮助发现一些被忽略的重要信息和故事，从而丰富了新闻报道的内容。

2. 提高了信息可靠性

用户参与可以帮助媒体发现和纠正新闻报道中的错误和偏见。用户作为新闻报道的监督者和批评者，能够更好地发现和指正新闻报道中的问题，从而提高新闻报道的准确性和可靠性。用户参与还可以为媒体带来多样化的观点和意见，避免了单一视角和偏见的存在，使得新闻报道更加客观和全面。

3. 增强了新闻传播的互动性

用户参与使得新闻传播变得更加互动和立体化。用户可以通过评论、点赞、转发等方式与新闻作者和其他用户进行交流和互动,形成热烈的讨论和辩论氛围。这种互动性不仅可以提升用户的参与感和黏性，也可以为新闻传播带来更多的关注和关注度，从而增强了新闻的影响力和传播效果。

4. 扩大了新闻报道的受众群体

用户参与使得新闻报道能够更好地触达和吸引不同的受众群体。通过用户生成的内容和分享的信息，新闻报道可以更好地满足受众的个性化需求，提供更加有针对性的新闻服务。用户参与还可以帮助新闻机构扩大社交化传播的范围，通过用户的转发和分享，将新闻报道传播到更广泛的受众群体中去。

（三）开放式平台和形式多样化的用户参与

1. 听众互动

听众互动是一种通过实时直播、线上访谈等方式与听众进行交流和互动的形式。新闻机构可以通过设置电话、微信、社交媒体等渠道，为听众提供提问和回答问题的机会，从而增加与听众的互动性。这种听众互动的发展有以下三种优势和前景：

提高参与感。通过听众互动，听众可以积极参与到新闻报道和讨论中，表达自己的观点和意见。他们可以提出问题、分享经验和观点，与新闻机构和其他听众进行交流和互动，从而增强了自身的参与感和参与意愿。

增强信任度。听众互动使得新闻报道变得更加透明和亲近。听众可以直接与新闻机构进行交流和互动，了解新闻报道的背后故事和报道过程，从而增加了对新闻机构的信任度。

拓展话题广度和深度。通过听众互动，新闻机构可以获取听众的反馈和意见，了解他们的关注点和需求。这样可以有针对性地提供多样化的新闻内容，拓展报道的话题广度和深度。

2. 网络问答

网络问答是一种开设网络问答活动，邀请专家、学者、记者等回答听众提出的问题的形式。这种形式可以让用户更加深入地参与到新闻报道和讨论中，拓展其参与的层次和深度。网络问答的发展有以下三种优势和前景：

提供专业解答。通过网络问答，新闻机构可以邀请专家、学者、记者等高水平人士回答听众的问题。他们能够提供专业、权威的解答，使得听众能够更加深入地了解和理解相关新闻事件。

增强讨论和辩论氛围。网络问答可以引起听众之间的热烈讨论和辩论。不仅有网友提问，还可以允许其他听众对回答提出质疑和补充，形成多方互动的场景，从而推动了讨论的深入和广泛。

提高创新性。网络问答可以激发听众的创新思维。听众可以提出一些有创意的问题，从而引发新的思考和讨论，推动新闻报道和传播的创新。

3. 数据开放

数据开放是指将一些原始数据公开，供用户分析和使用。通过对数据的分析和解读，用户可以发现新的新闻线索和故事，使得新闻报道更具智能和深度。数据开放的发展有以下两种优势和前景：

提供新闻线索。通过数据开放，新闻机构可以向用户提供原始数据，例如统计数据、调研数据等。用户可以通过对这些数据的分析和解读，发现新的新闻线索和故事，为新闻报道提供新的视角和信息源。

增加报道的可信度。数据开放可以提高新闻报道的可信度。用户可以通过对数据进行验证和分析，从而对新闻报道的真实性和准确性进行评价和核实，增加了新闻报道的可信度和可靠性。

参考文献

[1] 张梦静 . 融媒体视角下社工机构新闻传播策略研究 [J]. 中国地市报人 ,2023 (02):30-31.

[2] 王丹妮 . 新媒体视角下电视新闻专题节目编导的意识培养 [J]. 西部广播电视 ,2022,43(14):169-172.

[3] 陈丽 . 融媒体视角下提高报纸编辑新闻策划能力的策略 [J]. 西部广播电视 ,2022,43(13):168-170.

[4] 吉卓珊 . 新媒体视角下高校新闻传播综合性人才培养路径 [J]. 西部广播电视 ,2022,43(03):64-66.

[5] 朱璐 . 新媒体视角下广播新闻采编策划研究 [J]. 中国报业 ,2021(12):94-95.

[6] 张杨 . 新媒体视角下报纸编辑记者的素质分析 [J]. 新闻研究导刊 ,2021, 12(01):158-159.

[7] 傅海鑫 . 基于新媒体视角下的电视新闻传播模式研究 [J]. 新闻传播 ,2020 (16):22-23.

[8] 李洁娜 . 新媒体视角下广播电视新闻的编辑技巧研究 [J]. 记者摇篮 ,2020 (08):51-52.

[9] 曾仪婷 , 王瑜 . 比较视角下的新媒体儿童新闻传播与研究 [J]. 新闻文化建设 , 2020(06):113-115.

[10] 桂楹松 . 网络新媒体视角下新闻传播伦理探析 [J]. 西部广播电视 ,2020 (07):15-16.

[11] 田雯 . 新媒体视角下新闻传播特点及策略研究 [J]. 传播力研究 ,2020, 4(08):36-37.

[12] 林倩倩 . 新媒体时代受众视角下 "假新闻" 传播心理研究 [J]. 西部广播电

视 ,2020(02):26-27+47.

[13] 吴国琴 . 融媒体视角下新闻传播的时效性分析 [J]. 中国传媒科技 ,2020 (01):79-81.

[14] 董琳 . 新媒体视角下新闻记者的社会责任探析 [J]. 卫星电视与宽带多媒体 , 2019(24):85-86.

[15] 孙昊牧 . 融媒体视角下新闻传播的实效性探究 [J]. 传播力研究 ,2019, 3(23):46+68.

[16] 王需 . 新媒体视角下高职院校校园融媒体平台建设策略研究 [J]. 智库时代 , 2019(29):151-152.

[17] 赵萍 . 新媒体时代大学生参与新闻传播的底线意识和应对探索——思想政治 教育视角 [J]. 吉林省教育学院学报 ,2019,35(04):128-131.

[18] 王子萱 . 融媒体视角下新闻传播的时效性探究 [J]. 传播力研究 ,2019,3(04):89.

[19] 陈悦 . 融媒体视角下新闻传播的时效性探究 [J]. 记者摇篮 ,2019(01):98-99.

[20] 高晓华 . 新媒体视角下新闻传播创新模式探讨 [J]. 中国报业 ,2018(15):78-79.